M.V.

Bibliothek
der
Weltliteratur

Alexander Puschkin

Romane und Novellen

Gesamtausgabe in zwei Bänden

Erster Band

Alexander Puschkin

Die Hauptmannstochter

Dubrowskij

Moewig Verlag KG
München

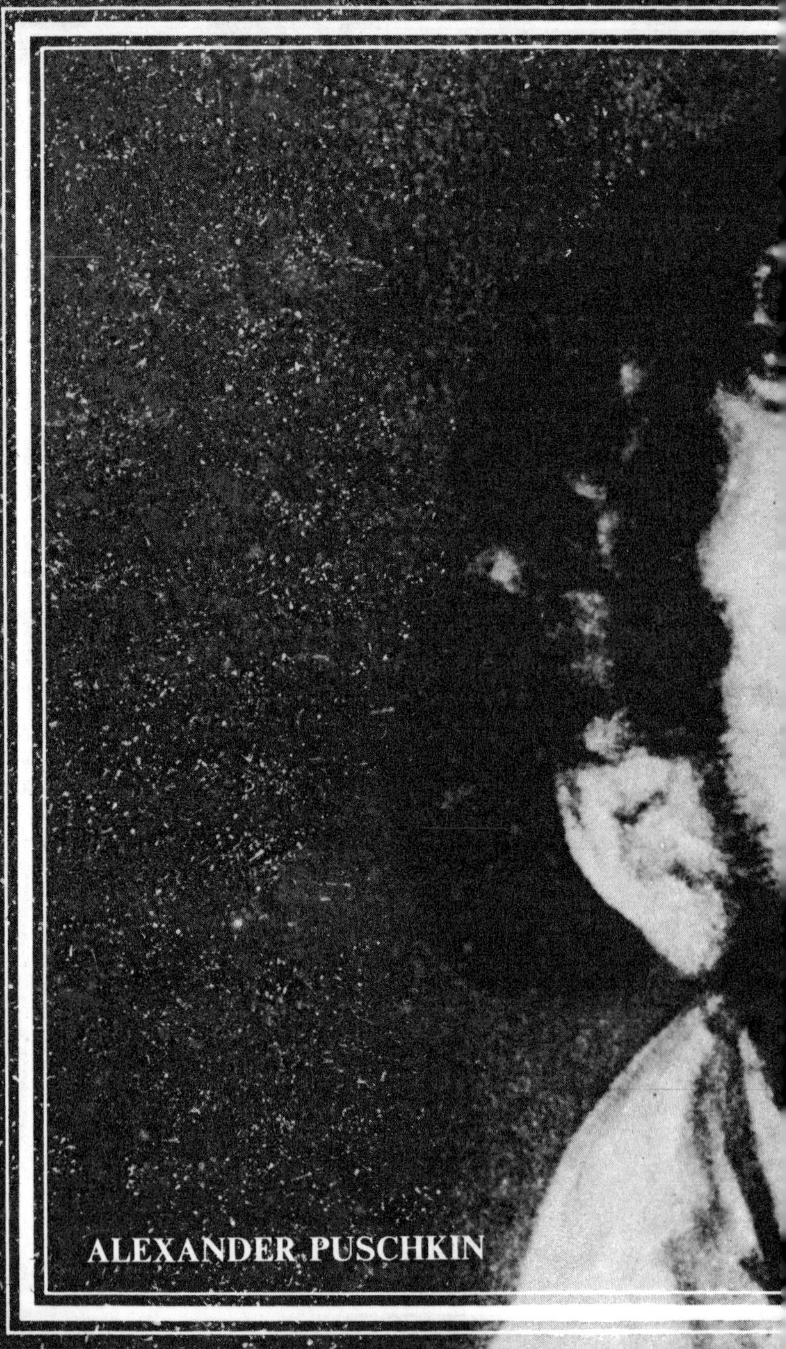
ALEXANDER PUSCHKIN

Neubearbeitung früher deutscher Ausgaben
unter Hinzuziehung russischer Originalausgaben.
Titel der Originalausgaben:
Kapitanskaja docka, 1836 — Dubrovskij, 1832

Gestaltung des Schutzumschlages: Creativ Shop München
Adolf und Angelika Bachmann, München
Satz: Knauers Layoutsatz, Stuttgart
Druck und Bindung: Salzer-Ueberreuter, Wien
Printed in Austria
ISBN 3-8118-0070-1

Inhaltsverzeichnis

DUBROWSKIJ

I

Vor einigen Jahren lebte auf einem seiner Güter ein Herr von altem russischen Schlage, Kirila Petrowitsch Trojekurow. Sein Reichtum, die Vornehmheit seines Geschlechts und seine Verbindungen verliehen ihm im Gouvernement, in dem sein Gut lag, großes Ansehen. Er wurde von seiner ganzen Umgebung verhätschelt und war gewohnt, jedem Drang seines hitzigen Charakters und allen Einfällen seines ziemlich beschränkten Verstandes ungehemmt nachzugeben. Die Nachbarn bemühten sich, der geringsten seiner Launen nachzugeben. Die Beamten des Gouvernements zitterten schon, wenn lediglich sein Name genannt wurde.

Kirila Petrowitsch nahm alle diese Zeichen der Unterwürfigkeit als gebührenden Tribut hin. Sein Haus war stets voll von Gästen, die seinen herrschaftlichen Müßiggang ergötzen sollten und seine lauten und zuweilen auch tollen Vergnügungen bereitwillig mit ihm teilten. Niemand wagte es, seine Einladungen abzulehnen oder an bestimmten Tagen nicht mit gebührender Ehrerbietung im Pfarrdorf Pokrowskoje zu erscheinen. Kirila Petrowitsch war ein sehr gastfreier Mann, litt trotz der ungewöhnlichen physischen Fähigkeiten, mit denen er ausgestattet war, mindestens zweimal in der Woche an den Folgen der Völlerei und war jeden Abend angeheitert.

Selten entging ein Mädchen seines Hofgesindes den wollüstigen Anschlägen des fünfzigjährigen Alten. In einem der Flügelgebäude seines Hauses lebten sechzehn Mägde, die sich mit den ihrem Geschlecht zukommenden Handarbeiten befaßten. Die Fenster dieses Flügels waren mit einem hölzernen Gitter verrammelt, die Türen verschlossen, und die Schlüssel hielt Kirila Petrowitsch in Gewahrsam. Die jungen Gefangenen durften zu bestimmten Stunden unter der Aufsicht zweier alter Weiber einen Spaziergang im Garten machen. Von Zeit zu Zeit pflegte Kirila Petrowitsch einige von ihnen zu verheiraten, und neue traten an ihre Stelle. Mit den Bauern und dem Hofgesinde ging er hart und willkürlich um. Trotzdem waren sie ihm ergeben, ja sie prahlten mit dem Reichtum und der Vornehmheit ihres Herrn und nahmen sich ihrerseits, in der Hoffnung auf seinen mächtigen Schutz, den Nachbarn gegenüber viel heraus.

Die ständige Beschäftigung des Herrn von Pokrowskoje bestand im Befahren seiner weitläufigen Besitzungen, in ausgedehnten Gelagen und in Verübung von Streichen, die täglich neu erfunden wurden und deren Opfer gewöhnlich irgendein neuer Bekannter wurde, obwohl auch alte Freunde ihnen nicht immer entgingen, mit Ausnahme des Andrej Gawrilowitsch Dubrowskij. Dieser Dubrowskij, ein abgedankter Leutnant der Garde, war sein nächster Nachbar und besaß ein Gut von siebzig Seelen. Trojekurow, der sehr hochmütig auch mit Leuten des höchsten Standes umging, achtete Dubrowskij trotz seines bescheidenen Vermögens. Sie waren einst Dienstkameraden gewesen, und Trojekurow kannte aus Erfahrung die Ungeduld und Entschlossenheit Dubrowskijs. Das ruhmvolle Jahr 1762 hatte sie für lange getrennt. Trojekurow, ein Verwandter der Fürstin Daschkowa, stieg in seiner Laufbahn. Dubrowskij aber war seines zerrütteten Vermögens wegen gezwungen, den Abschied zu nehmen und sich auf seinem letzten ihm übriggebliebenen Gut niederzulassen. Als Kirila Petrowitsch davon erfuhr, bot er ihm seine Protektion an. Aber Dubrowskij dankte und blieb arm, aber unabhängig.

Einige Jahre später kam Trojekurow als abgedankter General-en-chef auf seine Besitzung. Sie sahen sich wieder und waren beide froh darüber. Seitdem waren sie täglich zusammen, und Kirila Petrowitsch, der Zeit seines Lebens niemand mit einem Besuch beehrt hatte, pflegte das Häuschen seines alten Kameraden oft aufzusuchen. Als Altersgenossen, die im gleichen Stand geboren und gleich erzogen waren, waren sie sich zum Teil auch dem Charakter und den Neigungen nach ähnlich. In mancher Beziehung war auch ihr Schicksal verwandt:

beide hatten aus Liebe geheiratet, beide waren sie bald Witwer geworden, beiden war ein Kind zurückgeblieben. Dubrowskijs Sohn wurde in Petersburg erzogen, die Tochter des Kirila Petrowitsch wuchs unter den Augen des Vaters auf, und Trojekurow pflegte oft zu Dubrowskij zu sagen: „Höre, Bruder Andrej Gawrilowitsch, wenn aus deinem Wolodja etwas wird, dann gebe ich ihm meine Mascha, obwohl er so arm ist wie eine Kirchenmaus." Darauf schüttelte Andrej Gawrilowitsch gewöhnlich den Kopf und gab zur Antwort: „Nein, Kirila Petrowitsch, mein Wolodja ist kein Freier für Marja Kirilowna. Für einen armen Edelmann wie ihn ziemt es sich viel eher, ein armes Edelfräulein zu heiraten und das Oberhaupt im Hause zu werden, nicht aber der Verwalter eines verwöhnten Frauenzimmers."

Alle beneideten die Eintracht, die zwischen dem hochmütigen Trojekurow und seinem armen Nachbarn waltete, und alle staunten über die Kühnheit des letzteren, wenn er an der Tafel des Kirila Petrowitsch offen seine Meinung aussprach, ohne sich darum zu kümmern, ob sie am Ende der Meinung des Hausherrn widersprach. Einige versuchten sogar, ihn nachzuahmen, und begannen, den schuldigen Gehorsam zu verweigern. Aber Kirila Petrowitsch schüchterte sie dermaßen ein, daß ihnen für immer die Lust zu derartigen Versuchen verging. Dubrowskij allein blieb außerhalb des allgemeinen Gesetzes, bis ein unverhoffter Zufall alles zerstörte und veränderte.

Einmal zu Beginn des Herbstes traf Kirila Petrowitsch Anstalten, sich auf die Jagd zu begeben. Am Tage vor der Jagd wurde den Hundeaufsehern und Oberstallknechten der Befehl erteilt, um fünf Uhr morgens bereit zu sein. Ein Zelt und eine Küche wurden an den Ort vorausgeschickt, wo Kirila Petrowitsch das Mittagsmahl einzunehmen gedachte. Der Hausherr und die Gäste begaben sich in den Hundezwinger, wo mehr als fünfhundert Hetzhunde und Windhunde in Behagen und Wärme lebten und in ihrer Hundesprache die Freigebigkeit des Kirila Petrowitsch priesen. Hier befand sich auch ein Lazarett für kranke Hunde unter der Aufsicht des Hundearztes Timoschka und eine Abteilung, in der die Hündinnen warfen und ihre Jungen säugten. Kirila Petrowitsch war stolz auf diese herrliche Anstalt und ließ keine Gelegenheit vorüber, vor seinen Gästen, von denen jeder sie mindestens zum zwanzigstenmal besichtigt haben mochte, damit zu prahlen. Er schritt inmitten seiner Gäste, begleitet von Timoschka und den Hauptwärtern, im Zwinger auf und ab, blieb vor einigen Hundehütten stehen, wobei er sich bald nach dem Befinden einer Hündin erkundigte, bald mehr oder weniger strenge und gerechte Kritik übte oder bekannte Hunde heranrief und freundlich mit ihnen spielte. Die Gäste hielten es für ihre Pflicht, den Hundezwinger des Kirila Petrowitsch zu bewundern. Nur Dubrowskij allein schwieg und blieb finster. Er war ein leidenschaftlicher Jäger, aber sein Vermögen gestattete ihm nur zwei Hetzhunde und einen Windhund zu halten, und er vermochte beim Anblick dieser Zucht einen gewissen Neid nicht zu unterdrücken.

„Was bist du so finster, Bruder?“ fragte ihn Kirila Petrowitsch. „Gefällt dir mein Hundezwinger nicht?“

„Doch“, antwortete Dubrowskij rauh, „der Zwinger ist wunderbar. Ich bezweifle sogar, ob Ihre Leute ein solches Leben haben wie Ihre Hunde.“

Einer von den Hundewärtern war gekränkt.

„Wir haben, Gott und dem gnädigen Herrn sei es gedankt, über unser Leben nicht zu klagen. Wahr aber ist, daß es für manchen Edelmann nicht übel wäre, seinen Sitz mit einer beliebigen Hundehütte hier zu vertauschen: er würde satter und hätte es wärmer.“

Kirila Petrowitsch lachte bei dieser frechen Bemerkung seines Sklaven laut auf, und die Gäste folgten seinem Beispiel, obgleich sie fühlten, daß der Scherz des Hundewärters auch auf sie gemünzt sein konnte. Dubrowskij erbleichte und sagte kein Wort. In diesem Augenblick brachte man Kirila Petrowitsch in einem Körbchen neugeworfene Junge. Er wandte sich ihnen zu, wählte zwei und befahl, die übrigen zu ertränken. Indessen verschwand Andrej Gawrilowitsch, ohne daß es jemand bemerkte.

Als Kirila Petrowitsch mit den Gästen vom Hundehof zurückgekehrt war, setzte er sich zum Nachtessen und bemerkte erst jetzt Dubrowskijs Abwesenheit und fragte nach ihm. Seine Leute antworteten, Andrej Gawrilowitsch sei nach Hause gefahren. Trojekurow befahl sofort, ihn einzuholen und unbedingt zum Zurückkehren zu bewegen. Er war noch nie ohne Dubrowskij, der ein erfahrener, feiner Hundekenner und ein unfehlbarer Schiedsrichter in allen Jagdstreitigkeiten war, auf die Jagd gefahren.

Der Diener, der ihm nachgesprengt war, kehrte zurück, als man noch bei Tisch saß, und meldete seinem Herrn, daß Andrej Gawrilowitsch nicht gehorche und nicht zurückkehren wolle. Kirila Petrowitsch, der seiner Gewohnheit gemäß vom Schnaps erhitzt war, wurde böse, schickte denselben Diener zum zweitenmal zu Andrej Gawrilowitsch und ließ ihm sagen, er, Trojekurow, würde sich für immer mit ihm entzweien, wenn er nicht sofort nach Pokrowskoje käme. Der Diener sprengte wieder davon. Kirila Petrowitsch hob die Tafel auf, verabschiedete die Gäste und begab sich zur Ruhe.

Am nächsten Morgen war seine erste Frage, ob Andrej Gawrilowitsch im Hause sei. Man reichte ihm einen zu einem Dreieck zusammengefalteten Brief. Kirila Petrowitsch befahl seinem Schreiber, den Brief laut vorzulesen, und vernahm folgendes:

„Mein gnädigster Herr!

Ich beabsichtige, so lange nicht nach Pokrowskoje zu kommen, bis Sie mir Ihren Hundewärter Paramoschka mit einem Schuldgeständnis schicken und mir freie Hand lassen, ihn zu bestrafen oder zu begnadigen. Ich bin nicht gewillt, von Ihren Sklaven Scherze zu ertragen, und auch von Ihnen werde ich sie mir nicht gefallen lassen, denn ich bin kein Hanswurst, sondern ein Edelmann aus altem Geschlecht. Damit verbleibe ich gehorsam zu Ihren Diensten bereit

Andrej Dubrowskij."

Nach den Begriffen von Etikette war ein solcher Brief recht unschicklich. Aber er erzürnte Kirila Petrowitsch nicht durch seine seltsame Sprache, sondern lediglich durch seinen Inhalt.

„Wie!“ rief Trojekurow und sprang barfuß aus dem Bett. „Ich soll meine Leute zu ihm mit einem Schuldgeständnis schicken! Sein freier Wille soll es sein, sie zu bestrafen oder zu begnadigen! Was fällt ihm ein? Weiß er denn nicht, mit wem er sich einläßt? Ich werde es ihm schon zeigen! Er wird sich noch satt weinen bei mir! Er wird schon erfahren, was es bedeutet, gegen Trojekurow aufzutreten!“

Dennoch kleidete sich Trojekurow an und zog mit gewohnter Pracht auf die Jagd. Aber die Jagd mißlang: den ganzen Tag hatte man nur einen Hasen gesehen und auch den entwischen lassen. Das Mittagessen im Freien unter dem Zelt war ebenfalls mißlungen, zumindest war es nicht nach dem Geschmack des Kirila Petrowitsch, der den Koch verprügelte, die Gäste beschimpfte und den Rückweg mit seinem ganzen Jagdzug absichtlich über die Felder Dubrowskijs nahm.

II

Es vergingen einige Tage, und die Feindschaft zwischen den beiden Nachbarn legte sich nicht. Andrej Gawrilowitsch kam nicht mehr nach Pokrowskoje, Kirila Petrowitsch langweilte sich ohne ihn, und sein Ärger ergoß sich in den beleidigendsten Ausdrücken, die dank der Klatschsucht der dortigen Adligen Dubrowskij in verbesserter und vergrößerter Fassung erreichten. Ein neuer Umstand vernichtete auch die letzte Hoffnung auf Versöhnung.

Dubrowskij inspizierte einmal seine kleine Besitzung. Als er sich dem Birkenwäldchen näherte, vernahm er Axthiebe und einen Augenblick später das Krachen eines gefällten Baumes. Er eilte zu der Stelle und überraschte einige Bauern aus Pokrowskoje, die dabei waren, in aller Gemütsruhe Holz zu stehlen. Als sie ihn erblickten, ergriffen sie die Flucht. Dubrowskij und seinem Kutscher aber gelang es, zwei von ihnen noch zu erreichen, die sie fesselten und auf seinen Hof brachten. Drei feindliche Pferde fielen ebenfalls dem Sieger zur Beute. Dubrowskij war sehr aufgebracht: früher hätten Trojekurows Bauern, berüchtigte Räuber, es nie gewagt, auf seinen Fluren ihren Spaß zu treiben, da sie seine nahe Verbindung mit ihrem Herrn kannten. Dubrowskij sah nun, daß sie das Zerwürfnis ausnutzten, und beschloß, seinen Gefangenen, entgegen allen Begriffen von Kriegsrecht, eine Lehre mit Ruten zu erteilen, von denen sie ebenfalls einen Vorrat in seinem Wäldchen gemacht hatten. Außerdem beschloß er, die Pferde bei der Arbeit zu verwenden und sie in den herrschaftlichen Viehbestand einzureihen.

Das Gerücht von diesem Vorfall kam noch am selben Tag Kirila Petrowitsch zu Ohren. Er geriet außer sich und wollte im ersten Augenblick des Zornes mit seinem ganzen Hofgesinde einen Überfall auf Kistenjewka – so hieß das Gut seines Nachbarn – ausführen, es dem Boden gleichmachen und den Gutsbesitzer selbst auf seinem Sitz einschließen; solche Heldentaten waren nichts Außergewöhnliches bei ihm. Aber seine Gedanken nahmen bald eine andere Richtung.

Als er im Saal schweren Schrittes auf und ab ging, sah er zufällig zum Fenster hinaus und erblickte ein am Tor haltendes Dreigespann. Ein kleiner Mann in einer Ledermütze und in einem Friesrock stieg gerade aus dem Wägelchen und begab sich in das Flügelgebäude zum Verwalter. Trojekurow erkannte den Gerichtsassessor Schabaschkin und ließ ihn rufen. Eine Minute später stand Schabaschkin vor Kirila Petrowitsch, machte eine Verbeugung nach der anderen und wartete mit Unterwürfigkeit auf dessen Befehle.

„Guten Tag, wie heißt du doch gleich?“ sagte Trojekurow. „Was führt dich her?“

„Ich fahre in die Stadt, Euer Exzellenz“, antwortete Schabaschkin, „und wollte im Vorbeifahren mich bei Iwan Demjanow erkundigen, ob Euer Exzellenz Befehle für mich haben.“

„Kommst gerade recht ... wie heißt du doch? Ich brauche dich. Trink einen Schnaps und hör zu."

Ein so freundlicher Empfang überraschte den Assessor angenehm. Er lehnte den Schnaps ab und begann, Kirila Petrowitsch mit größtmöglicher Aufmerksamkeit zuzuhören.

„Ich habe einen Nachbarn", sagte Trojekurow, „ein verarmter Frechling – ich möchte ihm sein Gütchen wegnehmen. Was meinst du dazu?"

„Euer Exzellenz, wenn irgendwelche Dokumente vorhanden sind ..."

„Unsinn, Freundchen, was brauchst du Dokumente? Dazu sind ja die Gesetze da. Darin besteht eben die Macht, daß man ohne jedes Recht ein Gut wegnehmen kann. Warte jedoch! Dieses Gut hat einst uns gehört, es wurde einem gewissen Spyzin abgekauft und später an den Vater Dubrowskijs weiterverkauft. Läßt sich da nicht einhaken?"

„Recht schwer, Euer Exzellenz, dieser Verkauf ist gewiß auf gesetzlichem Wege erfolgt."

„Überleg es, Freund, denk genau nach."

„Wenn Euer Exzellenz zum Beispiel von Ihrem Nachbarn auf irgendeine Weise die Urkunde bekommen könnte, derzufolge er im Besitz des Gutes ist, so ließe sich natürlich ..."

„Ich verstehe, aber das ist eben das Unglück: es sind ihm während des Brandes alle seine Papiere verbrannt."

„Wie, Euer Exzellenz, seine Papiere sind verbrannt? Was wollen Sie noch mehr? In diesem Falle brauchen Sie nur nach den Gesetzen vorzugehen, und Sie werden ohne Zweifel volle Genugtuung erhalten."

„Glaubst du? Dann bring die Sache in Gang, ich verlasse mich auf deinen Eifer, und du kannst meiner Dankbarkeit sicher sein."

Nachdem Schabaschkin sich fast bis zur Erde verneigt hatte, entfernte er sich, um noch am gleichen Tag in dieser Angelegenheit Schritte zu unternehmen, und dank seiner Gewandtheit bekam Dubrowskij bereits zwei Wochen später aus der Stadt die Aufforderung, unverzüglich die notwendigen Erklärungen abzugeben, da vom General-en-chef Trojekurow eine Klage wegen seines ungesetzmäßigen Besitzes des Dorfes Kistenjewka eingebracht worden sei.

Andrej Gawrilowitsch, den diese Mitteilung verblüffte, schrieb noch am selben Tag eine ziemlich grobe Antwort, in der er erklärte, daß er das Dörfchen Kistenjewka von seinem seligen Vater geerbt habe und es nach dem Erbrecht besitze, daß Trojekurow damit gar nichts zu tun habe und daß jeder fremde Anspruch auf dieses sein Eigentum Verleumdung und Gaunerei sei. Dubrowskij hatte keine Erfahrung in Prozessen. Er ließ sich meistens vom gesunden Menschenverstand leiten, einem Führer, der selten zuverlässig und fast immer unzureichend ist.

Dieser Brief machte einen sehr angenehmen Eindruck auf die Seele des Assessors Schabaschkin. Er sah erstens, daß Dubrowskij von Prozessen wenig verstand, und zweitens, daß man einen so heftigen und unvorsichtigen Menschen leicht in die ungünstigste Lage bringen konnte.

Als Andrej Gawrilowitsch indessen kaltblütiger die an ihn gerichtete Aufforderung durchlas, sah er die Notwendigkeit ein, ausführlicher zu antworten. Er schickte einen ziemlich vernünftigen Brief, der sich aber im Laufe der Zeit ebenfalls als ungenügend erwies.

Der Prozeß zog sich in die Länge. Da er von seinem Recht vollkommen überzeugt war, kümmerte sich Andrej Gawrilowitsch wenig um ihn, hatte weder Lust noch Möglichkeit, Geld um sich zu streuen, scherzte über das verkäufliche Gewissen des Tintenvolkes, aber der Gedanke, er selbst könne das Opfer einer Verleumdung werden, kam ihm gar nicht in den Sinn. Trojekurow seinerseits dachte ebensowenig daran, den begonnenen Prozeß zu beschleunigen. Er überließ es Schabaschkin, die Sache für ihn zu betreiben, die Richter einzuschüchtern und zu bestechen und die Gesetze nach allen Richtungen zu deuten. Aber wie dem auch sei, am 9. Februar des Jahres 18.. erhielt Dubrowskij durch die Stadtpolizei eine Ladung, vor dem Landgericht zu erscheinen, um das Urteil in

Sachen des zwischen ihm, dem Leutnant Dubrowskij, und dem General-en-chef Trojekurow strittigen Gutes zu vernehmen und schriftlich das Einverständnis zu erklären oder Einspruch zu erheben. Am gleichen Tag noch begab sich Dubrowskij in die Stadt. Unterwegs überholte ihn Trojekurow. Sie sahen einander stolz an, und Dubrowskij bemerkte ein böses Lächeln im Gesicht seines Gegners.

In der Stadt stieg Andrej Gawrilowitsch bei einem ihm bekannten Kaufmann ab, übernachtete dort und begab sich am nächsten Morgen in die Sitzung des Kreisgerichts. Niemand schenkte ihm Beachtung. Bald nach ihm erschien Kirila Petrowitsch: die Schreiber erhoben sich und steckten ihre Federn hinters Ohr. Die Beisitzer empfingen ihn mit dem Ausdruck tiefer Unterwürfigkeit und schoben ihm aus Achtung vor seinem Rang, seinem Alter und seiner Vornehmheit einen Sessel hin. Er setzte sich. Andrej Gawrilowitsch lehnte sich stehend an die Wand. Tiefe Stille trat ein, und der Sekretär verlas mit heller Stimme den Gerichtsbeschluß.

Wir führen ihn im Wortlaut an, in der Annahme, daß es jedem angenehm sein wird, eines jener Verfahren kennenzulernen, durch die wir in Rußland ein Gut verlieren können, auf dessen Besitz wir unbestrittene Rechte haben.

„Entscheidung

Am 27. Oktober des Jahres 18.. prüfte das Kreisgericht die vom General-en-chef Kirila Petrowitsch Trojekurow gegen den Gardeleutnant Andrej Gawrilowitsch Dubrowskij erhobene Klage, die sich auf die Rückgabe des dem Kläger gehörenden, aber gleichwohl in der Nutznießung des Beklagten befindlichen Landguts Kistenjewka bezieht. Das Gut besteht aus dem Dorf gleichen Namens nebst allen dort zuständigen Seelen männlichen Geschlechts und sämtlichen dazugehörigen Wiesen und Ländereien im Gesamtumfang von ... Deßjatinen. Bei der Prüfung ergaben sich folgende Einzelheiten:

In seiner Eingabe vom 9. Juni vergangenen Jahres gab der

vorstehend genannte General-en-chef Trojekurow an, daß sein verstorbener Vater, der damals als Provinzialsekretär in der Kanzlei der Statthalterschaft tätige Kollegienassessor und Ritter Pjotr Jefimowitsch Trojekurow, am 14. August 17.. vom Kanzlisten Faddej Jegorowitsch Spizyn für den Kaufpreis von zweitausendfünfhundert Rubel das Gut Kistenjewka erworben habe, einschließlich des hölzernen Herrenhauses, des dazugehörigen, in den damaligen Revisionslisten als „Vorwerk“ bezeichneten Dorfes, der in den dortigen Registern geführten Seelen männlichen Geschlechts und überhaupt alles dessen, was der ehemalige Besitzer an Wäldern, Wiesen, Fischereirechten und bebauten oder brachliegenden Feldern von seinem Vater, dem adeligen Polizeioffizier Jegor Terentjewitsch Spizyn, geerbt hatte, worüber noch am gleichen Tag im Gouvernementsgericht ein entsprechender Kaufvertrag abgeschlossen worden sei. Ferner heißt es in der erwähnten Eingabe, daß am 26. August desselben Jahres die Einführung des ehemaligen Provinzialsekretärs Trojekurow in den Besitz des neu erworbenen Gutes durch das Landgericht ordnungsmäßig stattgefunden habe, und endlich, daß der Vater des Generals-en-chef nach dem Willen Gottes am 6. September 17.. gestorben sei. Er aber, der General selber, habe sich seit dem Jahre 17.., das heißt also beinahe seit seinen Knabenjahren, im Militärdienst und größtenteils auf Feldzügen im Ausland befunden und sei daher weder über den Tod seines Vaters noch über die Verhältnisse auf den von diesem hinterlassenen Gütern unterrichtet gewesen. So habe er erst, nachdem er den Abschied genommen und auf die väterlichen Güter zurückgekehrt sei, entdeckt, daß eine dieser Besitzungen, nämlich das Gut Kistenjewka, mit allen seinen Liegenschaften sich im faktischen Besitz des vorerwähnten Gardeleutnants Andrej Gawrilowitsch Dubrowskij befinde, ohne daß dieser imstande sei, seine angeblichen Eigentumsrechte auch nur halbwegs glaubhaft zu machen. Deshalb beantrage er, Trojekurow, unter Beifügung jenes Originalkaufkontrakts, der seinerzeit seinem Vater vom Verkäufer Spizyn übergeben worden sei, Dubrowskij den Besitz des genannten Gutes abzuerkennen und ihm, dem Kläger, zuzusprechen. Für die unrechtmäßige Besitznahme jedoch, die Dubrowskij ausgenutzt habe, um sich die laufenden Erträge anzueignen, ersuche er, diesem nach eingehender Ermittlung des Tatbestandes die Entrichtung einer angemessenen Entschädigungssumme zu seinen, Trojekurows, Gunsten aufzuerlegen.

Zu der daraufhin vom Kreisgericht angeordneten und an Ort und Stelle durchgeführten Untersuchung erklärte der gegenwärtige Inhaber des umstrittenen Gutes, Gardeleutnant Dubrowskij, er habe Kistenjewka von seinem verstorbenen Vater, dem Unterleutnant der Artillerie Gawrila Sergejewitsch Dubrowskij, geerbt, der seinerzeit das Gut vom Vater des Klägers, dem früheren Provinzialsekretär und nachmaligen Kollegienassessor Pjotr Jefimowitsch Trojekurow, für dreitausendzweihundert Rubel gekauft habe. Bei dieser Aussage stützte er sich auf eine Vollmacht, die der Kollegienassessor Trojekurow am 30. August 17.. auf den Namen eines gewissen Titulärrats Grigorij Wassiljewitsch Sobolew ausgestellt habe – eine Vollmacht, der zufolge sein, Dubrowskijs, Vater einen die Veräußerung des Gutes betreffenden Vertrag ohne Zweifel bekommen haben müsse, denn in diesem vom Kreisgericht beglaubigten Schriftstück sei unzweideutig darauf Bezug genommen, daß Trojekurow das von Spizyn gekaufte Gut an Dubrowskij weiterveräußert und die gesamte kontraktlich festgesetzte Kaufsumme auf Heller und Pfennig bereits empfangen habe, weshalb er, Trojekurow, nunmehr den Sobolew ermächtige, den Vertrag dem Käufer zuzustellen. Bis der Auftrag erfüllt sei, könne jedoch Dubrowskij schon als rechtmäßiger Besitzer frei über das Gut verfügen, und weder er, der Verkäufer, noch sonst jemand solle befugt sein, ihn, den neuen Besitzer, daran zu hindern. Wann jedoch die Aushändigung des Kaufvertrags erfolgt sei und welche amtliche Stelle dabei mitgewirkt habe, könne er, Andrej Dubrowskij, nicht angeben, denn er sei damals noch ein Knabe gewesen, und nach dem Tode seines Vaters habe er dann die Urkunde in seinem Nachlaß nicht finden können, wahrscheinlich sei sie nebst allen andern Dokumenten dem Brand des Herrenhauses von Kistenjewka zum Opfer gefallen, woran sich auch die Dorfbewohner noch gut erinnern könnten. Daß aber vom Tage des Gutsverkaufs durch Trojekurow oder der erwähnten Bevollmächtigung Sobolews an bis heute die Dubrowskijs das Gut unangefochten besessen hätten, werde auch von der Landbevölkerung ausdrücklich bezeugt: nicht weniger als zweiundfünfzig Bauern hätten unter Eid ausgesagt, daß, soweit sie sich noch erinnern könnten, das Gut vor ungefähr siebzig Jahren Eigentum der Familie Dubrowskij geworden sei. Auf welche Weise, wüßten sie zwar nicht, wohl aber, daß bisher noch niemand an der Rechtmäßigkeit dieses Besitzes gezweifelt habe. Ob jedoch vorher der ehemalige Provinzialsekretär Pjotr Trojekurow Kistenjewka besessen habe, sei ihnen nicht mehr erinnerlich. Was das Herrenhaus anbelange, so könnten sie nur bestätigen, daß es in der Tat vor dreißig Jahren bei einem nächtlicherweile im Dorf ausgebrochenen Schadenfeuer ebenfalls von den Flammen ergriffen worden und bis auf den Grund niedergebrannt sei. Übrigens werde der durchschnittliche Jahresertrag des Gutes auch von Fernstehenden auf nicht weniger als zweitausend Rubel geschätzt.

In Erwiderung auf diese Darlegungen übergab der General-en-chef Trojekurow am 5. Januar dieses Jahres dem Gericht einen neuen Schriftsatz, in dem es hieß, der Gardeleutnant Andrej Dubrowskij habe zwar im Laufe der Untersuchung eine von seinem, Trojekurows, Vater auf den Namen des Titulärrats Sobolew ausgefertigte Vollmacht beigebracht, nicht aber den in diesem Dokument erwähnten Originalkaufvertrag und ebensowenig irgendwelche anderen Beweismittel im Sinne des Generalreglements Abschnitt 19 oder der Verordnung vom 29. November 1752. Infolgedessen komme dieser Vollmacht vom 30. August 17.. nicht die geringste Bedeutung zu, zumal ja außerdem ein derartige Streitfälle betreffender Erlaß ausdrücklich vorschreibe, daß bei der Prüfung des Sachverhalts und bei der Urteilsfällung vor allen anderen Beweismitteln, insbesondere vor Untersuchungsergebnissen gleichviel welcher Art, gesetzmäßigen Kaufverträgen unter allen Umständen der Vorrang gebühre. Da aber nun er, Trojekurow, sich bei seiner Klage auf einen solchen Kaufvertrag berufe, den er zugleich vorgelegt habe, müsse nach den vorstehend angeführten Gesetzesbestimmungen das Gut dem Beklagten als unrechtmäßiger Besitz entzogen und ihm, dem Kläger, als dem gesetzlichen Erben seines Vaters zuerkannt werden. Und da schließlich die erwähnten Dubrowskijs gänzlich unbefugterweise Nutznießer dieses ihnen erwiesenermaßen nicht gehörigen Gutes gewesen seien, sei es nur recht und billig, daß die Gesamtsumme der den eigentlichen Besitzern geflissentlich vorenthaltenen Jahreseinkünfte ermittelt, vom Beklagten zugunsten des Klägers beigetrieben und diesem als Entschädigung ausgezahlt werde.

Nachdem entsprechend der Prozeßordnung sowohl der Kläger wie der Beklagte gehört worden sind, hat das Kreisgericht folgendes

Urteil

gefällt:

Einem vom Kläger, dem General-en-chef Kirila Petrowitsch Trojekurow, beigebrachten Originalvertrag, aus dem zu ersehen ist, daß sein verstorbener Vater, der Provinzialsekretär und nachmalige Kollegienassessor Pjotr Jefimowitsch Trojekurow, das gegenwärtig im Besitz des Gardeleutnants Andrej Gawrilowitsch Dubrowskij befindliche Gut Kistenjewka nebst allen dazugehörigen Seelen männlichen Geschlechts, sämtlichen Ländereien und sonstigen Liegenschaften vom Kanzlisten Faddej Spizyn erworben hat und, wie aus einem Vermerk auf diesem Kontrakt hervorgeht, noch im gleichen Jahr vom Kreisgericht in den Besitz des Gutes eingeführt worden ist, steht eine vom Beklagten, Gardeleutnant Andrej Dubrowskij, vorgewiesene, vom gleichen Trojekurow dem Titulärrat Sobolew ausgefertigte Vollmacht gegenüber, laut welcher besagter Sobolew beauftragt wird, einen von seinem Mandanten mit dem Unterleutnant der Artillerie Gawrila Sergejewitsch Dubrowskij abgeschlossenen, den Weiterverkauf des nämlichen Gutes an den Vater des Beklagten betreffenden Vertrag auszuhändigen. Zu dieser Vollmacht, die ohnehin durch den Tod des Ausstellers ihre Gültigkeit verloren hat, ist jedoch zu bemerken, daß Vereinbarungen in dieser Form laut Erlaß vom ... untersagt sind. Außer dieser als Beweismittel keinesfalls in Frage kommenden Vollmacht hat der Beklagte seit der Anhängigmachung dieses Verfahrens bis jetzt nichts beizubringen vermocht, woraus zu entnehmen wäre, wann und wo der in jenem Dokument erwähnte Kaufvertrag abgeschlossen worden sei.

Auf Grund dieses Sachverhalts hat das Kreisgericht entschieden, den Kläger, General-en-chef Kirila Petrowitsch Trojekurow, im Besitz des umstrittenen Gutes mit allem Zubehör und in dem Zustand, in dem es sich gegenwärtig befindet, zu bestätigen, dem Beklagten, Gardeleutnant Andrej Gawrilowitsch Dubrowskij, das Verfügungsrecht über das Gut abzuerkennen und Herrn Trojekurow unter Befolgung des Erbrechts in den Besitz des Gutes einzuführen. Wenn jedoch der General-en-chef Trojekurow darüber hinaus noch Entschädigungsansprüche für die ihm vorenthaltenen Einkünfte geltend macht, die der Gardeleutnant Dubrowskij aus dem widerrechtlichen Besitz des Gutes bezogen hat, so darf nicht außer acht gelassen werden, daß das Gut, wie die ältesten Leute bezeugen, sich jahrelang im unangefochtenen Besitz der Dubrowskijs befunden hat und daß diese Aussagen mit den Gerichtsakten übereinstimmen, die keinerlei Hinweise auf etwaige schon früher von seiten der Trojekurows vorgebrachte Klagen enthalten. Da aber das einschlägige Gesetz derartige Vergütungen nicht vorsieht, sondern lediglich bestimmt, daß, wenn jemand ein fremdes Grundstück besät, mit einem Zaun umgibt oder bebaut und eine diesbezügliche Klage vom Gericht für gerechtfertigt erklärt wird, dem Schuldigen das Land einschließlich der Saat, des Zauns und der sonstigen von ihm errichteten Baulichkeiten aberkannt und dem rechtmäßigen Besitzer des Grundstücks zugesprochen werden müsse, wird die Entschädigungsklage des Generals-en-chef Trojekurow abgewiesen, da er sein Eigentum ungeschmälert zurückbekommt. Zugleich wird ihm aber freigestellt, seine Entschädigungsansprüche an zuständiger Stelle gesondert geltend zu machen, wenn er imstande sein sollte, sie klar und überzeugend zu begründen.

Von dieser Entscheidung ist laut Gesetz sowohl dem Kläger wie dem Beklagten Kenntnis zu geben. Sie sind durch die Polizei vorzuladen, um der Urteilsverkündung persönlich beizuwohnen und durch ihre Unterschriften ihre Zustimmung oder ihren Widerspruch zum Ausdruck zu bringen."

Der Sekretär schwieg. Der Assessor erhob sich und richtete mit einer tiefen Verbeugung an Trojekurow die Aufforderung, das vorliegende Schriftstück zu unterschreiben, und der triumphierende Trojekurow nahm die ihm angebotene Feder und schrieb unter den Gerichtsbeschluß sein volles Einverständnis.

Die Reihe war an Dubrowskij. Der Sekretär reichte ihm das Urteil, aber Dubrowskij stand mit gesenktem Haupt unbeweglich da. Der Sekretär wiederholte seine Aufforderung, sein vollkommenes und volles Einverständnis mit dem Urteil zu bestätigen oder seinen offenkundigen Einspruch auszudrükken, falls er wider Erwarten und auf Gewissen seine Sache für eine gerechte halte und die Absicht habe, das Urteil innerhalb der gesetzlichen Frist bei der zuständigen Instanz anzufechten.

Dubrowskij schwieg ... doch plötzlich erhob er den Kopf, seine Augen begannen zu funkeln, er stampfte mit dem Fuß, stieß den Sekretär von sich, packte das Tintenfaß und warf es nach dem Assessor. Dubrowskij schrie mit wilder Stimme: „Wie, Gottes Kirche mißachten! Fort mit euch, gemeines Pack!" Dann rief er Kirila Petrowitsch zu: „Hat man so was schon gehört, Euer Exzellenz", fuhr er fort, „die Wärter führen die Hunde in Gottes Tempel! Hunde laufen in der Kirche herum! Ich werde es euch schon zeigen!"

Alle standen entsetzt auf. Die Wächter kamen auf den Lärm hin angelaufen und konnten sich nur schwer Dubrowskijs bemächtigen. Man führte ihn hinaus und setzte ihn in den Schlitten. Trojekurow folgte ihm, das ganze Gericht begleitete ihn. Der plötzliche Wahnsinn Dubrowskijs hatte sein Inneres erschüttert und seinen Triumph vergiftet. Die Richter, die auf seine Dankbarkeit hofften, wurden mit keinem einzigen freundlichen Wort bedacht. Er begab sich sofort nach Pokrowskoje, im geheimen von seinem Gewissen geplagt und ohne die Befriedigung seiner Rache ausgekostet zu haben. Dubrowskij lag indessen zu Bett. Der Kreisarzt, zum Glück kein völliger Nichtskönner, hatte schon Zeit gehabt, ihn zur Ader zu lassen, ihm Blutegel und spanische Fliegen anzusetzen. Gegen Abend besserte sich sein Zustand, und am nächsten Tag brachte man ihn nach Kistenjewka, das ihm schon fast nicht mehr gehörte.

III

Es verging einige Zeit, und der Gesundheitszustand des armen Dubrowskij wurde nicht besser. Die Wahnsinnsanfälle wiederholten sich zwar nicht, aber seine Kräfte schwanden zusehends. Er vernachlässigte seine frühere Beschäftigung, verließ selten sein Zimmer und verbrachte ganze Tage und Nächte in tiefem Sinnen. Jegorowna, die gute Alte, die einst seinen Sohn gepflegt hatte, wurde jetzt auch seine Kinderfrau. Sie pflegte ihn wie ein kleines Kind, erinnerte ihn an die Zeiten des Essens und Schlafens, fütterte ihn und brachte ihn zu Bett. Andrej Gawrilowitsch gehorchte ihr und kam mit niemand sonst in Berührung. Er war nicht imstande, an Geschäfte und wirtschaftliche Anordnungen zu denken, und Jegorowna sah die Notwendigkeit ein, den jungen Dubrowskij, der in einem Gardeinfanterieregiment diente und sich zu jener Zeit in Petersburg befand, von allem zu benachrichtigen. Und so diktierte sie, nachdem sie aus dem Ausgabenbuch ein unbeschriebenes Blatt herausgerissen hatte, dem einzigen Schriftkundigen von Kistenjewka, dem Koch Chariton, einen Brief und sandte ihn noch am selben Tage auf die Post in die Stadt.

Nun aber ist es an der Zeit, den Leser mit dem wirklichen Helden dieser Erzählung bekanntzumachen.

Wladimir Dubrowskij war im Kadettenkorps erzogen worden, das er als Kornett der Garde verließ. Der Vater scheute keine Ausgabe für seinen standesgemäßen Unterhalt, und der junge Mann bekam von zu Hause mehr, als er zu erwarten hatte. Unüberlegt und ehrgeizig, wie er war, gestattete er sich luxuriöse Launen, spielte Karten, machte Schulden, und ohne sich um die Zukunft zu sorgen, dachte er zuweilen flüchtig, daß er früher oder später eine reiche Braut werde heiraten müssen.

Eines Abends, als sich einige Offiziere bei ihm auf dem Sofa räkelten und aus seinen Bernsteinpfeifen rauchten, überreichte ihm sein Kammerdiener Grischa einen Brief, dessen Anschrift und Siegel den jungen Mann in Erstaunen versetzten. Er erbrach eilig den Brief und las folgendes:

„Gnädiger Herr, unser Gebieter Wladimir Andrejitsch, ich, Deine alte Kinderfrau, wage es, Dir von Papachens Gesundheit zu melden. Es steht schlimm um ihn, zuweilen redet er irre und sitzt den ganzen Tag wie ein dummes Kind da – jedoch unser Leben und Tod liegt in Gottes Hand – komm Du nur zu uns, mein lichter Falke, wir werden Dir auch Pferde nach Pessotschnoje schicken. Man sagt, das Landgericht wird zu uns kommen, um uns Kirila Petrowitsch Trojekurow zu übergeben, wir sollen angeblich die seinigen werden, wir waren aber von jeher die Eurigen und haben etwas anderes noch nie gehört. Du könntest in Petersburg davon dem Väterchen Zaren melden, er wird uns vor dem Unrecht schützen. Bei uns regnet es schon die zweite Woche, und der Hirt Rodja ist um den Nikolaustag herum gestorben. Ich schicke Grischa meinen mütterlichen Segen. Dient er Dir treu? Ich verbleibe Deine treue Sklavin, die Kinderfrau Arina Jegorowna Busyrewa.“

Wladimir Dubrowskij las diese einfältigen Zeilen einigemal hintereinander in ungewöhnlicher Erregung. Er hatte in der frühesten Kindheit seine Mutter verloren und wurde im achten Lebensjahr, fast ohne daß er seinen Vater kannte, nach Petersburg gebracht. Dessenungeachtet empfand er eine romantische Zuneigung für ihn und liebte das Familienleben um so mehr, je weniger er seine stillen Freuden hatte genießen können.

Der Gedanke, den Vater zu verlieren, peinigte schmerzlich sein Herz, und die Lage des armen Kranken, die er aus dem Brief seiner Kinderfrau erriet, entsetzte ihn. Er stellte sich den Vater vor, wie er in dem entlegenen Dorf allein unter der Obhut der dummen Alten und des Gesindes geblieben war, von irgendeinem Unheil bedroht und hilflos unter körperlichen und seelischen Qualen erlöschend. Wladimir warf sich verbrecherische Nachlässigkeit vor. Obwohl er lange keine Nachrichten von seinem Vater hatte, hatte er gar nicht daran gedacht, sich nach ihm zu erkundigen, da er ihn unterwegs oder mit Wirtschaftsangelegenheiten beschäftigt glaubte. Noch am selben Tag tat er Schritte, um Urlaub zu bekommen, und begab sich zwei Tage später auf die Reise, zusammen mit seinem treuen Grischa.

Wladimir Andrejewitsch näherte sich der Station, von der aus er nach Kistenjewka einbiegen mußte. Sein Herz war voll trauriger Ahnungen. Er fürchtete, den Vater nicht mehr am Leben anzutreffen, und er stellte sich die traurige Lebensweise vor, die ihn auf dem Gut erwartete: Einöde, Vereinsamung, Armut und Scherereien mit Geschäften, von denen er nicht viel verstand. Als er auf der Station ankam, ging er zum Posthalter und verlangte Pferde auf eigene Kosten. Der Posthalter erkundigte sich, wohin er reise, und erklärte dann, daß Pferde aus Kistenjewka schon den vierten Tag bereitständen. Bald darauf trat der alte Kutscher Anton zu ihm, der ihn einst im Pferdestall herumgeführt und sein kleines Pferdchen gewartet hatte. Anton bekam Tränen in die Augen, als er ihn sah, verneigte sich vor ihm bis zur Erde, sagte, daß der alte Herr noch am Leben sei, und lief, um anzuspannen. Wladimir schlug das angebotene Frühstück aus und beeilte sich, aufzubrechen. Anton fuhr ihn auf Feldwegen, und es entspann sich zwischen ihnen ein Gespräch.

„Sage mir, bitte, Anton, was für einen Prozeß hat mein Vater mit Trojekurow?"

„Gott mag es wissen, Väterchen Wladimir Andrejewitsch, der gnädige Herr, sagt man, hat sich mit Kirila Petrowitsch entzweit, und dieser hat dem Gericht eine Klage eingereicht, obwohl er sonst meistens sein eigener Richter ist. Es ist ja nicht an uns, Ihren Knechten, über den Willen der Herrschaft zu urteilen, aber, bei Gott, Ihr Väterchen hätte sich gegen Kirila Petrowitsch nicht auflehnen sollen. Mit der Peitsche läßt sich keine Axt durchhauen."

„Also macht dieser Kirila Petrowitsch, wie es scheint, bei euch alles, was er will?"

„Gewiß, gnädiger Herr, den Gerichtsassessor achtet er nicht im geringsten, der Polizeihauptmann ist sein Laufbursche. Die Herrschaften kommen zu ihm gefahren, um ihm ihre Aufwartung zu machen. Und die Wahrheit gesagt, wenn nur ein Trog da ist, Schweine finden sich immer."

„Ist es wahr, daß er uns das Gut wegnimmt?"

„Ach, gnädiger Herr, auch wir haben so etwas vernommen. Dieser Tage sagte der Küster von Pokrowskoje auf dem Tauffest bei unserem Schulzen: ‚Ihr habt die längste Zeit gefaulenzt. Kirila Petrowitsch wird euch schon fest in die Zucht nehmen.' Mikita aber, der Schmied, erwiderte: ‚Laß es gut sein, Saweljitsch, mach dem Gevatter nicht bange, verwirr die Gäste nicht. Kirila Petrowitsch ist eine Sache für sich, und Andrej Gawrilowitsch ist ebenfalls eine Sache für sich – wir alle aber sind Gottes und des Zaren. Aber ein fremdes Maul kann man nicht versiegeln.'"

„Ihr wollt also in Trojekurows Besitz nicht übergehen?"

„In den Besitz des Kirila Petrowitsch! Gott schütze und bewahre uns davor! Seine eignen Leute haben es schlecht, bekommt er aber noch fremde, denen wird er nicht nur die Haut, sondern auch das Fleisch herunterschinden. Nein, Gott schenke Andrej Gawrilowitsch ein langes Leben. Sollte Gott ihn aber zu sich nehmen, so brauchen wir niemand als dich, du bist unser Wohltäter. Verlaß uns nicht, wir werden schon hinter dir stehen!“

Bei diesen Worten holte Anton mit der Peitsche aus, riß an den Zügeln, und die Pferde begannen im eiligen Trab zu laufen.

Von der Ergebenheit des alten Kutschers gerührt, schwieg Dubrowskij und gab sich seinen Gedanken hin. Mehr als eine Stunde verging. Plötzlich weckte ihn Grischa mit dem Ausruf: „Da ist Pokrowskoje.“ Dubrowskij hob den Kopf. Er fuhr jetzt am Ufer eines weiten Sees, dem ein Flüßchen entströmte, das sich zwischen Anhöhen wand und sich in der Ferne verlor. Auf einem der Hügel ragte über dem dichten Grün des Wäldchens ein grünes Dach und der Pfeilerbalkon eines riesengroßen steinernen Hauses, auf einem anderen eine fünfkuppelige Kirche und ein altertümlicher Glockenturm, und um ihn herum waren die Dorfhäuser mit ihren Gemüsegärten und Brunnen verstreut. Dubrowskij erkannte diese Orte. Er erinnerte sich, daß er auf dieser Anhöhe einst mit der kleinen Mascha Trojekurowa gespielt hatte, die zwei Jahre jünger als er war und schon damals hübsch zu werden versprach. Er wollte sich bei Anton nach ihr erkundigen, aber eine aufsteigende Schamhaftigkeit hielt ihn davon ab.

Als er am herrschaftlichen Haus vorüberfuhr, erblickte er ein weißes Kleid, das zwischen den Gartenbäumen schimmerte. In diesem Augenblick hieb Anton auf die Pferde ein und jagte mit dem Ehrgeiz aller Dorf- und Stadtkutscher aus aller Kraft über die Brücke und am Garten vorbei. Hinter dem Dorf stieg der Weg wieder an, und Wladimir erblickte ein Birkenwäldchen und links davon auf freiem Feld ein graues Haus mit rotem Dach. Das Herz begann ihm zu schlagen – vor ihm lag Kistenjewka und das arme Haus seines Vaters.

Zehn Minuten später waren sie im herrschaftlichen Hof angelangt. Er blickte in unbeschreiblicher Erregung um sich.

Zwölf Jahre hatte er seine Heimat nicht gesehen. Die kleinen Birken, die noch zu seiner Zeit am Zaun gepflanzt worden waren, hatten sich inzwischen zu großen, verzweigten Bäumen ausgewachsen. Der Hof, einst mit drei Blumenbeeten geziert, zwischen denen ein breiter, sorgfältig gepflegter Weg führte, war in eine ungemähte Wiese verwandelt, auf der ein gekoppeltes Pferd weidete. Die Hunde schlugen an, verstummten aber, als sie Anton erkannten, und wedelten mit den struppigen Schwänzen. Das Gesinde stürzte aus den Gesindestuben und umringte den jungen Herrn mit lauten Freudebezeugungen. Mit Mühe konnte er sich durch die eifrige Menge durchzwängen und die baufällige Rampe hinauflaufen. Im Flur empfing ihn Jegorowna und umarmte weinend ihren Zögling.

„Guten Tag, guten Tag, Amme“, wiederholte er und drückte die gute Alte ans Herz. „Was macht Väterchen? Wo ist er? Was macht er?“

In diesem Augenblick trat ein hochgewachsener Greis ins Zimmer, blaß und mager, in Schlafrock und Zipfelmütze.

„Wo ist Wolodka?“ fragte er mit schwacher Stimme, und Wladimir umarmte glühend seinen Vater. Die Freude rief eine zu starke Erschütterung im Kranken hervor, er wurde schwach, seine Beine schwankten, und er wäre umgefallen, wenn der Sohn ihn nicht gestützt hätte.

„Warum bist du aufgestanden?“ sprach Jegorowna. „Er kann sich nicht mehr auf den Füßen halten und will doch bei allem dabei sein.“

Der Alte wurde ins Schlafzimmer gebracht. Er gab sich Mühe, mit dem Sohn zu sprechen, aber die Gedanken verwirrten sich in seinem Kopf, und seine Worte hatten gar keinen Zusammenhang. Er verstummte und verfiel in Schlummer. Wladimir war von seinem Zustand erschüttert. Er richtete sich im Schlafzimmer ein und bat, ihn mit dem Vater allein zu lassen. Die Hausgenossen gehorchten, wandten sich nun alle Grischa zu und führten ihn in die Gesindestube, wo er auf ländliche Art mit jeglicher Gastfreiheit bewirtet und mit Begrüßungen und Fragen ermüdet wurde.

IV

Einige Tage nach seiner Ankunft wollte der junge Dubrowskij sich an die Geschäfte machen, aber der Vater war nicht imstande, ihm die notwendigen Aufklärungen zu geben, und Andrej Gawrilowitsch hatte auch keinen Bevollmächtigten. Beim Durchsuchen der Papiere fand Wladimir nur den ersten Brief des Gerichtsassessors und den Entwurf der Antwort an ihn. Daraus konnte er sich von dem Prozeß keinen klaren Begriff machen und beschloß, auf die Gerechtigkeit seiner Sache zu hoffen und das Weitere abzuwarten.

Indessen verschlimmerte sich der Gesundheitszustand des Andrej Gawrilowitsch von Stunde zu Stunde. Wladimir sah die baldige Auflösung herannahen und wich nicht von dem alten Mann, der in völlige Kindlichkeit verfallen war.

Inzwischen war die gesetzliche Frist verstrichen, ohne daß Berufung eingelegt wurde. Kistenjewka gehörte nun Trojekurow. Schabaschkin erschien bei ihm mit Verbeugungen und Beglückwünschungen und mit der Bitte, zu bestimmen, wann es Seiner Exzellenz genehm sein würde, in den Besitz des neuerworbenen Gutes zu treten, und ob er es in eigener Person zu tun gedenke oder jemand dazu bevollmächtigen wolle. Kirila Petrowitsch war verlegen. Von Natur war er nicht habgierig. Der Wunsch nach Rache hatte ihn zu weit geführt, sein Gewissen regte sich. Er wußte, in welchem Zustand sein Gegner, der alte Kamerad seiner Jugend, sich befand, und der Sieg freute sein Herz nicht. Er sah Schabaschkin drohend an, suchte nach einem Anlaß, um ihn auszuschimpfen, fand aber keinen genügenden Vorwand und sagte nur böse:

„Pack dich! Ich habe keine Zeit für dich!“

Schabaschkin sah, daß Kirila Petrowitsch nicht gut aufgelegt war, machte eine Verbeugung und beeilte sich fortzukommen. Kirila Petrowitsch aber begann, sobald er allein war, auf und ab zu schreiten, wobei er „Siegesdonner erschalle“ pfiff, was bei ihm stets eine ungewöhnliche innere Erregung bedeutete. Endlich befahl er, eine Renndroschke anzuspannen, zog sich recht warm an – es war schon Ende September – und verließ den Hof. Das Fahrzeug lenkte er selbst.

Bald erblickte er das Haus des Andrej Gawrilowitsch. Widersprechende Gefühle erfüllten seine Seele. Befriedigte Rache und Herrschsucht betäubten bis zu einem gewissen Grad die Gefühle edlerer Art, aber schließlich triumphierten die letzteren. Er beschloß, sich mit seinem alten Nachbarn zu versöhnen, auch jede Spur des Streites zu tilgen und ihm sein Gut zurückzuerstatten. Nachdem er seine Seele mit so guter Absicht erleichtert hatte, begab sich Kirila Petrowitsch im Trab nach dem Sitz seines Nachbarn und bald fuhr er in dessen Hof ein.

Zu dieser Zeit saß der Kranke im Schlafzimmer am Fenster. Er erkannte Kirila Petrowitsch, und schreckliche Verwirrung drückte sich in seinem Gesicht aus. Tiefe Röte trat an Stelle der sonstigen Blässe, seine Augen funkelten, er lallte unverständliche Laute. Sein Sohn, der in der Nähe über den Wirtschaftsbüchern saß, erhob den Kopf und war über seinen Zustand betroffen. Der Kranke deutete mit dem Finger nach dem Hof, mit dem Ausdruck des Entsetzens und des Zornes. In diesem Augenblick ertönte die Stimme und der schwere Schritt Jegorownas.

„Gnädiger Herr, gnädiger Herr! Kirila Petrowitsch ist gekommen! Kirila Petrowitsch steht vor der Rampe!“ Jegorowna erblickte den Kranken und schrie auf: „Ach Gott, was ist denn das? Was ist mit ihm geschehen?“

Er hatte sich hastig bemüht, die Schöße seines Schlafrocks zu raffen, um sich vom Sessel zu erheben, hatte sich erhoben und – war plötzlich hingefallen. Der Sohn stürzte zum Vater. Der Alte lag ohnmächtig und ohne Atem da, er hatte einen Schlaganfall erlitten.

„Rasch, rasch, in die Stadt, holt den Arzt!“ schrie Wladimir.

„Kirila Petrowitsch will Sie sprechen“, sagte ein Diener.

Wladimir warf einen schrecklichen Blick auf ihn.

„Sag Kirila Petrowitsch, daß er sich möglichst rasch scheren soll, bevor ich befehle, ihn vom Hof fortzujagen ... hinaus!"

Der Diener lief freudig, den Befehl seines Herrn auszuführen. Jegorowna schlug die Hände zusammen.

„Unser Väterchen", sagte sie mit piepsender Stimme, „du wirst dich zugrunde richten. Kirila Petrowitsch frißt uns auf."

„Schweig, Amme", sagte Wladimir erzürnt, „schick Anton sofort in die Stadt nach dem Arzt."

Jegorowna entfernte sich. Im Zimmer war niemand mehr. Das ganze Gesinde war in den Hof hinausgestürzt, um Kirila Petrowitsch zu sehen. Sie ging auf die Rampe hinaus und hörte die Antwort, die der Diener im Namen des jungen Herrn erteilte. Kirila Petrowitsch nahm sie in der Droschke sitzend entgegen. Sein Gesicht wurde finsterer als die Nacht. Er lächelte verächtlich, sah das Gesinde drohend an und fuhr im Schritt um den Hof herum. Er sah nach dem Fenster, wo vor einem Augenblick noch Andrej Gawrilowitsch gesessen hatte, wo er aber nicht mehr war. Die Kinderfrau stand auf der Rampe und hatte den Befehl des Herrn vergessen. Das Gesinde besprach laut das Ereignis. Plötzlich erschien Wladimir in ihrer Mitte und sagte kurz: „Es bedarf keines Arztes mehr – mein Vater ist tot."

Alle waren erschüttert. Die Leute stürzten in das Zimmer des alten Herrn. Er lag im Sessel, wohin ihn Wladimir gebracht hatte. Sein rechter Arm hing bis zum Boden herab, der Kopf war auf die Brust gesunken. Es war nicht einmal mehr ein Rest von Leben in diesem Körper, der noch nicht erkaltet, aber vom Tod bereits entstellt war. Jegorowna begann zu heulen, die Diener umringten die Leiche, die ihrer Fürsorge überlassen wurde, wuschen sie, kleideten sie in die noch im Jahre 1797 angefertigte Uniform und bahrten sie auf demselben Tisch auf, an dem sie so viele Jahre ihren Herrn bedient hatten.

V

Die Bestattung fand am dritten Tag statt. Die Leiche des armen Alten lag im Sarg, mit dem Totenhemd bedeckt und von Kerzen umgeben. Das Eßzimmer war voll von Hofleuten, die dem Leichenbegängnis beiwohnen wollten. Wladimir und die Diener hoben den Sarg auf. Der Priester schritt voran, ihm folgte der Küster. Der Besitzer von Kistenjewka überschritt zum letztenmal die Schwelle seines Hauses. Der Sarg wurde durch das Wäldchen getragen, die Kirche befand sich gleich dahinter. Der Tag war klar und kalt. Die Herbstblätter fielen von den Bäumen. Als sie das Wäldchen verließen, erblickten sie die hölzerne kleine Kirche von Kistenjewka und den von alten Linden beschatteten Friedhof. Dort ruhte Wladimirs Mutter, dort neben ihrem Grab war am Vortag ein frisches Grab gegraben worden.

Die Kirche war mit Bauern aus Kistenjewka gefüllt, die gekommen waren, ihrem Herrn die letzten Ehren zu erweisen. Der junge Dubrowskij stand am Chor. Er weinte nicht und betete nicht, aber sein Gesicht war schrecklich. Die traurige Zeremonie war zu Ende. Wladimir trat als erster vor, um von der Leiche Abschied zu nehmen, ihm folgte das ganze Hofgesinde. Man brachte den Deckel, und der Sarg wurde zugenagelt. Die Weiber weinten laut, die Bauern wischten sich des öftern die Tränen mit der Faust. Wladimir und dieselben drei Diener trugen den Sarg auf den Friedhof hinaus, vom ganzen Dorf gefolgt. Der Sarg wurde in das Grab versenkt, alle Anwesenden warfen ein Häuflein Sand hinein, das Grab wurde zugeschaufelt, man verneigte sich davor und ging auseinander. Wladimir entfernte sich eilig, überholte alle und verschwand im Wäldchen von Kistenjewka.

Jegorowna lud in seinem Namen den Popen und seine Gehilfen zu einem Leichenschmaus, wobei sie erklärte, daß der junge Herr nicht beabsichtige, zugegen zu sein. Und so begaben sich Vater Anissim, die Popenfrau Fedotowna und der Küster zu Fuß nach dem Herrenhof, wobei sie mit Jegorowna über die Tugenden des Entschlafenen redeten und darüber, was wohl seinen Erben erwarten möge. Der Besuch Trojekurows und der ihm erwiesene Empfang waren bereits der ganzen Umgegend bekannt, und die einheimischen Politiker prophezeiten daraus bedeutsame Folgen.

„Was sein wird, wird sein", sagte die Popenfrau, „es wäre aber jammerschade, wenn Wladimir Andrejewitsch nicht unser Herr werden sollte. Ein Prachtkerl, da ist nichts zu sagen."

„Wer sollte sonst unser Herr sein als er?" unterbrach Jegorowna. „Kirila Petrowitsch ereifert sich vergeblich, er ist da an keinen Ängstlichen geraten. Mein Falke wird schon für sich einstehen und, so Gott will, werden seine Wohltäter ihn auch nicht im Stich lassen. Kirila Petrowitsch ist gar zu stolz. Hat aber schön gekniffen, als mein Grischa ihn anschrie: ‚Hinaus mit dir, alter Hund! Pack dich vom Hof!'"

„Ach, Jegorowna, wie hat sich Grischas Zunge dabei bloß drehen können", sagte der Küster, „viel eher würde ich es wagen, mich über den Bischof zu beschweren, als Kirila Petrowitsch scheel anzusehen. Wenn man ihn sieht – Angst und Schrecken! Und der Rücken krümmt sich von selbst ..."

„Alles ist eitel", sagte der Priester, „und auch Kirila Petrowitsch wird man einmal ‚Ewiges Gedenken' singen wie heute Andrej Gawrilowitsch, höchstens wird das Leichenbegängnis üppiger sein und es werden mehr Gäste eingeladen werden, aber ist das vor Gott nicht gleich?"

„Ach, ehrwürdiger Vater! Auch wir wollten die ganze Nachbarschaft zusammenrufen, aber Wladimir Andrejewitsch wollte es nicht haben. Seien Sie unbesorgt, wir haben genug von allem, wir haben alles, womit die Gäste zu bewirten sind, aber was sollte man machen? Wenn sonst keine Leute da sind, will ich wenigstens Euch, teure Gäste, wie es sich gehört, bewirten."

Dieses freundliche Versprechen und die Hoffnung, eine

schmackhafte Pastete vorzufinden, beschleunigten die Schritte der Redenden, und sie kamen wohlbehalten auf dem Herrenhof an, wo der Tisch bereits gedeckt war und der Schnaps sofort gereicht wurde.

Unterdessen drang Wladimir immer tiefer in das Dickicht der Bäume, er war bemüht, durch Bewegung und Ermüdung den seelischen Gram zu betäuben. Er ging, ohne den Weg zu unterscheiden. Die Zweige streiften ihn immerfort und zerkratzten ihn, seine Füße blieben alle Augenblicke im Sumpf stecken, und er merkte nichts. Endlich erreichte er einen kleinen, vom Wald dicht umwachsenen Hohlweg. Ein Bach schlängelte sich schweigend zwischen den vom Herbst halb entblößten Bäumen. Wladimir machte halt, setzte sich auf den kalten Rasen, und Gedanken, einer finsterer als der andere, bedrängten seine Seele ... Er fühlte stark seine Einsamkeit, die Zukunft erschien ihm von unheildrohenden Wolken verhüllt. Die Feindschaft mit Trojekurow kündete ihm neues Unglück. Seine armselige Habe drohte in fremde Hände überzugehen, in diesem Fall erwartete ihn der Bettelstab. Lange saß er unbeweglich auf demselben Fleck, auf den stillen Lauf des Bächleins schauend, das einige welke Blätter davontrug und ihm lebhaft ein Gleichnis des Lebens darbot, ein so getreues und alltägliches Gleichnis. Endlich bemerkte er, daß es zu dämmern begann. Er erhob sich und brach auf, den Weg nach Hause zu suchen, irrte aber noch lange im unbekannten Wald herum, bis er auf einen Pfad gelangte, der ihn geradeaus zum Tor seines Hauses führte.

Unterwegs begegnete ihm der Pope mit den übrigen. Der Gedanke an eine unglückliche Vorbedeutung kam ihm in den Sinn. Unwillkürlich trat er beiseite und verbarg sich hinter den Bäumen. Sie bemerkten ihn nicht und sprachen eifrig.

„Entferne dich vom Bösen und tue Gutes“, sprach der Pope zu seiner Frau, „wir brauchen nicht hier zu bleiben. Es geht dich nichts an, wie die Sache ausgeht.“

Die Popenfrau erwiderte etwas, aber Wladimir konnte sie nicht mehr verstehen.

Als er sich dem Hause näherte, bemerkte er einen Auflauf, das Hofgesinde und die Bauern drängten sich auf dem Herrenhof. Aus der Ferne vernahm Wladimir ungewöhnlichen Lärm und Sprechen. Vor dem Stall standen zwei Dreigespanne. Auf der Rampe schienen einige Leute in Uniformröcken etwas miteinander zu besprechen.

„Was bedeutet das?“ fragte er ärgerlich den Kutscher Anton, der ihm entgegenlief. „Wer sind die und was begehren sie?“

„Ach, Väterchen Wladimir Andrejewitsch“, erwiderte der Alte nach Atem ringend, „das Gericht ist gekommen. Man übergibt uns Trojekurow, man nimmt uns deiner Gnaden weg!“

Wladimir senkte das Haupt. Die Leute umringten ihren unglücklichen Herrn.

„Du bist unser Vater“, schrien sie und küßten ihm die Hände, „wir wollen keinen andern Herrn als dich. Wir wollen lieber sterben, aber dich verraten wir nicht. Befiehl nur, gnädiger Herr, wir werden mit dem Gericht schon fertig werden.“

Wladimir sah sie an und düstere Gefühle bewegten ihn.

„Bleibt ruhig stehen, ich will mit den Gerichtsschergen sprechen.“

„Sprich mit ihnen, Väterchen“, rief man ihm aus der Menge zu, „rede den Verdammten ins Gewissen.“

Wladimir trat zu den Beamten. Schabaschkin, der eine Schirmmütze auf dem Kopf trug und die Hände in die Seiten stemmte, blickte stolz um sich. Der Kreishauptmann, ein hochgewachsener, dicker Mann von etwa fünfzig Jahren mit einem Schnurrbart im geröteten Gesicht, ließ ein Gekrächz vernehmen, als er den nahenden Dubrowskij bemerkte, und rief mit heiserer Stimme:

„Also, ich wiederhole, was ich schon gesagt habe: laut dem Urteilsspruch des Kreisgerichts gehört ihr von heute ab Kirila Petrowitsch Trojekurow, dessen Vertreter Herr Schabaschkin ist. Gehorcht ihm in allem, was er euch befiehlt. Und ihr Weiber, liebt und ehrt ihn, er ist ein Liebhaber von euresgleichen.“

Bei diesem derben Scherz lachte der Kreishauptmann. Schabaschkin und die übrigen Beamten folgten seinem Beispiel. Wladimir kochte vor Zorn.

„Gestatten Sie zu fragen, was dies zu bedeuten hat?“ fragte er den lustigen Kreishauptmann mit geheuchelter Kaltblütigkeit.

„Das bedeutet“, antwortete der geistreiche Beamte, „daß wir gekommen sind, Kirila Petrowitsch Trojekurow in den Besitz dieses Gutes einzuführen und alle anderen zu bitten, sich in Güte davonzumachen.“

„Sie hätten sich aber, will mir scheinen, erst an mich und nicht an meine Bauern wenden sollen und erst dem Gutsbesitzer seine Machtenthebung verkünden müssen ...“

„Der frühere Gutsbesitzer Andrej Gawrilow, von der Familie Dubrowskij, ist nach Gottes Ratschluß gestorben. Und wer bist du eigentlich?“ fragte Schabaschkin mit einem frechen Blick. „Sie kennen wir nicht und wollen Sie auch nicht kennen.“

„Euer Wohlgeboren, es ist ja unser junger Herr, Wladimir Andrejewitsch“, sagte jemand aus der Menge.

„Wer wagt da, den Mund aufzutun!“ rief der Kreishauptmann drohend. „Welcher Herr! Welcher Wladimir Andrejewitsch? Euer Herr ist Kirila Petrowitsch Trojekurow, habt ihr's gehört, ihr Tröpfe?“

„Das möchtet ihr wohl!“ sagte die Stimme von früher.

„Das ist ja Auflehnung!“ schrie der Kreishauptmann. „He, Schulze, vortreten!“

Der Schulze trat vor.

„Such mir sofort den heraus, der es wagte, so mit mir zu sprechen, ich werde ihn ...!“

Der Schulze wandte sich zur Menge mit der Frage, wer gesprochen habe. Aber alle schwiegen. Bald hörte man in den hinteren Reihen Murren, das immer stärker wurde und sich unversehens in schreckliches Wutgeheul verwandelte. Der Kreishauptmann senkte die Stimme und wollte ihnen gütlich zureden.

„Was soll man ihnen da noch zuhören!" schrien die Hofleute. „Kinder, packt sie!" Und die Menge setzte sich in Bewegung. Schabaschkin und die Gerichtsleute stürzten eilig in den Flur und schlossen hinter sich die Tür.

„Vorwärts, Kinder!" rief dieselbe Stimme, und die Menge wollte nachdrängen.

„Halt!" rief Dubrowskij. „Was macht ihr da, ihr Dummköpfe? Ihr richtet euch und mich zugrunde. Geht auf eure Höfe und laßt mich in Ruhe. Fürchtet nichts, der Zar ist gnädig: ich werde ihn bitten, – er wird uns nicht kränken lassen – wir sind alle seine Kinder. Wie soll er sich aber eurer annehmen, wenn ihr Aufwiegler und Räuber seid?"

Die Rede des jungen Dubrowskij, seine klingende Stimme und sein majestätisches Aussehen hatten die gewünschte Wirkung. Das Volk wurde ruhig und zerstreute sich. Der Hof wurde leer, die Gerichtsbeamten saßen im Hause. Wladimir bestieg traurig die Rampe. Schabaschkin öffnete die Tür und erging sich unter unterwürfigen Verneigungen in Dankesbezeugungen gegenüber Dubrowskij für seine gnädige Beschützertat. Wladimir hörte ihn mit Verachtung an und antwortete nichts.

„Wir haben beschlossen", sagte der Assessor, „mit Ihrer Erlaubnis hier zu übernachten. Es ist schon dunkel und Ihre Bauern könnten uns noch unterwegs überfallen. Erweisen Sie uns die Gnade und befehlen Sie, uns wenigstens etwas Heu in der Wohnstube hinzulegen. Beim Morgengrauen wollen wir uns nach Hause begeben."

„Machen Sie, was Sie wollen", sagte Dubrowskij trocken, „ich bin hier nicht mehr der Herr."

Mit diesen Worten zog er sich in das Zimmer seines Vaters zurück und schloß hinter sich die Tür.

VI

„Alles, alles ist zu Ende!“ sagte sich Wladimir. „Heute morgen noch hatte ich einen Winkel und ein Stück Brot; morgen werde ich gezwungen sein, das Haus, in dem ich geboren bin, zu verlassen. Mein Vater, die Erde, in der er ruht, werden dem verhaßten Mann gehören, der seinen Tod und meine Bettelarmut verschuldet hat!“ Wladimir preßte die Zähne zusammen, und seine Augen blieben unbeweglich auf dem Bild seiner Mutter haften. Der Maler hatte sie, auf ein Geländer gestützt, in einem weißen Morgenkleid mit einer Rose im Haar dargestellt. „Auch dieses Bild wird dem Feind meiner Familie in die Hände fallen“, dachte Wladimir, „es wird zusammen mit den zerbrochenen Stühlen in irgendeine Rumpelkammer geworfen oder im Vorzimmer aufgehängt werden, als Gegenstand des Spottes und übler Bemerkungen seiner Hundeaufseher. In ihrem Schlafzimmer aber, im Zimmer, in dem mein Vater gestorben ist, wird sich sein Verwalter niederlassen oder sein Harem Platz finden. Nein, nein, dieses traurige Haus, aus dem er mich verjagt, darf auch ihm nicht gehören.“ Wladimir preßte die Zähne zusammen. Schreckliche Gedanken stiegen in seinem Sinn auf. Die Stimmen der Beamten drangen zu ihm. Sie benahmen sich wie die Hausherrn, verlangten bald dieses, bald jenes und lenkten ihn von seinen traurigen Gedanken unangenehm ab. Endlich wurde alles still.

Wladimir öffnete die Kommoden und Schubfächer und ging an die Durchsicht der Papiere des Verstorbenen. Sie bestanden meistenteils aus Wirtschaftsrechnungen und geschäftlicher Korrespondenz. Wladimir zerriß sie ungelesen. Unter ihnen fand sich ein Paket mit der Aufschrift: „Briefe meiner Frau.“ Mit großer Gemütsbewegung ging Wladimir an ihre Lektüre. Sie waren während des türkischen Feldzuges geschrieben und aus Kistenjewka nach der Armee adressiert. Sie beschrieb ihm darin ihr ländliches Leben und ihre wirtschaftliche Tätigkeit. Mit Zärtlichkeit klagte sie über die Trennung und rief ihn nach Hause in die Arme seiner guten Gefährtin. In einem der Briefe drückte sie ihre Besorgnis wegen der Gesundheit des kleinen Wladimir aus, im anderen freute sie sich über seine frühen Fähigkeiten und prophezeite ihm eine glückliche und glänzende Zukunft. Wladimir vertiefte sich in die Lektüre und vergaß alles auf der Welt, während er mit ganzer Seele in die Welt des Familienglücks untergetaucht war, er merkte nicht, wie die Zeit verstrich. Die Wanduhr schlug elf. Wladimir steckte die Briefe in die Tasche, nahm die Kerze und verließ das Arbeitszimmer. Im Saal schliefen die Beamten auf dem Fußboden. Auf dem Tisch standen die von ihnen geleerten Gläser, und ein starker Rumgeruch war im ganzen Zimmer verbreitet. Wladimir schritt mit Ekel an ihnen vorüber in das Vorzimmer. Hier war es dunkel. Jemand wurde das Licht gewahr und stürzte zur Seite. Als Wladimir sich mit der Kerze umwandte, erblickte er Archip, den Schmied.

„Was machst du hier?“ fragte er erstaunt.

„Ich wollte ... ich bin gekommen, um nachzusehen, ob alle zu Hause sind.“

„Und warum hast du ein Beil mit?“

„Das Beil? Wie soll man heutzutage ohne Beil herumgehen? Diese Beamten sind so unverschämt, ehe man sich versieht ...“

„Du bist betrunken, laß das Beil, geh, schlaf dich aus.“

„Ich betrunken? Väterchen Wladimir Andrejewitsch, Gott ist mein Zeuge, ich habe keinen Tropfen im Munde gehabt, und wie kann man daran auch nur denken? Hat man so etwas gehört, die Beamten haben es ausgesonnen, über uns zu herrschen, die Beamten jagen unsere Herrschaft von Haus und Hof. Wie sie da schnarchen, die Verfluchten, man sollte sie alle zusammen umbringen, kein Hahn würde danach krähen!“

Dubrowskij verfinsterte sich.

„Höre, Archip“, sagte er, „laß deinen Unsinn, nicht die Beamten sind schuld. Zünde eine Laterne an und folge mir.“

Archip nahm die Kerze aus den Händen des Herrn, fand hinter dem Ofen eine Laterne, zündete sie an, und beide stiegen leise die Rampe hinunter und machten eine Runde um den Hof. Die Wächter begannen an die gußeiserne Platte zu schlagen, und die Hunde schlugen an.

„Wer hält Wache?“ fragte Dubrowskij.

„Wir, Väterchen“, antwortete eine hohe Stimme, „Wassilissa und Lukerja.“

„Geht nach Hause“, sagte Dubrowskij zu ihnen, „ihr seid nicht vonnöten.“

„Aus ist es“, sagte Archip.

„Wir danken dir, Wohltäter“, antworteten die Weiber und entfernten sich.

Dubrowskij ging weiter. Zwei Leute näherten sich ihm und riefen ihn an. Er erkannte die Stimmen Antons und Grischas.

„Warum schlaft ihr nicht?“ fragte er sie.

„Wie könnten wir schlafen“, antwortete Anton, „was wir alles erleben müssen, wer hätte es je gedacht ...“

„Leise“, unterbrach Dubrowskij, „wo ist Jegorowna?“

„Im Herrenhaus, in ihrer Kammer“, antwortete Grischa.

„Geh, hol sie und führe alle unsere Leute aus dem Haus heraus, daß keine Seele darin bleibt, außer den Beamten. Und du, Anton, spann einen Wagen an.“

Grischa entfernte sich. Ein Weilchen später kam er mit seiner Mutter. Die Alte hatte sich diese Nacht nicht ausgezogen. Außer den Beamten hatte kein Mensch in dieser Nacht ein Auge geschlossen.

„Sind alle hier? Ist niemand im Haus geblieben?“ fragte Dubrowskij.

„Niemand, außer den Beamten“, antwortete Grischa.

„Bringt Stroh oder Heu her“, sagte Dubrowskij.

Die Leute liefen in den Pferdestall und kehrten mit Haufen Heu in den Armen zurück.

„Legt es unter die Rampe, so. Nun, Kinder, Feuer!“

Archip öffnete die Laterne, Dubrowskij zündete einen Kienspan an.

„Halt!“ sagte er zu Archip, „ich habe wohl in der Eile die Tür zum Vorzimmer zugesperrt, geh rasch, sperr sie auf.“

Archip lief ins Vorzimmer. Die Tür war offen. Archip sperrte sie zu, indem er murmelte: „Sperr auf, das fehlte gerade noch“, und kehrte zu Dubrowskij zurück.

Dubrowskij näherte den Kienspan dem Heu, das Heu fing Feuer, die Flamme stieg in die Höhe und beleuchtete den ganzen Hof.

„Ach!“ schrie Jegorowna kläglich, „was machst du da, Wladimir Andrejewitsch?“

„Schweig!“ sagte Dubrowskij. „Nun, Kinder, lebt wohl! Ich geh, wohin Gott mich führen wird. Seid glücklich unter eurem neuen Herrn!“

„Vater, Wohltäter!“ riefen die Leute. „Wir sterben lieber, als daß wir dich im Stich lassen, wir gehen mit dir!“

Die Pferde fuhren vor. Dubrowskij bestieg mit Grischa den Wagen. Anton hieb auf die Pferde ein, und sie fuhren zum Hof hinaus.

In diesem Augenblick umzüngelte die Flamme das ganze Haus. Die Böden begannen zu krachen und zu zerfallen. Brennende Balken stürzten ein. Roter Rauch schwang sich über das Dach. Klägliches Hilfegeschrei ertönte.

„Das wäre was“, sagte Archip, der mit einem bösen Lächeln dem Brand zusah.

„Archipuschka“, sagte Jegorowna zu ihm, „rette sie, die Verfluchten, Gott wird dir dafür helfen.“

„Das wäre was“, antwortete der Schmied.

In diesem Augenblick erschienen die Beamten an den Fenstern, bemüht, die Doppelrahmen herauszubrechen. Da stürzte aber mit Krachen das Dach über ihnen zusammen, und die Schreie verstummten.

Bald war das ganze Gesinde im Hof versammelt. Die Weiber bemühten sich, unter Wehgeschrei ihr Gerümpel zu retten, die Kinder sprangen herum und bewunderten die Feuersbrunst. Die Funken stoben im feurigen Wirbel, die Dorfhäuser gerieten in Brand.

„Jetzt ist alles gut!“ sagte Archip. „Wie es brennt, he? Aus Pokrowkoje ist es wohl ein Vergnügen zuzuschauen?“

In diesem Augenblick zog eine neue Erscheinung seine Aufmerksamkeit auf sich: eine Katze lief auf dem Dach des brennenden Stalls hin und her, ratlos, wo sie herunterspringen sollte. Von allen Seiten war sie von Flammen umgeben. Das arme Tier rief kläglich miauend um Hilfe. Die Buben schüttelten sich beim Anblick ihrer Verzweiflung vor Lachen.

„Worüber lacht ihr, ihr Teufelsbrut?“ sagte der Schmied böse. „Ihr habt keine Gottesfurcht. Ein Geschöpf Gottes kommt da um, und ihr lacht vor Dummheit“, und nachdem er eine Leiter an das brennende Dach gesetzt hatte, stieg er hinauf, um die Katze herunterzuholen. Sie verstand seine Absicht und krallte sich mit dem Ausdruck hastiger Dankbarkeit an seinen Ärmel. Der angesengte Schmied stieg mit seiner Beute hinunter.

„Nun, Kinder“, sagte er zu dem verlegenen Gesinde, „ich habe hier nichts mehr zu tun, lebt wohl, denkt an mich nicht im Bösen.“

Der Schmied ging. Der Brand wütete noch einige Zeit und legte sich endlich. Verkohlte Trümmer brannten noch ohne Flamme und glühten im Dunkel der Nacht. Um sie herum irrten die abgebrannten Bewohner von Kistenjewka.

VII

Am nächsten Tag verbreitete sich die Nachricht vom Brand in der ganzen Nachbarschaft. Alle sprachen davon und äußerten verschiedene Vermutungen und Ansichten. Manche behaupteten, die Leute Dubrowskijs hätten sich beim Leichenschmaus betrunken und das Haus aus Fahrlässigkeit angezündet, andere wieder beschuldigten die Gerichtsbeamten, die sich bei der Hauseinweihung angetrunken hätten. Manche wieder errieten die Wahrheit und behaupteten, daß der Urheber dieses schrecklichen Unglücks Dubrowskij selbst sei, von Zorn und Verzweiflung dazu bewogen. Viele sagten, er selbst sei zusammen mit den Gerichtsbeamten und dem Hofgesinde umgekommen.

Trojekurow suchte gleich am nächsten Tag die Brandstätte auf und leitete selbst die Untersuchung. Es zeigte sich, daß der Kreishauptmann, der Gerichtsassessor, der Sachwalter und der Schreiber sowie Wladimir Dubrowskij, die Kinderfrau Jegorowna, der Diener Grigorij, der Kutscher Anton und der Schmied Archip spurlos verschwunden waren. Alle Hofleute bezeugten, daß die Gerichtsbeamten verbrannt seien, als das Dach einstürzte. Ihre verkohlten Knochen wurden zusammengesucht. Die Weiber Wassilissa und Lukerja sagten aus, daß sie Dubrowskij und Archip, den Schmied, einige Minuten vor Ausbruch des Brandes gesehen hätten. Der Schmied Archip war laut den übereinstimmenden Aussagen noch am Leben und wahrscheinlich der hauptsächliche, wenn nicht der alleinige Anstifter des Brandes. Auf Dubrowskij fiel ein starker Verdacht. Kirila Petrowitsch schickte dem Gouverneur eine ausführliche Beschreibung des Vorfalls, und ein neuer Prozeß begann.

Bald aber waren es andere Nachrichten, die der Neugierde und dem Gerede neue Nahrung boten. Räuber traten auf und setzten die ganze Gegend in Schrecken. Die von der Regierung gegen sie ergriffenen Maßregeln erwiesen sich als ungenügend. Plündereien, eine bemerkenswerter als die andere, folgten einander. Es gab keine Sicherheit mehr, weder auf den Wegen noch in den Dörfern. Mehrere Dreigespanne mit Räubern fuhren am hellichten Tage im ganzen Gouvernement herum, hielten die Reisenden und die Post an, kamen in die Dörfer, plünderten die Herrensitze und übergaben sie den Flammen. Der Anführer der Bande war berühmt durch Klugheit, Kühnheit und eine Art Großmut. Man erzählte Wunder von ihm. Der Name Dubrowskij war auf allen Lippen. Alle waren überzeugt, daß er und kein anderer die waghalsigen Bösewichte anführe. Man wunderte sich nur über eins: Trojekurows Güter blieben verschont. Die Räuber hatten ihm keinen einzigen Stall geplündert, keine einzige Fuhre aufgehalten. In seinem gewohnten Hochmut schrieb Trojekurow diese Bevorzugung der Angst zu, die er dem ganzen Gouvernement einzuflößen verstand, und auch der besonders guten Polizei, die er in seinen Dörfern unterhielt. Erst lachten die Nachbarn über Trojekurows Einbildung, und jeder wartete darauf, daß die ungerufenen Gäste Pokrowskoje heimsuchten, aber schließlich waren sie gezwungen, zuzugeben, daß ihm sogar die Räuber eine unbegreifliche Achtung erwiesen. Trojekurow triumphierte und erging sich bei jeder Nachricht von einem neuen Raub Dubrowskijs in Anspielungen auf den Gouverneur, die Kreishauptleute und Kompanieführer, vor denen Dubrowskij immer heil davonzukommen verstand.

Indessen kam der erste Oktober, der Tag der Kirchweih im Pfarrdorf Trojekurows. Aber bevor wir an die Beschreibung der weiteren Ereignisse gehen, müssen wir den Leser mit den ihm neuen Personen bekannt machen, die wir im Anfang der Erzählung nur leichthin erwähnt haben.

VIII

Der Leser hat es gewiß schon erfaßt, daß die Tochter Kirila Petrowitschs, von der wir bis jetzt nur einige Worte gesagt haben, die Heldin unserer Erzählung ist. In der von uns beschriebenen Zeit war sie siebzehn Jahre alt, und ihre Schönheit stand in voller Blüte. Der Vater liebte sie bis zum Wahnsinn, behandelte sie aber mit dem ihm angeborenen Eigensinn, indem er bald bemüht war, ihren geringsten Launen zu willfahren, sie bald aber mit rauher, ja zuweilen harter Behandlung schreckte. Trotz ihrer Anhänglichkeit konnte er ihr Vertrauen nie gewinnen. Sie war gewohnt, vor ihm ihre Gefühle und Gedanken zu verbergen, da sie nie sicher wissen konnte, in welcher Weise er sie aufnehmen würde. Sie hatte keine Freundinnen und wuchs in Einsamkeit auf. Die Frauen und Töchter der Nachbarn pflegten selten zu Kirila Petrowitsch zu kommen, dessen gewohnte Unterhaltung und Vergnügungen die Gesellschaft von Männern und nicht die Anwesenheit von Damen erforderten. Selten erschien unsere Schöne bei den Gästen, die bei Kirila Petrowitsch schmausten.

Die riesengroße Bibliothek, die vorwiegend aus den Werken französischer Schriftsteller des 18. Jahrhunderts bestand, war ihr ganz überlassen. Ihr Vater, der nie etwas las, außer der „Vollkommenen Köchin", konnte sie bei der Auswahl der Bücher nicht leiten, und Mascha mußte natürlicherweise, nachdem sie eine Menge Bücher durchstöbert hatte, bei den Romanen haltmachen. Auf diese Weise vervollkommnete sie die Erziehung, die einst unter der Leitung von Mamsell Michaud begonnen hatte, der Kirila Petrowitsch großes Vertrauen und Wohlgefallen entgegenbrachte, und die er schließlich ganz unauffällig auf ein anderes Gut zu schicken gezwungen war, als die Folgen dieser Freundschaft allzu sichtbar geworden waren. Mamsell Michaud hatte eine ziemlich angenehme Erinnerung an sich hinterlassen. Sie war ein gutes Mädchen und hatte nie den Einfluß mißbraucht, den sie offenbar auf Kirila Petrowitsch ausübte, worin sie sich von den anderen Favoritinnen unterschied, die er alle Augenblicke absetzte. Kirila Petrowitsch schien sie mehr als die anderen geliebt zu haben, und der schwarzäugige Knabe, ein Wildfang von neun Jahren, der an die südländischen Züge der Mamsell Michaud erinnerte, wurde in seinem Hause erzogen und als sein Sohn anerkannt, obwohl ein ganzer Schwarm barfüßiger Kinder, die Kirila Petrowitsch wie ein Tropfen dem anderen glichen, vor seinen Fenstern herumlief und zum Gesinde zählte. Kirila Petrowitsch ließ für seinen kleinen Sascha einen Franzosen aus Moskau als Lehrer kommen, der eben während der Ereignisse, die wir beschreiben, in Pokrowskoje eintraf.

Dieser Lehrer gefiel Kirila Petrowitsch wegen seines angenehmen Äußeren und weil sein Benehmen einfach war. Er legte Kirila Petrowitsch Zeugnisse und den Brief eines Verwandten der Trojekurows vor, bei dem er vier Jahre als Hofmeister gelebt hatte. Kirila Petrowitsch prüfte alles und blieb einzig mit der Jugend des Franzosen unzufrieden, nicht weil er annahm, daß dieser liebenswürdige Mangel mit der im unglückseligen Beruf eines Lehrers so nötigen Geduld und Erfahrung unvereinbar sei, sondern er hatte seine eigenen Zweifel, die er sofort mit ihm besprechen wollte. Zu diesem Zweck ließ er Mascha holen, denn Kirila Petrowitsch sprach nicht französisch. Sie diente ihm als Dolmetscherin.

„Komm hierher, Mascha, sag diesem Musjöh, daß ich ihn aufnehme, sei es drum, jedoch nur unter der Bedingung, daß er sich nicht unterstehe, meinen Mägden nachzustellen, sonst werde ich ihn, den Hundesohn ... übersetz ihm das, Mascha."

Mascha errötete und sagte zum Lehrer gewandt auf Französisch, daß ihr Vater auf seine Bescheidenheit und anständige Aufführung rechne.

Der Franzose verneigte sich und erwiderte, daß er die Achtung zu verdienen hoffe, selbst wenn ihm die Gewogenheit versagt bleiben sollte.

Mascha übersetzte wörtlich seine Antwort.

„Schön, schön", sagte Kirila Petrowitsch, „er braucht weder Gewogenheit noch Achtung. Seine Sache ist es, auf Sascha aufzupassen und ihn in Arithmetik und Geographie zu unterrichten ... übersetz es ihm."

Marja Kirilowna milderte in ihrer Übersetzung die groben Ausdrücke des Vaters, und Kirila Petrowitsch entließ den Franzosen in das Flügelgebäude, wo ein Zimmer für ihn bestimmt war.

Mascha schenkte dem jungen Franzosen gar keine Aufmerksamkeit. In aristokratischen Vorurteilen erzogen, sah sie in einem Lehrer eine Art von Diener oder Handwerker, und ein Diener oder Handwerker war für sie kein Mann. Sie bemerkte auch den Eindruck nicht, den sie auf Monsieur Deforge gemacht hatte, weder sein Erbeben, noch seine Verwirrung, noch seine veränderte Stimme. Mehrere Tage hintereinander begegnete sie ihm, ohne ihn besonderer Beachtung zu würdigen. Wider Erwarten sollte sie einen ganz anderen Begriff von ihm bekommen.

Im Hofe des Kirila Petrowitsch wurden gewöhnlich mehrere junge Bären aufgezogen, die eine der Hauptergötzungen des Gutsbesitzers von Pokrowskoje bildeten. Solange sie noch ganz jung waren, wurden die kleinen Bären täglich in den Salon gebracht, wo Kirila Petrowitsch sich stundenlang mit ihnen abgab, indem er sie mit Katzen und jungen Hunden zusammenhetzte. Später, wenn sie heranwuchsen, wurden sie in Erwartung einer richtigen Hatz an Ketten gelegt. Von Zeit zu Zeit wurde einer von ihnen vor die Fenster des Herrenhauses geführt, wo man ihm ein leeres mit Nägeln bespicktes Weinfaß zurollte. Der Bär beschnupperte es, dann berührte er es vorsichtig, zerstach sich die Pratzen, stieß es erzürnt immer heftiger von sich, wobei der Schmerz sich steigerte. Er geriet vollends in Raserei, stürzte sich mit Gebrüll immer wieder auf das Faß, bis man der armen Bestie den Gegenstand seines vergeblichen Wütens entzog. Es geschah auch, daß man einem Wagen ein Paar Bären vorspannte, Gäste, ob sie wollten oder nicht, hineinsetzte, und sie dann in die freie Welt Gottes hinausschickte. Doch als Hauptspaß galt folgendes: man sperrte einen ausgehungerten Bären in ein leeres Zimmer ein, indem man ihn mit einem Strick an einen in die Wand eingeschraubten Ring festband. Der Strick war fast so lang wie das Zimmer, so daß nur der entgegengesetzte Winkel vor den Angriffen des schrecklichen Tieres geschützt war. Man brachte gewöhnlich einen Neuling an die Tür dieses Zimmers, stieß ihn wie zufällig zum Bären hinein, die Tür wurde verschlossen und das unglückliche Opfer allein mit dem haarigen Einsiedler zurückgelassen. Der arme Gast fand sehr bald mit abgerissenen Rockschößen, mit zerkratzter Hand den sicheren Winkel, war aber manchmal gezwungen, drei Stunden an die Wand gedrückt auszuharren und der grimmigen Bestie zuzusehen, die zwei Schritt von ihm herumsprang, sich auf die Hinterbeine stellte, brüllte und sich zerriß, um ihn zu erlangen. So waren die edlen Vergnügungen eines russischen Herrn beschaffen!

Einige Tage nach der Ankunft des Lehrers erinnerte sich Trojekurow an ihn und faßte die Absicht, ihm mit dem Bärenzimmer aufzuwarten. Zu diesem Zweck ließ er ihn eines Morgens herbeirufen und führte ihn durch dunkle Gänge. Plötzlich ging eine Seitentür auf, zwei Diener stießen den Lehrer hinein und verschlossen die Tür. Als der Lehrer zu sich kam, erblickte er den festgebundenen Bären. Die Bestie begann aus der Ferne den Gast beschnüffelnd zu schnauben, plötzlich aber stellte sie sich auf die Hinterbeine und ging auf ihn los. Der Franzose war nicht verwirrt, er floh nicht, sondern erwartete den Angriff. Der Bär näherte sich. Deforge zog eine kleine Pistole aus der Tasche, legte sie dem hungrigen Tier ans Ohr und feuerte ab. Der Bär stürzte zusammen. Alle kamen herbeigelaufen, die Tür ging auf, Kirila Petrowitsch trat ein, von der Lösung seines Scherzes überrascht.

Kirila Petrowitsch verlangte entschieden eine Erklärung der ganzen Sache. Wer Deforge vom Scherz, der ihm zugedacht war, unterrichtet habe, oder wozu er sonst eine geladene Pistole in der Tasche trage? Er ließ Mascha holen. Mascha kam herbei und übersetzte dem Franzosen die Fragen des Vaters.

„Ich habe nichts vom Bären gehört“, antwortete Deforge, „aber ich trage immer Pistolen bei mir, weil ich nicht gewillt bin, eine Kränkung hinzunehmen, für die ich meinem Stande nach keine Satisfaktion fordern kann.“

Mascha sah ihn erstaunt an und übersetzte Kirila Petrowitsch seine Worte. Kirila Petrowitsch antwortete nichts, befahl, den Bären hinauszutragen und ihm das Fell abzuziehen. Dann sagte er zum Gesinde gewandt: „Welch ein Kerl, er hat keine Angst bekommen, bei Gott, er hat keine Angst bekommen!“

Von diesem Augenblick an hegte er eine gewisse Zuneigung für Deforge und dachte nicht mehr daran, ihn auf die Probe zu stellen.

Einen noch größeren Eindruck hatte dieser Vorfall jedoch auf Marja Kirilowna gemacht. Ihre Phantasie war getroffen. Sie hatte den toten Bären gesehen und Deforge, der sich ruhig über ihn neigte und mit ihr sprach. Sie sah, daß Tapferkeit und stolze Eigenliebe nicht ausschließlich dem einen Stande zugehöre, und sie begann seitdem, dem jungen Lehrer eine Achtung zu bezeigen, die immer aufmerksamer wurde. Zwischen ihnen spannen sich Beziehungen an. Mascha hatte eine herrliche Stimme und große musikalische Fähigkeiten. Deforge bot sich an, ihr Unterricht zu erteilen. Nach alledem ist es für den Leser nicht schwer, zu erraten, daß Mascha sich in ihn verliebte, ohne es selber zu ahnen.

IX

Am Tag vor dem Fest begannen die Gäste sich einzufinden. Die einen stiegen im Herrenhaus oder in den Flügelgebäuden ab, die anderen beim Verwalter, die dritten beim Priester, die vierten bei wohlhabenden Bauern. Die Pferdeställe waren voll von Pferden, die Höfe und Remisen mit Droschken verschiedenster Art vollgestellt. Um neun Uhr morgens läutete es zur Messe, und alle begaben sich im Zug in die steinerne, von Kirila Petrowitsch erbaute Kirche, die er alljährlich mit neuen Gaben verschönerte. Es hatte sich eine solche Menge angesehener Kirchgänger versammelt, daß die einfachen Bauern innen keinen Platz fanden und vor dem Portal und in der Umfriedung stehen mußten. Die Messe hatte noch nicht begonnen, man wartete auf Kirila Petrowitsch. Er kam in einem Sechsgespann gefahren, in Begleitung Marja Kirilownas. Die Blicke der Männer und Frauen wandten sich ihr zu, die ersteren bewunderten ihre Schönheit, die zweiten betrachteten ihren Staat. Die Messe begann. Die Haussänger sangen im Chor, Kirila Petrowitsch sang mit, betete, ohne nach rechts oder nach links zu blicken und verneigte sich in stolzer Demut bis zur Erde, als der Mesner mit lauter Stimme auch des „Stifters dieses Tempels" gedachte.

Die Messe war zu Ende. Kirila Petrowitsch ging als erster

voran, um das Kreuz zu küssen. Alle folgten ihm. Die Nachbarn begrüßten ihn ehrerbietig, die Damen umringten Mascha. Kirila Petrowitsch lud beim Verlassen der Kirche alle zum Mittagessen ein, bestieg seine Kutsche und begab sich nach Hause. Alle folgten ihm. Die Zimmer füllten sich mit Gästen. Fortwährend kamen neue an, die sich nur mit Mühe zum Hausherrn durchzwängen konnten. Die Damen saßen steif im Halbkreis, nach der veralteten Mode angezogen, in abgetragenen und kostbaren Gewändern, alle in Perlen und Brillanten. Die Männer drängten sich um Kaviar und Schnaps in lauter und vielstimmiger Unterhaltung. Im Saal wurde eine Tafel für achtzig Personen gedeckt. Die Diener liefen geschäftig umher, verteilten die Flaschen und Karaffen und strichen die Decken zurecht. Endlich rief der Hofmeister: „Das Essen ist angerichtet!" Kirila Petrowitsch setzte sich als erster zu Tisch, ihm folgten die Damen und nahmen gravitätisch ihre Plätze ein. Die jungen Mädchen drängten sich wie eine ängstliche Herde junger Ziegen zusammen und wählten die Plätze nebeneinander. Ihnen gegenüber nahmen die Herren Platz. Am Ende der Tafel setzte sich der Lehrer neben den kleinen Sascha.

Die Diener begannen die Speisen nach der Rangordnung herumzureichen, wobei sie sich in zweifelhaften Fällen von Lavaterschen Vermutungen, und fast immer unfehlbar, leiten ließen. Das Geklirr der Teller und der Löffel vermischte sich mit der lauten Unterhaltung der Gäste. Kirila Petrowitsch übersah fröhlich seine Tafel und genoß vollkommen das Glück des Gastgebers. In diesem Augenblick fuhr eine mit sechs Pferden bespannte Kutsche in den Hof.

„Wer ist es?" fragte der Hausherr.

„Anton Pafnutjitsch", erwiderte man.

Die Tür öffnete sich, und Anton Pafnutjitsch, ein dicker Fünfziger mit einem runden und pockennarbigen Gesicht, das von einem dreifachen Kinn geschmückt war, wälzte sich lächelnd unter Verbeugungen ins Speisezimmer herein und wollte sich entschuldigen.

„Ein Gedeck hierher!“ rief Kirila Petrowitsch. „Willkommen Anton Pafnutjitsch, und sag uns nur, was das bedeuten soll: du warst nicht bei meiner Messe und kommst zum Essen zu spät? Das sieht dir nicht ähnlich! Du bist ja fromm und ein Freund vom Essen.“

„Verzeihung“, erwiderte Anton Pafnutjitsch, indem er die Serviette in das Knopfloch seines erbsenfarbenen Rockes steckte, „Verzeihung, Väterchen Kirila Petrowitsch, ich bin schon am frühen Morgen aufgebrochen, aber ich hatte noch keine zehn Werst zurückgelegt, als die Schiene des Vorderrades entzweibrach, was war da zu machen. Zum Glück war ein Dorf in der Nähe. Bis wir uns hinschleppten, den Schmied fanden und alles in Ordnung brachten, vergingen genau drei Stunden – es war nichts zu machen. Den kürzesten Weg durch den Wald von Kistenjewka wagte ich nicht zu nehmen und machte einen Umweg.“

„Hehe!“ unterbrach ihn Kirila Petrowitsch. „Du scheinst nicht vom tapferen Dutzend zu sein. Was fürchtest du eigentlich?“

„Wie, was ich fürchte, Väterchen Kirila Petrowitsch? Und Dubrowskij? Ehe man sich versieht, ist man schon in seine Fänge geraten. Er ist tüchtig, läßt keinen durch. Mir aber wird er womöglich zwei Felle abziehen.“

„Wofür denn diese Auszeichnung, Freund?“

„Sie fragen wofür, Väterchen Kirila Petrowitsch? Für den Prozeß des verstorbenen Andrej Gawrilowitsch. Habe ich doch zu Ihrer Zufriedenheit, das heißt nach Recht und Gewissen bezeugt, daß die Dubrowskijs Kistenjewka ohne jede Berechtigung und einzig dank Ihrer Nachsicht besitzen. Und hat der Verstorbene – Gott habe ihn selig – nicht versprochen, mit mir auf seine Weise abzurechnen! Und das Söhnchen wird vielleicht des Vaters Wort einlösen. Bis jetzt war mir Gott gnädig: alles in allem haben sie mir nur eine Scheune geplündert, aber sie können, ehe man sich versieht, auch das Herrenhaus überfallen.“

„Und im Herrenhaus hätten sie alles in Hülle und Fülle“,

bemerkte Kirila Petrowitsch, „ich nehme an, daß die rote Schatulle vollgestopft ist.“

„Gewiß nicht, Väterchen Kirila Petrowitsch, sie war voll, jetzt ist sie ganz leer.“

„Laß das Lügen, Anton Pafnutjitsch. Wir kennen dich. Wo willst du dein Geld ausgegeben haben? Zu Hause lebst du wie das reinste Schwein, empfängst niemand, die Bauern schindest du, tust nichts als zusammenscharren.“

„Sie geruhen immer zu scherzen, Väterchen Kirila Petrowitsch“, murmelte Anton Pafnutjitsch mit einem Lächeln, „während wir uns in Wahrheit, bei Gott, ruiniert haben.“ Und Anton Pafnutjitsch schob dem herrschaftlichen Scherz ein fettes Stück Pastete nach.

Kirila Petrowitsch ließ ihn in Ruhe und wandte sich dem neuen Kreishauptmann zu, der zum erstenmal bei ihm zu Gast war und am anderen Ende der Tafel neben dem Lehrer saß.

„Nun, wie steht's, Herr Kreishauptmann, werden Sie Dubrowskij bald erwischen?“

Der Kreishauptmann wurde vor Angst verwirrt, verbeugte sich, lächelte, stotterte und sagte schließlich:

„Wir wollen uns Mühe geben, Euer Exzellenz.“

„Hm! Wir wollen uns Mühe geben. Schon lange, sehr lange gebt ihr euch Mühe, und es nutzt nichts. Aber, die Wahrheit gesagt, wozu braucht ihr auch nach ihm zu fahnden? Die Räubereien Dubrowskijs sind ein Segen für die Kreishauptleute: Dienstreisen, Untersuchungen, Zweispänner und Geld in der Tasche. Wie sollte man einem solchen Wohltäter den Garaus machen? Nicht wahr, Herr Kreishauptmann?“

„Die reinste Wahrheit, Euer Exzellenz“, antwortete der vollends verwirrte Kreishauptmann.

Die Gäste lachten laut.

„Ich lobe den Kerl für seine Aufrichtigkeit“, sagte Kirila Petrowitsch. „Ich werde mich wohl selbst der Sache annehmen müssen, ohne den Beistand der hiesigen Behörden abzuwarten. Aber schade ist es um den früheren Kreishauptmann Taras Alexejewitsch. Wäre er nicht verbrannt, so würde es in der

Umgegend ruhiger sein. Und was hört man von Dubrowskij? Wo wurde er zuletzt gesehen?"

„Bei mir, Kirila Petrowitsch", ertönte eine tiefe Frauenstimme, „vergangenen Dienstag hat er bei mir zu Mittag gespeist."

Alle Blicke wandten sich Anna Sawischna Globowa zu, einer ziemlich einfachen Witwe, die ihres heiteren und gutmütigen Charakters wegen von allen gern gesehen wurde. Alle machten sich mit Neugierde daran, ihrer Erzählung zuzuhören.

„Ich muß vorausschicken, daß ich etwa vor drei Wochen meinen Verwalter mit einem Brief an meinen Wanjuscha auf die Post sandte. Meinen Sohn verwöhne ich nicht und bin auch nicht in der Lage, ihn zu verwöhnen, wenn ich es auch wollte. Jedoch, Sie wissen ja selber, ein Offizier der Garde muß sich standesgemäß durchbringen, und ich teile mit meinem Wanjuscha meine Einnahmen, so weit ich kann. Und so schickte ich ihm zweitausend Rubel. Obschon Dubrowskij mir öfters einfiel, dachte ich mir: die Stadt ist nah, im ganzen sind es sieben Werst, vielleicht wird Gott helfen. Aber siehe, abends kehrt mein Verwalter zurück, bleich, abgerissen und zu Fuß. Ich schreie auf. ‚Was ist geschehen? Was ist mit dir geschehen?' Er zur Antwort: ‚Mütterchen Anna Sawischna, die Räuber haben mich ausgeplündert und beinahe umgebracht. Dubrowskij selber war zugegen, erst wollte er mich aufhängen, dann aber erbarmte er sich und ließ mich frei, dafür aber hat er mir alles weggenommen, auch Wagen und Pferd.' Ich bin fast gestorben. Himmlischer König! Was wird aus meinem Wanjuscha? Es war aber nichts zu machen, ich schrieb wieder einen Brief, erzählte ihm alles und schickte ihm meinen Segen ohne einen Heller Geld.

Es verging eine Woche, eine zweite. Plötzlich kommt eine Kutsche auf meinen Hof gefahren. Ein General wünscht mich zu sprechen. Ich lasse bitten. Es tritt ein Mann von etwa fünfunddreißig Jahren bei mir ein, braun, dunkelhaarig, mit Schnurr- und Kinnbart, das reinste Porträt von Kulnjew. Er stellt sich mir als einstiger Freund und Kamerad meines seligen Mannes Iwan Andrejewitsch vor und sagt, er sei gerade vorbeigefahren und habe es nicht lassen können, bei mir, seiner Witwe, einzukehren, da er wisse, daß ich hier lebe. Ich bewirtete ihn mit dem, was Gott gegeben hat, unterhielt mich von dem und jenem und kam schließlich auch auf Dubrowskij zu sprechen. Ich erzählte ihm meinen Kummer. Mein General verfinsterte sich. ‚Das ist seltsam', sagte er, ‚ich habe gehört, daß Dubrowskij nicht jeden überfällt, sondern nur bekannt reiche Leute, aber auch die soll er nicht ganz ausplündern, sondern mit ihnen teilen. Des Mordes aber beschuldigt ihn niemand. Ob hier nicht eine Gaunerei vorliegt? Lassen Sie doch Ihren Verwalter rufen.' Man ging den Verwalter holen. Dieser erschien. Als er den General erblickte, war er wie versteinert. ‚Erzähl mir mal, Brüderchen, auf welche Weise dich Dubrowskij ausgeplündert hat und wie er dich aufhängen wollte.' Mein Verwalter begann zu zittern und warf sich dem General zu Füßen. ‚Ich bekenne mich schuldig, Väterchen, die Sünde hat mich verführt, ich habe gelogen.' – ‚Wenn dem so ist', sprach der General, ‚so erzähl doch, wie die Sache sich zugetragen hat, und ich will zuhören.' Der Verwalter konnte gar nicht zu sich kommen. ‚Nun, was ist', fuhr der General fort, ‚erzähl doch, wo du Dubrowskij begegnet bist?' – ‚An den zwei Tannen, Väterchen, an den zwei Tannen.' – ‚Was hat er dir gesagt?' – ‚Gefragt hat er mich, wer ich sei, wohin ich fahre und in welchen Geschäften.' – ‚Nun, und nachher?' – ‚Nachher verlangte er den Brief und das Geld zu sehen. Nun, ich gab ihm den Brief und das Geld.' – ‚Und er?' – ‚Und er ... Väterchen, ich bekenne mich schuldig!' – ‚Was hat er also getan?' – ‚Er gab mir das Geld und den Brief zurück und sagte: Gott mit dir, geh deiner Wege und bring es auf die Post.' – ‚Nun?' – ‚Väterchen, ich bekenne mich schuldig.' – ‚Ich werde mit dir schon fertig werden, mein Lieber', sagte der General drohend, ‚Sie aber, gnädige Frau, befehlen Sie, seinen Koffer zu durchsuchen und überantworten Sie ihn mir, ich werde ihm eine gehörige Lektion erteilen. So wissen Sie denn, daß Dubrowskij selbst Gardeoffizier war, er wird einem Kameraden nicht Unrecht tun wollen.‘

Ich erriet, wer die Exzellenz war. Ich konnte mich auf keine Auseinandersetzungen mit ihm einlassen. Die Kutscher banden den Verwalter am Bock der Kutsche fest. Das Geld fand sich, der General speiste bei mir zu Mittag, dann fuhr er sofort von dannen und nahm den Verwalter mit. Man fand diesen am nächsten Tag an eine Eiche gefesselt und kahl wie eine junge geschundene Linde.“

Alle hörten Anna Sawischnas Erzählung an, besonders die jungen Damen. Viele von ihnen waren heimlich Dubrowskij gewogen, da sie in ihm einen Romanhelden sahen, besonders aber Marja Kriilowna, die eine glühende, mit allen geheimnisvollen Schrecken der Radcliffe gesättigte Schwärmerin war.

„Und du, Anna Sawischna, nimmst also an, daß Dubrowskij selbst bei dir war?“ fragte Kirila Petrowitsch. „Da irrst du dich aber sehr. Ich weiß nicht, wer sonst bei dir zu Gast war, aber keineswegs war es Dubrowskij.“

„Wieso nicht Dubrowskij, Väterchen? Wer denn sonst, wenn nicht er, streift auf den Straßen umher, hält die Reisenden an und durchsucht sie?“

„Ich weiß es nicht, aber gewiß nicht Dubrowskij. Ich kann mich noch erinnern, wie er als Kind aussah. Ich weiß nicht, ob sein Haar schwarz geworden ist, damals aber war er ein lockiger, hellblonder Knabe, mit Sicherheit jedoch weiß ich, daß er fünf Jahre älter ist als meine Mascha, und folglich nicht fünfunddreißig, sondern nur etwa dreiundzwanzig Jahre alt sein kann.“

„Stimmt genau, Euer Exzellenz“, verkündete der Kreishauptmann, „ich habe die Personalien Wladimir Dubrowskijs in der Tasche. Darin heißt es in der Tat, daß er dreiundzwanzig Jahre alt ist.“

„Ah!“ rief Kirila Petrowitsch. „Bei dieser Gelegenheit lesen Sie sie uns einmal vor und wir wollen hören. Es schadet nicht, seine Merkmale zu kennen, gerät er einmal in unsere Hände, dann entkommt er nicht mehr.“

Der Kreishauptmann holte ein ziemlich beschmiertes Papier aus der Tasche, schlug es mit wichtiger Miene auf und verlas es im Singsang. „Die Merkmale Dubrowskijs nach den Aussagen seines früheren Gesindes zusammengestellt: Zweiundzwanzig Jahre alt, von mittlerem Wuchs, sauber von Gesicht, Bart rasiert, Augen braun, Haar blond, Nase gerade. Besondere Merkmale sind keine vorhanden."

„Das ist alles?" sagte Kirila Petrowitsch.

„Alles!" antwortete der Kreishauptmann, indem er das Papier zusammenfaltete.

„Ich gratuliere, Herr Kreishauptmann, das ist mir ein Schriftstück! Nach diesen Merkmalen wird es euch leicht sein, Dubrowskij ausfindig zu machen. Wer ist denn nicht von mittlerem Wuchs und wer hat nicht blondes Haar, keine gerade Nase und keine hellbraunen Augen? Ich wette, drei Stunden lang wirst du mit Dubrowskij sprechen und nicht erraten, mit wem dich Gott zusammengeführt hat. Ich muß sagen, witzige Köpfe sind doch diese Gerichtsschergen!"

Der Kreishauptmann, der demütig sein Schriftstück in die Tasche gesteckt hatte, machte sich an die Gans mit Sauerkraut. Indessen hatten die Diener Zeit gehabt, mehrere Male die Runde zu machen und den Gästen die Gläser zu füllen. Es wurden einige Flaschen Kaukasier und Donwein geräuschvoll entkorkt und wohlwollend für Champagner hingenommen. Die Gesichter begannen zu glühen, die Gespräche wurden klingender, unzusammenhängender und lustiger.

„Nein", fuhr Kirila Petrowitsch fort, „ich werde keinen solchen Kreishauptmann mehr erleben, wie Taras Alexejewitsch einer war! Der war kein Gaffer, keine Schlafmütze. Schade, daß der Prachtkerl verbrannt ist, es wäre ihm kein einziger von der ganzen Bande entkommen. Er hätte jeden einzelnen erwischt, und auch Dubrowskij selbst hätte sich nicht herausgedreht. Taras Alexejewitsch hätte ihm das Geld abgenommen, aber ihn selbst auch nicht ausgelassen. So hielt es der Selige. Es ist nichts zu machen; ich muß mich wohl selbst dieser Sache annehmen und mit meinem Hausgesinde gegen die Räuber vorgehen. Fürs erste werde ich so an die zwanzig Leute ausrüsten, die säubern mir das Wäldchen. Das Volk ist nicht feige, jeder einzelne von ihnen geht gegen einen Bären an und wird vor den Räubern erst recht nicht fliehen."

„Was macht denn Ihr Bär, Väterchen Kirila Petrowitsch?" fragte Anton Pafnutjitsch, der sich bei den letzten Worten an seinen haarigen Freund an an einige Scherze, deren Opfer auch er einst gewesen war, erinnerte.

„Mischa hat das Zeitliche gesegnet", antwortete Kirila Petrowitsch, „er ist den Ehrentod von der Hand des Feindes gestorben. Hier ist sein Besieger!" Kirila Petrowitsch zeigte auf Deforge. „Er hat sich für deine ... mit Verlaub zu sagen ... Blamage gerächt ... weißt du noch?"

„Wie sollte ich es nicht mehr wissen?" sagte Anton Pafnutjitsch und kraute sich, „ich erinnere mich gar wohl. Also ist Mischa tot – schade, bei Gott, es tut mir leid um Mischa! Was war das für ein Spaßmacher! Und wie klug! So einen Bären findet man nicht wieder. Und warum hat ihn der Musjöh getötet?"

Kirila Petrowitsch erzählte mit großem Behagen die Heldentat seines Franzosen, denn er besaß die glückliche Gabe, mit allem, was ihn umgab, zu prahlen. Die Gäste hörten aufmerksam der Erzählung von Mischas Tod zu und sahen mit Staunen Deforge an, der, offenbar ohne zu vermuten, daß das Gespräch von ihm handle, ruhig auf seinem Platz saß und seinem Zögling moralische Ermahnungen erteilte.

X

Gegen sieben Uhr wollten sich einige Gäste verabschieden, aber der Hausherr, vom Punsch in heitere Stimmung versetzt, befahl, das Tor zu schließen und erklärte, daß er bis zum nächsten Morgen niemanden fortlasse. Bald erdröhnte Musik, die Tür in den Saal ging auf, und der Ball begann. Der Hausherr und seine nächste Umgebung saßen in einer Ecke, wo sie ein Glas nach dem anderen leerten und sich an der Fröhlichkeit der Jugend ergötzten. Die alten Damen spielten Karten. Kavaliere gab es weniger als Damen, wie überall dort, wo nicht irgendeine Ulanenbrigade steht. Alle Männer, die sich fürs Tanzen irgendwie eigneten, wurden herangezogen. Der Lehrer zeichnete sich vor allen aus. Er tanzte mehr als alle anderen, die jungen Mädchen wählten ihn alle und fanden, daß man mit ihm sehr geschickt Walzer tanzen könne. Er machte auch einige Runden mit Marja Kirilowna, und die jungen Damen beobachteten sie spöttisch. Endlich gegen Mitternacht unterbrach der ermüdete Hausherr das Tanzen, befahl das Nachtessen zu reichen, und zog sich zurück.

Kirila Petrowitschs Abwesenheit verlieh der Gesellschaft mehr Freiheit und Munterkeit. Die Kavaliere erkühnten sich, Plätze neben ihren Damen einzunehmen. Die jungen Mädchen lachten und flüsterten mit ihren Nachbarn. Die Damen unterhielten sich laut über den Tisch, die Männer tranken, stritten und lachten, mit einem Wort, das Nachtmahl verlief außerordentlich lustig und hinterließ viele angenehme Erinnerungen.

Nur ein Mensch beteiligte sich nicht an der allgemeinen Ausgelassenheit. Anton Pafnutjitsch saß finster und schweigsam auf seinem Platz, aß zerstreut und schien sehr beunruhigt. Die Gespräche über die Räuber hatten seine Phantasie erregt. Wir werden bald sehen, daß er sie zu fürchten genügend Grund hatte.

Als Anton Pafnutjitsch Gott zum Zeugen angerufen hatte, daß seine rote Schatulle leer sei, log und sündigte er in der Tat nicht. Das Geld, das einst darin aufbewahrt wurde, war in einen Lederbeutel übergegangen, den er auf der Brust unter dem Hemd trug. Nur durch diese Vorsichtsmaßnahme konnte er sein Mißtrauen gegen alle und seine ewige Angst beruhigen. Da er gezwungen war, in einem fremden Haus über Nacht zu bleiben, fürchtete er, daß man ihm zum Übernachten ein entlegenes Zimmer anweisen würde, wo Diebe leicht eindringen könnten. Er suchte mit den Augen nach einem zuverlässigen Schlafgenossen und wählte schließlich Deforge. Sein Äußeres, das Kraft verriet, und noch mehr seine Tapferkeit, die er bei der Begegnung mit dem Bären, an den der arme Anton Pafnutjitsch sich nicht ohne Schauder erinnern konnte, gewiesen hatte, entschieden seine Wahl. Als man sich von der Tafel erhob, begann Anton Pafnutjitsch den jungen Franzosen zu umkreisen, krächzte und hüstelte und wandte sich endlich mit einer Erklärung an ihn: „Hm! Hm! Musjöh, darf ich in Ihrem Zimmer übernachten, denn du mußt wissen ...“

„Que désire monsieur?“ fragte Deforge mit einer höflichen Verbeugung.

„Ach, schlimm, daß du, Musjöh, noch nicht Russisch gelernt hast. Sche wö, mua, sche wu kuscheh, dormir, verstehst du?“

„Monsieur, très volontiers“, antwortete Deforge, „veuillez donner des ordres en conséquence.“

Anton Pafnutjitsch war mit seinen Kenntnissen der französischen Sprache sehr zufrieden und ging sofort hinaus, um Anordnungen zu treffen.

Die Gäste begannen sich zu verabschieden, und jeder zog sich in das ihm angewiesene Zimmer zurück. Anton Pafnutjitsch aber ging mit dem Lehrer in das Flügelgebäude. Die Nacht war dunkel. Deforge beleuchtete den Weg mit einer Laterne. Anton Pafnutjitsch folgte ihm ziemlich munter, wobei er von Zeit zu Zeit den heimlichen Beutel auf der Brust betastete, um sich zu überzeugen, daß er das Geld noch bei sich habe.

Als sie das Flügelgebäude betraten, zündete der Lehrer eine Kerze an, und sie fingen an, sich auszukleiden, wobei Anton Pafnutjitsch im Zimmer auf und ab ging, die Schlösser und Fenster prüfte und über den sehr wenig tröstlichen Zustand den Kopf schüttelte. Die Tür schloß nur mit Hilfe eines Riegels, die Fenster hatten noch keine Doppelrahmen. Er versuchte anfangs, sich bei Deforge darüber zu beklagen. Aber seine Kenntnisse der französischen Sprache waren für eine so schwierige Erklärung nicht ausreichend. Der Franzose verstand ihn nicht, und Anton Pafnutjitsch war gezwungen, seine Klagen einzustellen. Ihre Betten standen einander gegenüber. Beide legten sich nieder, und der Lehrer löschte die Kerze aus.

„Purkua wu tuscheh, purkua wu tuscheh?" schrie Anton Pafnutjitsch, indem er so gut er konnte das russische Zeitwort (tuschitj – löschen) auf französische Art konjugierte. „Ich kann im Finstern nicht dormir."

Deforge verstand seinen Ausruf nicht und wünschte ihm gute Nacht.

„Verfluchter Heide!" murmelte Anton Pafnutjitsch und wickelte sich in die Decke. „Was brauchte er die Kerze auszulöschen. Ich kann ohne Licht nicht schlafen. Musjöh, Musjöh", fuhr er fort, „sche wö awek wu parleh."

Aber der Franzose antwortete nicht und begann bald zu schnarchen.

„Da schnarcht diese Bestie von einem Franzosen, und ich kann an Schlafen gar nicht denken! Eh man sich versieht, kommen Diebe durch die offene Tür oder steigen zum Fenster herein, ihn aber, diese Bestie, kann man nicht einmal mit Kanonen wecken."

„Musjöh, he, Musjöh, hol dich der Teufel!"

Anton Pafnutjitsch verstummte, die Müdigkeit und die Weindämpfe besiegten allmählich seine Furcht. Er schlummerte ein, und bald bemächtigte sich seiner tiefer Schlaf.

Ein seltsames Erwachen erwartete ihn. Er fühlte im Schlaf, wie ihn jemand am Hemdkragen leise zupfte. Anton Pafnutjitsch öffnete die Augen und sah im fahlen Licht des Herbstmorgens Deforge vor sich. Der Franzose hielt in der einen Hand eine Taschenpistole und mit der anderen knöpfte er ihm den geheimen Beutel ab. Anton Pafnutjitsch erstarb.

„Kess ke ssä, Musjöh, kess ke ssä?" sprach er mit versagender Stimme. „Still! Schweigen Sie!" antwortete der Lehrer in reinstem Russisch. „Schweigen Sie! Oder Sie sind verloren. Ich bin Dubrowskij!"

XI

Jetzt bitten wir den Leser um Erlaubnis, ihm die letzten Begebenheiten unserer Erzählung durch einige vorangegangene Ereignisse, die wir zu erzählen noch nicht Zeit hatten, zu erläutern.

Auf der Station ... im Hause des Posthalters, den wir bereits erwähnt haben, saß in einer Ecke ein Mann mit bescheidener und geduldiger Miene, woran man den Nichtadligen oder den Ausländer erkennt, das heißt einen Menschen, der auf der Poststraße keine Stimme hat. Sein Wägelchen stand im Hof und wartete, daß seine Räder geschmiert würden. In ihm lag eine kleine Reisetasche, das magere Zeugnis eines nicht allzu großen Wohlstandes. Der Reisende bestellte sich weder Tee noch Kaffee, sah zum Fenster hinaus und pfiff die ganze Zeit zur großen Unzufriedenheit der Posthalterin, die hinter dem Verschlag saß.

„Was hat uns der liebe Gott da für einen Pfeifer geschickt!" sprach sie halblaut. „Wie er pfeift! Platzen soll er, der verfluchte Heide!"

„Aber wieso denn?" sagte der Posthalter. „Was ist dabei? Laß ihn ruhig pfeifen."

„Was dabei ist?" erwiderte die ärgerliche Gattin. „Kennst du das Orakel nicht?"

„Welches Orakel? Daß Pfeifen das Geld verscheucht? Laß es gut sein, Pachomowna, ob man bei uns pfeift oder nicht, Geld haben wir doch keins."

„So laß ihn doch fahren, Sidorytsch. Was macht es dir für Spaß, ihn zu halten? Gib ihm Pferde, und mag er sich zum Teufel in die Hölle scheren!"

„Er soll nur warten. Im Stall stehen nur drei Dreigespanne, das vierte ruht aus. Eh man sich versieht, können bessere Fahrgäste kommen. Ich will wegen dieses Franzosen da keine

Schläge hinnehmen. Horch! Ich habe recht! Da kommt schon einer angesprengt! Hehe! Und wie geschwind! Am Ende ein General?"

Die Kutsche hielt an der Rampe. Ein Diener sprang vom Bock, öffnete den Wagenschlag, und eine Minute später trat ein junger Mann in Militärmantel und weißer Mütze zum Posthalter, hinter ihm der Diener mit einer Schatulle, die dieser auf das Fensterbrett stellte.

„Pferde!" rief der junge Mann mit befehlender Stimme.

„Sofort!" antwortete der Posthalter. „Ich bitte um Ihren Reisepaß."

„Ich habe keinen Reisepaß. Ich reise aufs Land ... Kennst du mich nicht?"

Der Posthalter wurde geschäftig und lief hinaus, um die Kutscher anzutreiben. Der junge Mann begann im Zimmer auf und ab zu schreiten, ging hinter den Verschlag und fragte die Posthalterin leise, wer der Durchreisende sei.

„Gott mag es wissen", antwortete die Posthalterin, „ein Franzos, es sind schon fünf Stunden, daß er auf Pferde wartet und pfeift. Ich habe ihn satt, den Verdammten."

Der junge Mann sprach den Durchreisenden auf Französisch an.

„Wohin geruhen Sie zu reisen?"

„In die nächstgelegene Stadt", antwortete der Franzose. „Von da begebe ich mich zu einem Gutsbesitzer, der mich unbesehen als Lehrer engagiert hat. Ich dachte heute schon an Ort und Stelle zu sein, aber der Herr Posthalter hat anders entschieden. In diesem Land ist es schwer, Pferde zu bekommen, Herr Offizier."

„Bei welchem der hiesigen Gutsbesitzer wollen Sie eintreten?"

„Bei Herrn Trojekurow", antwortete der Franzose.

„Bei Trojekurow? Wer ist dieser Trojekurow?"

„Ma foi, Monsieur, ich habe wenig Gutes von ihm gehört. Man sagt, er sei ein stolzer und eigensinniger Herr, der mit seinen Hausgenossen hart umgeht, es könne sich niemand mit ihm vertragen, alle zittern, wenn sein Name genannt wird, und er mache mit den Lehrern keine Umstände, er habe zwei zu Tode geprügelt."

„Aber ich bitte Sie, und da wagen Sie es, bei einem solchen Ungeheuer eine Stellung anzunehmen?"

„Was soll ich tun, Herr Offizier? Er bietet mir dreitausend Rubel jährlich und alles frei. Vielleicht habe ich mehr Glück als die anderen. Ich habe eine alte Mutter. Die eine Hälfte des Gehalts werde ich ihr zu ihrem Lebensunterhalt schicken; mit der anderen will ich mir in fünf Jahren ein kleines Kapital ersparen, das für meine zukünftige Unabhängigkeit ausreicht. Dann – bonsoir, ich fahre nach Paris und lasse mich in kommerzielle Unternehmungen ein."

„Kennt Sie jemand im Hause Trojekurows?" fragte der junge Mann.

„Niemand", antwortete der Lehrer, „er hat mich aus Moskau durch einen seiner Freunde kommen lassen, dessen Koch ein Landsmann von mir ist und der mich empfohlen hat. Sie müssen wissen, daß ich nicht Lehrer, sondern Konditor werden wollte. Aber man sagte mir, daß in Ihrem Lande der Beruf eines Lehrers unvergleichlich einträglicher sei."

Der Offizier schien zu überlegen.

„Hören Sie", unterbrach er den Franzosen, „wie wäre es, wenn man Ihnen statt dieser Zukunft, unter der Bedingung, daß Sie sich sofort nach Paris zurückbegeben, zehntausend Rubel bares Geld anbieten würde?"

Der Franzose sah den Offizier erstaunt an, lächelte und schüttelte den Kopf.

„Die Pferde sind bereit", sagte der eintretende Posthalter.

Der Diener bestätigte dasselbe.

„Sofort", antwortete der Offizier, „entfernt euch für einen Augenblick." Der Posthalter und der Diener gingen hinaus. „Ich scherze nicht", fuhr er auf Französisch fort, „ich kann Ihnen zehntausend Rubel geben. Ich brauche nur Ihre Abwesenheit und Ihre Papiere."

Bei diesen Worten schloß er die Schatulle auf und entnahm

ihr einige Geldscheinpakete. Der Franzose sah ihn verblüfft an. Er wußte nicht, was er denken sollte.

„Meine Abwesenheit ... meine Papiere“, wiederholte er mit Staunen, „hier sind meine Papiere ... aber Sie scherzen wohl? Wozu brauchen Sie meine Papiere?“

„Das geht Sie nichts an. Ich frage Sie, ob Sie einverstanden sind oder nicht?“

Der Franzose, der seinen Ohren noch immer nicht traute, reichte die Papiere dem jungen Offizier, der sie rasch durchflog.

„Ihr Paß ... schön. Das Empfehlungsschreiben ... lassen Sie mich sehen, Geburtsschein ... herrlich. Nun, da haben Sie Ihr Geld und fahren Sie zurück. Leben Sie wohl.“

Der Franzose stand wie angewurzelt. Der Offizier kehrte um. „Ich habe das Wichtigste vergessen: geben Sie mir Ihr Ehrenwort, daß alles unter uns bleibt ... Ihr Ehrenwort.“

„Mein Ehrenwort!“ antwortete der Franzose. „Aber meine Papiere? Was soll ich ohne sie anfangen?“

„In der nächsten Stadt melden Sie, daß Sie von Dubrowskij ausgeraubt worden seien. Man wird Ihnen glauben und die nötigen Zeugnisse ausstellen. Leben Sie wohl, Gott helfe Ihnen, bald Paris zu erreichen und Ihre Frau Mutter bei bestem Befinden anzutreffen.“

Dubrowskij verließ das Zimmer, bestieg die Kutsche und jagte davon. Der Posthalter sah zum Fenster hinaus und wandte sich zu seiner Frau mit dem Ausruf:

„Pachomowna! Weißt du was? Das war ja Dubrowskij!“

Die Posthalterin stürzte hastig zum Fenster, aber es war zu spät: Dubrowskij war schon weit fort. Sie begann ihren Mann zu schelten.

„Hast gar keine Gottesfurcht, Sidorytsch! Warum hast du mir das nicht früher gesagt: einmal wenigstens hätte ich mir Dubrowskij angesehen, jetzt muß ich warten, bis er wieder einkehrt. Du bist gewissenlos, fürwahr gewissenlos!“

Der Franzose stand da wie angewurzelt. Der Pakt mit dem Offizier, das Geld – alles schien ihm ein Traum. Aber die

Pakete mit den Geldscheinen lagen hier in seiner Tasche und sprachen zu ihm beredt von der Wirklichkeit des wunderbaren Ereignisses. Er beschloß, Pferde bis zur Stadt zu nehmen. Der Kutscher fuhr ihn im Schritt, und mit Mühe erreichte er abends die Stadt.

Bevor sie am Schlagbaum anlangten, an dem statt eines Wächters ein verfallenes Schilderhäuschen stand, befahl der Franzose zu halten, verließ den Wagen und machte sich zu Fuß davon, nachdem er dem Kutscher durch Zeichen zu verstehen gab, daß er ihm Wagen und Reisetasche als Trinkgeld schenke. Der Kutscher war über diese Freigebigkeit ebenso erstaunt wie der Franzose über das Anerbieten Dubrowskijs. Aber da er daraus schloß, daß der Ausländer den Verstand verloren habe, dankte der Kutscher mit einer eifrigen Verbeugung, und weil er es für ratsamer hielt, unter solchen Umständen nicht in die Stadt zu fahren, begab er sich in eine Schenke, dessen Wirt mit ihm befreundet war. Dort verbrachte er die ganze Nacht und kehrte am nächsten Morgen mit dem leeren Dreigespann heim, ohne Wagen und Reisetasche, aber mit geschwollenem Gesicht und roten Augen.

Im Besitz der Papiere des Franzosen erschien Dubrowskij, wie wir bereits gesehen haben, dreist bei Trojekurow und ließ sich in seinem Hause nieder. Wie immer seine geheimen Absichten beschaffen waren – wir werden sie später kennenlernen – lag in seinem Benehmen nichts Verdachterregendes. Freilich gab er sich mit der Erziehung des kleinen Sascha nicht genug ab, ließ ihm volle Freiheit, Streiche zu verüben, und rügte ihn nicht allzu streng wegen der Lektionen, die er ihm nur der Form wegen aufgab. Um so fleißiger verfolgte er die Fortschritte seiner Schülerin und saß oft stundenlang mit ihr am Klavier.

Alle konnten den jungen Franzosen gut leiden: Kirila Petrowitsch – für seine kühne Gewandtheit auf der Jagd, Marja Kirilowna für seinen grenzenlosen Eifer und die sklavische Aufmerksamkeit, Sascha für die Nachsicht seinen Streichen gegenüber, die Hausgenossen für seine Güte und Freigebigkeit, die seinem Stande gar nicht entsprach. Er selbst war, wie es schien, der ganzen Familie zugetan und betrachtete sich bereits als ihr Mitglied.

Vom Beginn seiner Tätigkeit als Lehrer verging fast ein Monat, bis zu dem denkwürdigen Fest, und niemand vermutete, daß in dem bescheidenen jungen Franzosen der gefährliche Räuber stecke, dessen Name die Gutsbesitzer der Gegend mit Schrecken erfüllte. Während dieser ganzen Zeit verließ Dubrowskij Pokrowskoje nicht, doch die Gerüchte von seinen Räubertaten verstummten nicht, dank der erfinderischen Phantasie der Landbewohner. Es ist aber auch möglich, daß seine Bande ihre Tätigkeit in Abwesenheit des Hauptmanns fortsetzte.

Als Dubrowskij in einem Zimmer mit dem Mann übernachten mußte, den er als seinen persönlichen Feind und als einen der Hauptschuldigen an seinem Unglück betrachten konnte, vermochte er der Versuchung nicht zu widerstehen. Er wußte von der Existenz des Beutels und beschloß, sich seiner zu bemächtigen. Wir haben gesehen, wie er den armen Anton Pafnutjitsch durch seine unerwartete Verwandlung aus dem Lehrer in einen Räuber überrascht hatte.

XII

Um neun Uhr morgens erschienen die Gäste, die in Pokrowskoje übernachtet hatten, einer nach dem anderen im Salon, wo der Morgensamowar bereits dampfte. Daneben saß in einem Morgenkleid Marja Kirilowna, und Kirila Petrowitsch, in einem Friesrock und Pantoffeln, trank den Tee aus einer flachen Tasse, die mehr einem Napf glich. Als letzter erschien Anton Pafnutjitsch. Er war so bleich und schien so verstört, daß sein Aussehen alle betroffen machte und Kirila Petrowitsch veranlaßte, sich nach seinem Befinden zu erkundigen. Spizyn antwortete sinnloses Zeug, wobei er entsetzt auf den Lehrer starrte, der ebenfalls dort saß, als wäre nichts geschehen. Nach einigen Minuten trat der Diener ein und meldete Spizyn, daß seine Kutsche vorgefahren sei. Anton Pafnutjitsch beeilte sich, Abschied zu nehmen, verließ hastig das Zimmer und fuhr gleich davon. Die Gäste und der Hausherr begriffen nicht, was ihm zugestoßen war, und Kirila Petrowitsch entschied, daß er zu viel gegessen habe. Nach dem Tee und einem Abschiedsfrühstück empfahlen sich auch die übrigen Gäste, und bald war Pokrowskoje leer, und alles nahm seinen gewohnten Gang.

Es verstrichen einige Tage, ohne daß etwas Denkwürdiges geschah. Das Leben der Bewohner von Pokrowskoje war eintönig. Kirila Petrowitsch fuhr täglich auf die Jagd. Lektüre, Spaziergänge, Musikstunden, und vor allem die Musikstunden beschäftigten Marja Kirilowna. Sie begann ihr eigenes Herz zu verstehen und gestand sich mit unwillkürlichem Verdruß, daß es den Vorzügen des jungen Franzosen gegenüber nicht gleichgültig geblieben sei. Er seinerseits überschritt nie die Grenze der Ehrerbietung und strenger Schicklichkeit, wodurch er ihren Stolz und ihre ängstlichen Zweifel beruhigte. Mit immer größerem Vertrauen gab sie sich der hinreißenden Gewohnheit hin. Sie langweilte sich ohne Deforge. In seiner Gegenwart befaßte sie sich immerfort mit ihm, wollte über jede Sache seine Meinung wissen und war stets mit ihm einverstanden. Vielleicht war sie noch nicht verliebt. Aber beim ersten zufälligen Hindernis oder bei einem ersten Schlag des Schicksals mußte die Flamme der Leidenschaft in ihrem Herzen entbrennen.

Einmal, als Marja Kirilowna in den Saal kam, wo der Lehrer sie erwartete, bemerkte sie mit Staunen Verwirrung in seinem bleichen Gesicht. Sie öffnete das Klavier, sang einige Noten, aber Dubrowskij unterbrach die Lektion unter dem Vorwand von Kopfschmerzen, entschuldigte sich, und während er die Noten zuklappte, überreichte er ihr verstohlen einen Zettel. Marja Kirilowna, die keine Zeit hatte, sich zu besinnen, nahm ihn, bereute es aber im selben Augenblick, doch war Dubrowskij nicht mehr im Saal. Marja Kirilowna begab sich auf ihr Zimmer, öffnete den Zettel und las folgendes: „Kommen Sie heute um sieben Uhr in die Laube am Bach. Ich muß Sie dringend sprechen!"

Ihre Neugierde war sehr erregt. Sie hatte schon längst auf ein Geständnis gewartet. Sie wünschte und fürchtete es zugleich. Es wäre ihr angenehm gewesen, die Bestätigung dessen zu hören, was sie erriet. Aber sie fühlte, daß es sich für sie nicht schickte, ein solches Geständnis von einem Mann entgegenzunehmen, der seinem Stande nach nicht hoffen durfte, jemals ihre Hand zu bekommen. Sie beschloß, zu diesem Stelldichein zu gehen, war sich aber nicht schlüssig, wie sie das Geständnis des jungen Leherers aufnehmen sollte – ob mit aristokratischer Empörung, mit freundschaftlichem Zureden, mit heiterem Scherz oder mit wortloser Teilnahme. Indessen sah sie fortwährend nach der Uhr.

Es dämmerte. Man brachte Kerzen herein. Kirila Petrowitsch setzte sich an den Kartentisch, um mit den Nachbarn, die zu Besuch waren, Boston zu spielen. Die Uhr im Speisezimmer schlug dreiviertel sieben, und Marja Kirilowna ging leise auf die Treppe hinaus, sah sich nach allen Seiten um und lief in den Garten.

Die Nacht war finster, der Himmel mit Wolken bedeckt, auf zwei Schritt Entfernung konnte man nichts mehr sehen, aber Marja Kirilowna kannte auch im Dunkeln die vertrauten Gartenwege und war eine Minute später schon vor der Laube. Hier blieb sie stehen, um Atem zu holen und vor Deforge in gleichgültiger und gemessener Haltung zu erscheinen. Aber Deforge stand bereits vor ihr.

„Ich danke Ihnen, daß Sie mir meine Bitte nicht verweigert haben", sagte er mit leiser und trauriger Stimme. „Ich wäre verzweifelt, wenn Sie nicht zugestimmt hätten."

Marja Kirilowna antwortete mit der vorbereiteten Phrase: „Ich hoffe, daß Sie mich nicht dazu bringen werden, meine Nachsicht zu bereuen."

Er schwieg und schien seine Kräfte zu sammeln.

„Die Umstände erfordern es ... ich muß Sie verlassen", sagte er endlich. „Sie werden bald vielleicht von mir hören ... aber vor der Trennung muß ich mich mit Ihnen aussprechen."

Marja Kirilowna antwortete nichts. In diesen Worten sah sie die Einleitung zu dem erwarteten Geständnis.

„Ich bin nicht der, den Sie in mir vermuten", fuhr er fort und ließ den Kopf sinken, „ich bin nicht der Franzose Deforge, ich bin Dubrowskij."

Marja Kirilowna schrie auf.

„Fürchten Sie sich nicht, um Gottes willen! Sie sollen meinen Namen nicht fürchten. Ja, ich bin der Unglückliche, den Ihr Vater brotlos gemacht hat, aus dem väterlichen Haus verjagt und auf der großen Fahrstraße zu plündern gezwungen hat. Aber Sie brauchen sich nicht vor mir zu fürchten, weder für sich noch für ihn. Alles ist zu Ende, ich habe ihm verziehen. Hören Sie: Sie haben ihn gerettet. Meine erste blutige Heldentat sollte ihm gelten. Ich streifte um das Haus herum, um zu bestimmen, wo die Feuersbrunst beginnen sollte, wo man in sein Schlafgemach eindringen und wie man ihm alle Wege zur Flucht versperren sollte. Aber in diesem Augenblick gingen Sie wie eine himmlische Erscheinung an mir vorüber, und mein Herz wurde besänftigt. Ich fühlte, daß das Haus, in dem Sie wohnen, heilig ist, daß kein durch Blutsbande mit Ihnen verknüpftes Wesen meinem Fluch mehr unterlag. Ich verzichtete auf die Rache wie auf einen Wahnsinn. Tagelang streifte ich um die Gärten von Pokrowskoje, in der Hoffnung, aus der Ferne Ihr weißes Kleid zu erblicken. Bei Ihren unvorsichtigen Spaziergängen folgte ich Ihnen, stahl mich von Strauch zu Strauch, glücklich in dem Gedanken, daß es für Sie dort keine Gefahr gibt, wo ich heimlich zugegen bin. Endlich bot sich die Gelegenheit ... ich ließ mich in Ihrem Hause nieder. Diese drei Wochen waren für mich Tage des Glücks. Die Erinnerung an sie wird der Trost meines traurigen Lebens sein. Heute habe ich eine Nachricht erhalten, wonach ich nicht länger hierbleiben darf. Ich scheide von Ihnen heute, in dieser Stunde. Aber ich mußte mich Ihnen vorher entdecken, damit Sie mir nicht fluchen und mich nicht verachten. Denken Sie zuweilen an Dubrowskij. Sie sollen wissen, daß er für eine andere Bestimmung geboren wurde, daß seine Seele Sie zu lieben verstand, daß niemals ..."

Hier ertönte ein lauter Pfiff, und Dubrowskij verstummte. Er ergriff ihre Hand und drückte sie an seine glühenden Lippen. Der Pfiff wiederholte sich.

„Leben Sie wohl", sagte Dubrowskij, „man ruft mich, ein Augenblick kann mich vernichten."

Er entfernte sich. Marja Kirilowna stand unbeweglich da. Dubrowskij kehrte um und nahm wieder ihre Hand.

„Sollte einmal", sagte er mit bewegter Stimme, „sollte einmal ein Unglück Sie treffen und Sie von niemand Hilfe oder Schutz erwarten dürfen, versprechen Sie mir, dann zu mir Zuflucht zu nehmen und von mir Ihre Errettung zu fordern? Versprechen Sie mir, meine Ergebenheit nicht zu verschmähen?"

Marja Kirilowna weinte wortlos. Der Pfiff ließ sich zum drittenmal vernehmen.

„Sie richten mich zugrunde!" rief Dubrowskij. „Ich verlasse Sie nicht, bevor Sie mir eine Antwort gegeben haben. Versprechen Sie es oder nicht?"

„Ja!" flüsterte die arme Schöne.

Vom Stelldichein mit Dubrowskij erregt, kehrte Marja Kirilowna aus dem Garten zurück. Es schien ihr, daß sich im Hof eine Menge Leute drängte, vor der Rampe stand ein Dreigespann, das Gesinde war nicht zur Stelle, das Haus war in Bewegung. Aus der Ferne vernahm sie die Stimme Kirila Petrowitschs und beeilte sich, die Wohnräume zu betreten, denn sie war besorgt, daß ihre Abwesenheit auffallen könne.

Im Saal empfing sie Kirila Petrowitsch. Die Gäste hatten den Kreishauptmann, unseren Bekannten, umringt und überschütteten ihn mit Fragen. Der Kreishauptmann, im Reiseanzug und von Kopf bis Fuß bewaffnet, antwortete ihnen mit geheimnisvoller und geschäftiger Miene.

„Wo warst du, Mascha?" fragte Kirila Petrowitsch. „Bist du vielleicht Monsieur Deforge begegnet?"

Mascha vermochte nur mit Mühe eine verneinende Antwort hervorzubringen.

„Denk dir", fuhr Kirila Petrowitsch fort, „der Kreishauptmann ist gekommen, um ihn zu verhaften, und versichert, daß er Dubrowskij selbst sei."

„Alle Kennzeichen stimmen, Euer Exzellenz", bemerkte der Kreishauptmann ehrerbietig.

„Ach, Freundchen", unterbrach ihn Kirila Petrowitsch, „scher dich doch, du weißt schon wohin, mit deinen Kennzeichen. Ich gebe dir meinen Franzosen nicht preis, bis ich die Sache selbst untersucht habe. Wie kann man Anton Pafnutjitsch aufs Wort glauben, diesem Feigling. Er hat geträumt, daß der Lehrer ihn berauben wollte. Warum hat er nicht gleich am selben Morgen zu mir ein Wort gesagt?"

„Der Franzose hat ihn eingeschüchtert, Euer Exzellenz", antwortete der Kreishauptmann, „und ihm einen Schwur abgenommen, daß er schweigen werde."

„Dummes Geschwätz", unterbrach ihn Kirila Petrowitsch, „ich werde bald alles klar herausbringen. Wo bleibt der Lehrer?" fragte er den eintretenden Diener.

„Ist nirgends aufzufinden, mit Verlaub", antwortete der Diener.

„So muß er aufgefunden werden", schrie Kirila Petrowitsch, der zu zweifeln begann. „Zeig mir deine berühmten Kennzeichen", sagte er zum Kreishauptmann, der ihm das Schriftstück sofort reichte.

„Hm, hm, dreiundzwanzig Jahre und so weiter. Stimmt, beweist aber noch nichts. Wo ist der Lehrer?"

„Ist nicht aufzufinden", lautete wieder die Antwort.

Kirila Petrowitsch wurde unruhig. Marja Kirilowna war mehr tot als lebendig.

„Du bist bleich, Mascha", bemerkte der Vater. „Hast dich gewiß erschreckt?"

„Nein, Vater, ich habe Kopfweh", erwiderte Mascha.

„Geh auf dein Zimmer, Mascha, und beunruhige dich nicht."

Mascha küßte seine Hand und entfernte sich rasch in ihr Zimmer. Dort warf sie sich aufs Bett und begann in einem Weinkrampf zu schluchzen. Die Mägde liefen herbei, entkleideten sie, und es gelang ihnen unter großen Anstrengungen, sie mit Hilfe von kaltem Wasser und allerlei Essenzen zu beruhigen; sie wurde ins Bett gebracht und fiel in Schlummer.

Indessen konnte der Franzose noch immer nicht aufgefunden werden. Kirila Petrowitsch schritt in seinem Zimmer auf und ab und pfiff laut: „Siegesdonner erschalle!“ Die Gäste flüsterten miteinander. Der Kreishauptmann schien wieder übertölpelt worden zu sein. Der Franzose wurde nicht gefunden. Wahrscheinlich hatte er, von jemand gewarnt, Zeit gehabt, sich zu verbergen. Aber von wem und wie? Das blieb ein Geheimnis.

Es war elf Uhr und niemand dachte daran, schlafen zu gehen. Endlich sagte Kirila Petrowitsch ärgerlich zum Kreishauptmann: „Nun, was ist? Du kannst doch hier nicht bis zum Morgengrauen bleiben. Mein Haus ist kein Wirtshaus. Nicht mit deiner Gewandtheit kann man einen Dubrowskij fangen, wenn der schon Dubrowskij sein soll. Fahr nach Haus und sei in Zukunft geschickter. Und auch für Euch ist es Zeit“, fuhr er, zu den Gästen gewandt, fort. „Laßt anspannen, ich aber will schlafen.“

So ungnädig schied Trojekurow von seinen Gästen.

XIII

Es verstrich einige Zeit ohne irgendein bemerkenswertes Ereignis. Aber am Anfang des darauffolgenden Sommers geschahen viele Veränderungen im Familienleben des Kirila Petrowitsch.

Dreißig Werst von ihm entfernt befand sich das reiche Gut des Fürsten Werejskij. Der Fürst hatte sich lange Zeit in fremden Ländern aufgehalten. Sein ganzes Vermögen wurde von einem abgedankten Major verwaltet, und es gab gar keinen Verkehr zwischen Pokrowskoje und Arbatowo. Aber gegen Ende des Monats Mai war der Fürst aus dem Ausland zurückgekehrt und auf seinem Gut eingetroffen, das er Zeit seines Lebens nicht gesehen hatte. An Zerstreuungen gewöhnt, ertrug er die Einsamkeit nicht und begab sich am dritten Tag nach seiner Ankunft zum Mittagessen zu Trojekurow, mit dem er irgendwann einmal bekannt geworden war.

Der Fürst war ungefähr fünfzig Jahre alt, schien aber viel älter. Ausschweifungen aller Art hatten seine Gesundheit untergraben und ihm ihren unauslöschlichen Stempel aufgedrückt. Er brauchte ständig Zerstreuungen und langweilte sich unausgesetzt. Dessenungeachtet war sein Äußeres angenehm, ja sogar bemerkenswert, und die Gewohnheit, sich immer in Gesellschaft zu befinden, verlieh ihm eine gewisse Liebenswürdigkeit, vornehmlich Frauen gegenüber. Kirila Petrowitsch war mit seinem Besuch sehr zufrieden, da er ihn als Zeichen der Achtung von seiten eines Mannes von Welt auffaßte. Gewohnheitsgemäß beglückte er ihn mit der Besichtigung seiner Anstalten und führte ihn in den Hundezwinger. Aber der Fürst erstickte beinahe in der Hundeatmosphäre und beeilte sich fortzukommen, wobei er sich ein mit Parfüm besprengtes Taschentuch vor die Nase hielt. Der altertümliche Garten mit seinen gestutzten Linden, dem viereckigen Weiher und den regelmäßigen Alleen gefiel ihm ebenfalls nicht. Er liebte die englischen Gärten und die sogenannte Natur. Aber er lobte alles und heuchelte Entzücken. Der Diener kam, um zu melden, daß das Essen angerichtet sei. Sie begaben sich zu Tisch. Der Fürst, der vom Spaziergang ermüdet war, hinkte ein wenig und bereute schon seinen Besuch.

Aber im Saal wurden sie von Marja Kirilowna empfangen, und der alte Schwerenöter war von ihrer Schönheit betroffen. Trojekurow ließ seinen Gast neben ihr Platz nehmen. Der Fürst, den ihre Gegenwart anregte, war aufgeräumt und fand durch interessante Erzählungen Gelegenheit, ihre Aufmerksamkeit auf sich zu lenken. Nach dem Essen schlug Kirila Petrowitsch einen Spazierritt vor, aber der Fürst entschuldigte sich, indem er auf seine Samtstiefel hinwies und über seine Gicht scherzte. Er schlug eine Spazierfahrt in einem Jagdwagen vor, um sich von seiner lieblichen Nachbarin nicht trennen zu müssen. Die Alten und die junge Schöne nahmen zu dritt Platz, und der Wagen setzte sich in Bewegung. Das Gespräch brach nicht ab. Marja Kirilowna hörte mit Vergnügen die schmeichelhaften und lustigen Reden des Weltmannes, als Werejskij plötzlich Kirila Petrowitsch fragte, was dieses abgebrannte Gebäude bedeute und ob es ihm gehöre. Kirila Petrowitsch verfinsterte sich. Die Erinnerungen, die der abgebrannte Herrensitz in ihm wachrief, waren ihm unangenehm. Er antwortete, daß dieser Grund jetzt ihm gehöre und früher Dubrowskij gehört habe.

„Dubrowskij?“ wiederholte Werejskij, „wie, diesem berüchtigten Räuber?“

„Seinem Vater“, erwiderte Trojekurow, „aber auch sein Vater war ein rechter Räuber.“

„Wohin mag unser Rinaldo verschwunden sein? Ist er erwischt worden? Ist er noch am Leben?“

„Er lebt und befindet sich in Freiheit, und solange wir als Kreishauptleute Schufte und Gauner haben, wird er nicht erwischt werden. Übrigens, Fürst! Dubrowskij hat doch auch dein Arbatowo heimgesucht?“

„Ja, im vorigen Jahr hat er da, scheint mir, etwas verbrannt oder ausgeraubt. Nicht wahr, Marja Kirilowna, es wäre interessant, diesen romantischen Helden näher kennenzulernen?“

„Was ist denn an ihm so interessant?“ sagte Trojekurow. „Sie kennt ihn. Er hat ihr ganze drei Wochen Musikunterricht erteilt, hat aber dafür, Gott sei Dank, nichts genommen.“

Hier begann Kirila Petrowitsch die Erzählung von dem falschen französischen Lehrer. Marja Kirilowna saß wie auf Nadeln. Werejskij hörte mit tiefer Aufmerksamkeit zu, fand alles sehr seltsam und lenkte das Gespräch ab. Als sie zurückkehrten, befahl er, seinen Wagen vorfahren zu lassen und empfahl sich, trotz der dringenden Bitten Kirila Petrowitschs, gleich nach dem Tee, doch nicht ohne ihn eingeladen zu haben, ihn mit Marja Kirilowna zu besuchen. Kirila Petrowitsch versprach es, denn in Anbetracht der fürstlichen Würde, der zwei Ordenssterne und der dreitausend Seelen eines angestammten Gutes hielt er den Fürsten Werejskij bis zu einem gewissen Grade für seinesgleichen.

XIV

Zwei Tage nach dem Besuch des Fürsten Werejskij begab sich Kirila Petrowitsch mit seiner Tochter zu ihm. Als sie sich Arbatowo näherten, konnte er nicht umhin, die sauberen und lustigen Bauernhäuschen und das steinerne Herrenhaus, das im Geschmack der englischen Schlösser erbaut war, zu bewundern. Vor dem Haus dehnte sich eine ovale tiefgrüne Wiese, auf der Schweizer Kühe weideten, die mit ihren Glocken läuteten. Ein ausgedehnter Park umgab das Haus von allen Seiten. Der Hausherr empfing die Gäste vor der Auffahrt und reichte der jungen Schönen den Arm. Sie traten in den prächtigen Saal, wo der Tisch für drei gedeckt war. Der Fürst führte die Gäste ans Fenster, und eine entzückende Aussicht bot sich ihnen. Die Wolga floß an den Fenstern vorbei. Auf ihr zogen beladene Barken unter gespannten Segeln dahin, und Fischerboote schossen vorbei, die so ausdrucksvoll „Seelenverkäufer" genannt werden. Jenseits des Flusses dehnten sich Hügel und Felder. Mehrere Dörfer belebten die Gegend.

Dann ging es an die Besichtigung der Galerie von Gemälden, die der Fürst in fremden Ländern zusammengekauft hatte. Der Fürst erklärte Marja Kirilowna ihre Vorzüge und Mängel. Er sprach von den Bildern nicht in der konventionellen Sprache eines gelehrten Kenners, sondern mit Gefühl und Phantasie. Marja Kirilowna hörte ihm mit Vergnügen zu. Man setzte sich zu Tisch. Trojekurow ließ den Weinen seines Amphitrio und der Kunst seines Kochs volle Gerechtigkeit widerfahren, und Marja Kirilowna fühlte nicht die geringste Befangenheit oder Gezwungenheit in der Unterhaltung mit einem Mann, den sie erst zum zweitenmal im Leben sah. Nach dem Essen schlug der Hausherr den Gästen vor, in den Garten zu gehen. Sie tranken Kaffee am Ufer eines weiten Sees, der mit Inseln besät war. Plötzlich erscholl Musik von Blasinstrumenten, und ein sechsruderiges Boot legte vor dem Pavillon an. Sie fuhren auf dem See um die Inseln herum und besuchten einige von ihnen. Auf der einen fanden sie eine Marmorstatue, auf der anderen eine einsame Grotte, auf der dritten ein Denkmal mit einer geheimnisvollen Inschrift, die in Marja Kirilowna mädchenhafte Neugierde erregte, die von den höflichen Andeutungen des Fürsten nicht ganz befriedigt wurde.

Die Zeit verstrich unmerklich. Es begann zu dämmern. Unter dem Vorwand, daß die Frische und der Tau unzuträglich seien, eilte der Fürst ins Haus zurück. Die Teemaschine erwartete sie. Der Fürst bat Marja Kirilowna, im Hause eines alten Junggesellen die Wirtin zu machen. Sie schenkte den Tee ein und hörte den unerschöpflichen Erzählungen des liebenswürdigen Schwätzers zu. Plötzlich ertönte ein Schuß, und eine Rakete erleuchtete den Himmel. Der Fürst reichte Marja Kirilowna einen Schal und bat sie und Kirila Petrowitsch, auf den Balkon hinauszutreten. Vor dem Haus flammten im Dunkel vielfarbige Feuer auf, kreisten, stiegen als Garben in die Höhe, ergossen sich in Fontänen, sprühten wie Regen, wie Sterne herab, erloschen und flammten wieder auf. Marja Kirilowna ergötzte sich wie ein Kind. Fürst Werejskij freute sich über ihr Entzücken, und Trojekurow war außerordentlich zufrieden, da er den riesigen Aufwand des Fürsten als Zeichen der Achtung und als den Wunsch hinnahm, ihm zu gefallen.

Das Nachtessen stand in seiner Güte dem Mittagessen nicht nach. Die Gäste zogen sich in die für sie vorbereiteten Zimmer zurück, und am nächsten Morgen trennten sie sich von dem liebenswürdigen Wirt mit dem gegenseitigen Versprechen, sich bald wieder zu sehen.

XV

Marja Kirilowna saß in ihrem Zimmer vor dem Stickrahmen am offenen Fenster. Sie verwechselte die Seiden nicht wie die Geliebte Konrads, die in ihrer Liebeszerstreutheit eine Rose mit grüner Seide gestickt hatte. Unter ihrer Nadel entstanden im Gewebe fehlerlos die Muster des Originals. Trotzdem weilten ihre Gedanken nicht bei der Arbeit, sie waren weit fort.

Plötzlich streckte sich eine Hand leise zum Fenster herein, jemand legte einen Brief auf den Stickrahmen und verschwand, bevor Marja Kirilowna Zeit hatte, zur Besinnung zu kommen. Im gleichen Augenblick trat ein Diener bei ihr ein und rief sie zu Kirila Petrowitsch.

Bebend verbarg sie den Brief unter dem Brusttuch und eilte zu ihrem Vater ins Arbeitszimmer. Kirila Petrowitsch war nicht allein. Fürst Werejskij saß bei ihm. Beim Erscheinen Marja Kirilownas erhob er sich und verneigte sich schweigend vor ihr, in einer bei ihm ungewohnten Verwirrung.

„Komm hierher, Mascha", sagte Kirila Petrowitsch, „ich will dir eine Neuigkeit mitteilen, die dich hoffentlich freuen wird. Da hast du einen Bräutigam: der Fürst hat um dich angehalten."

Mascha war bestürzt. Tödliche Blässe überzog ihr Gesicht. Sie schwieg. Der Fürst trat zu ihr, nahm sie bei der Hand und fragte mit bewegter Miene, ob sie einwillige, sein Glück zu machen. Mascha schwieg.

„Gewiß, gewiß willigt sie ein", sagte Kirila Petrowitsch, „aber weißt du, Fürst, einem jungen Mädchen fällt es schwer, dieses Wort auszusprechen. Nun, Kinder, gebt euch einen Kuß und seid glücklich."

Mascha stand unbeweglich da, der alte Fürst küßte ihr die Hand. Plötzlich liefen ihr die Tränen das blasse Gesicht herab. Der Fürst verfinsterte sich leicht.

„Hinaus mit dir, hinaus, hinaus!“ sagte Kirila Petrowitsch. „Trockne dir die Tränen und komm vergnügt zu uns zurück. Sie weinen alle bei der Verlobung“, fuhr er zu Werejskij gewandt fort. „Das ist schon so Sitte bei ihnen. Jetzt laß uns sachlich reden, Fürst, das heißt von der Mitgift.“

Marja Kirilowna ergriff begierig die Gelegenheit, sich zu entfernen. Sie lief in ihr Zimmer, schloß sich ein und ließ ihren Tränen freien Lauf, indem sie sich als die Frau des alten Fürsten vorstellte. Er erschien ihr plötzlich abscheulich und verhaßt. Die Ehe schreckte sie wie das Schafott, wie das Grab! „Nein, nein!“ wiederholte sie verzweifelt. „Lieber ins Kloster, lieber heirate ich Dubrowskij!“ Hier erinnerte sie sich an den Brief und stürzte sich gierig auf ihn, in der Ahnung, daß er von ihm sei. In der Tat, er war von ihm und enthielt nur folgende Worte: „Abends um neun Uhr an dem bekannten Ort.“

Der Mond glänzte, die Dorfnacht war still. Zuweilen erhob sich ein Lüftchen, und leises Rauschen überlief den Garten. Wie ein leichter Schatten näherte sich die junge Schöne dem angegebenen Ort der Zusammenkunft. Es war noch niemand zu sehen. Plötzlich trat Dubrowskij hinter der Laube hervor und stand vor ihr.

„Ich weiß alles“, sagte er mit leiser und trauriger Stimme, „erinnern Sie sich an Ihr Versprechen!“

„Sie bieten mir Ihren Schutz an, seien Sie nicht böse, aber das erschreckt mich. Auf welche Weise können Sie mir helfen?“

„Ich könnte Sie von dem verhaßten Manne befreien.“

„Um Gottes willen, rühren Sie ihn nicht an, wagen Sie es nicht, ihn anzurühren, wenn Sie mich lieben. Ich will nicht die Ursache irgendeines Unglücks sein.“

„Ich werde ihn nicht anrühren. Ihr Wille ist mir heilig. Ihnen verdankt er sein Leben. Nie wird eine böse Tat in Ihrem Namen vollbracht werden. Sie sollen rein bleiben, selbst in meinen Verbrechen. Aber wie soll ich Sie vor dem grausamen Vater retten?“

„Es ist noch Hoffnung vorhanden. Ich hoffe, ihn durch

meine Tränen und meine Verzweiflung zu rühren. Er ist eigensinnig, liebt mich aber sehr."

„Sie hoffen vergeblich. In diesen Tränen wird er nur die gewöhnliche Ängstlichkeit und die Abneigung sehen, die allen jungen Mädchen eigen ist, wenn sie nicht aus Leidenschaft, sondern aus vernünftiger Überlegung heiraten. Wie aber, wenn er sich in den Kopf setzt, Ihnen zum Trotz Ihr Glück zu machen? Wie, wenn man Sie mit Gewalt zum Altar führt, um Ihr Schicksal für immer der Macht eines siechen Mannes auszuliefern?"

„Dann bleibt mir nichts übrig, dann kommen Sie mich holen, und ich werde Ihre Frau."

Dubrowskij erbebte. Sein blasses Gesicht bedeckte sich mit tiefer Röte und wurde dann noch blasser als sonst. Er schwieg lange mit gesenktem Kopf.

„Nehmen Sie die ganze Kraft Ihrer Seele zusammen, flehen Sie Ihren Vater an, werfen Sie sich ihm zu Füßen, schildern Sie ihm alle Schrecken Ihrer Zukunft, Ihre Jugend, die neben dem siechen und lasterhaften Alten dahinwelken wird. Sagen Sie ihm, daß der Reichtum Ihnen keinen einzigen Augenblick des Glücks verschaffen wird. Der Luxus erfreut nur die Armut, und auch das nur, solange man an ihn nicht gewöhnt ist. Lassen Sie nicht nach, fürchten Sie weder seinen Zorn noch seine Drohungen, solange noch ein Schatten von Hoffnung geblieben ist. Um Gottes willen, lassen Sie nicht nach. Sollte es aber kein anderes Mittel mehr geben, dann entschließen Sie sich zu der grausamen Erklärung und sagen ihm, daß, falls er unerbittlich bleiben sollte, Sie einen schrecklichen Beschützer finden werden ..."

Hier bedeckte Dubrowskij sein Gesicht mit den Händen, er schien zu ersticken. Mascha weinte.

„Mein elendes Schicksal!" sagte er mit einem bitteren Seufzer. „Für Sie würde ich mein Leben hingeben. Sie aus der Ferne zu sehen, Ihre Hand zu berühren, war eine Wonne für mich. Und da sich mir die Aussicht eröffnet, Sie an mein erregtes Herz zu drücken und zu sagen: ‚Engel, wir wollen gemeinsam sterben!' – muß ich Armer Sie mit aller Kraft von mir stoßen! Ich wage es nicht, Ihnen zu Füßen zu stürzen und dem Himmel für den unbegreiflichen, unverdienten Lohn zu danken. Oh, wie müßte ich jenen hassen … aber ich fühle, in meinem Herzen ist jetzt kein Raum für Haß."

Er umschlang schweigend ihre schlanke Gestalt und zog sie still an sein Herz. Vertrauensvoll legte sie den Kopf auf die Schulter des jungen Räubers. Beide schwiegen. Die Zeit verging im Fluge.

„Es ist Zeit", sagte Mascha schließlich.

Dubrowskij schien aus tiefer Vergessenheit zu erwachen. Er nahm ihre Hand und streifte ihr einen Ring auf den Finger.

„Sollten Sie sich entschließen, Ihre Zuflucht zu mir zu nehmen", sagte er, „so bringen Sie diesen Ring hierher und versenken Sie ihn in die Höhlung dieser Eiche. Ich werde dann wissen, was ich zu tun habe."

Dubrowskij küßte ihre Hand und verschwand zwischen den Bäumen.

XVI

Die Werbung des Fürsten Werejskij war für die Nachbarschaft kein Geheimnis mehr. Kirila Petrowitsch nahm Glückwünsche entgegen. Die Vorbereitungen zur Hochzeit waren im Gange. Mascha verschob von einem Tag zum anderen die entscheidende Aussprache. Indessen war ihr Benehmen dem alten Bräutigam gegenüber kalt und gezwungen. Der Fürst war deswegen nicht besorgt. Er war zufrieden mit ihrem stummen Einverständnis und bemühte sich nicht um Liebe.

Die Zeit verging. Mascha beschloß, endlich zu handeln, und schrieb an den Fürsten Werejskij einen Brief. Sie versuchte, in seinem Herzen das Gefühl der Großmut zu erwecken und gestand ihm offen, daß sie nicht die geringste Neigung für ihn empfinde. Sie flehte ihn an, auf ihre Hand zu verzichten und sie vor der väterlichen Gewalt in Schutz zu nehmen. Sie überreichte den Brief verstohlen dem Fürsten Werejskij. Dieser las ihn allein für sich und war von der Aufrichtigkeit seiner Braut nicht im geringsten gerührt. Im Gegenteil, er fand es notwendig, die Hochzeit zu beschleunigen, und er hielt es für zweckmäßig, den Brief seinem zukünftigen Schwiegervater zu zeigen.

Kirila Petrowitsch geriet in Raserei. Mit Mühe überredete ihn der Fürst, Mascha nicht zu verraten, daß er von dem Brief unterrichtet sei. Kirila Petrowitsch willigte ein, ihr darüber nichts zu sagen, beschloß aber, keine Zeit zu verlieren und die Hochzeit gleich für den nächsten Tag anzuberaumen. Der Fürst fand es sehr vernünftig, begab sich zu seiner Braut und sagte ihr, daß ihr Brief ihn sehr betrübt habe, daß er aber mit der Zeit ihre Neigung zu verdienen hoffe, daß der Gedanke, sie zu verlieren, allzu schwer für ihn sei und er nicht die Kraft habe, seinem Todesurteil zuzustimmen. Darauf küßte er ihr ehrerbietig die Hand und entfernte sich, ohne ihr auch nur ein Wort über den Entschluß des Kirila Petrowitsch zu sagen.

Kaum aber hatte er den Hof verlassen, als der Vater bei ihr eintrat und ihr befahl, sich für den morgigen Tag zu rüsten. Marja Kirilowna, die von der Erklärung des Fürsten Werejskij bereits erregt war, zerfloß in Tränen und warf sich dem Vater zu Füßen:

„Vater", schrie sie mit mitleiderregender Stimme, „Vater, richten Sie mich nicht zugrunde, ich liebe den Fürsten nicht, ich will seine Frau nicht werden!"

„Was bedeutet das?" sagte Kirila Petrowitsch drohend. „Bis nun hast du geschwiegen und warst einverstanden, jetzt aber, da alles beschlossen ist, fällt es dir ein, launisch zu sein und dein Wort zurückzunehmen. Laß die Dummheiten, bei mir erreichst du damit nichts."

„Richten Sie mich nicht zugrunde", wiederholte die arme Mascha, „warum jagen Sie mich von sich und geben mich einem ungeliebten Mann? Bin ich Ihnen so lästig geworden? Ich will wie bis jetzt bei Ihnen bleiben, Vater, Sie werden traurig ohne mich sein, noch trauriger, wenn Sie überlegen, daß ich unglücklich bin. Vater, zwingen Sie mich nicht, ich will nicht heiraten."

Kirila Petrowitsch war gerührt, verbarg aber seine Verlegenheit und stieß sie von sich, indem er streng sagte: „Alles das ist Unsinn, hörst du? Ich weiß besser als du, was du zu deinem Glück brauchst. Die Tränen helfen dir nichts, übermorgen wird deine Hochzeit sein."

„Übermorgen!" rief Mascha. „Mein Gott! Nein, nein! Es ist unmöglich, es wird nicht sein! Hören Sie mich an, Vater, wenn Sie beschlossen haben, mich zugrunde zu richten, dann finde ich einen Beschützer, an den Sie gar nicht denken. Sie werden sich darüber entsetzen, wozu Sie mich getrieben haben."

„Was, wie?" rief Trojekurow. „Drohungen, Drohungen mir? Freches Mädchen! Weißt du nicht, daß ich mit dir machen kann, was du dir nicht einmal vorstellst! Du wagst es, mir mit einem Beschützer zu drohen! Wir wollen sehen, wer dieser Beschützer ist!"

„Wladimir Dubrowskij!" erwiderte Mascha verzweifelt.

Kirila Petrowitsch dachte, sie sei von Sinnen, und sah sie erstaunt an.

„Gut", sagte er nach einigem Schweigen zu ihr, „warte auf welchen Beschützer du immer willst. Vorläufig aber bleibst du in diesem Zimmer und darfst es bis zur Hochzeit nicht verlassen."

Mit diesen Worten ging Kirila Petrowitsch hinaus und verschloß die Tür hinter sich.

Lange weinte das arme Mädchen, indem sie sich vorstellte, was sie erwarte. Aber die stürmische Aussprache hatte ihre Seele erleichtert, und sie konnte über ihr Los und darüber, was ihr zu tun oblag, ruhiger nachdenken. Es galt nun vor allem, sich von der verhaßten Ehe zu befreien. Das Los einer Räubergattin schien ihr ein Paradies im Vergleich mit dem, was ihr zugedacht war. Sie sah den Ring an, den ihr Dubrowskij zurückgelassen hatte. Glühend wünschte sie, ihn noch einmal allein zu sprechen und sich vor dem entscheidenden Augenblick noch einmal mit ihm ausführlich zu beraten. Eine Ahnung sagte ihr, daß sie Dubrowskij am Abend im Garten in der Nähe der Laube finden würde. Sie beschloß, sobald es dämmern würde, hinzugehen und ihn dort zu erwarten. Es dämmerte nun, Mascha machte sich bereit. Aber ihre Tür war verschlossen. Das Stubenmädchen antwortete ihr hinter der Tür, daß Kirila Petrowitsch verboten habe, sie herauszulassen. Sie war in Haft. Tief beleidigt setzte sie sich ans Fenster und saß bis in die tiefe Nacht hinein angekleidet da und starrte unbeweglich in den dunklen Himmel. Gegen Morgen schlummerte sie ein. Aber ihr leichter Schlaf war von traurigen Träumen gestört, und die Strahlen der aufgehenden Sonne weckten sie.

XVII

Sie erwachte, und gleich mit dem ersten Gedanken stand der ganze Schrecken ihrer Lage vor ihr. Sie läutete, die Magd trat ein und antwortete auf ihre Fragen, daß Kirila Petrowitsch am Abend nach ... gefahren und spät zurückgekehrt sei und daß er strengen Befehl erteilt habe, sie aus ihrem Zimmer nicht herauszulassen und achtzugeben, daß niemand mit ihr spreche, daß im übrigen keine besonderen Anstalten für die Hochzeit zu sehen seien, abgesehen davon, daß dem Popen befohlen worden sei, sich unter keinem Vorwand aus dem Dorf zu entfernen. Nach diesen Mitteilungen verließ die Magd Marja Kirilowna und verschloß wieder die Tür.

Ihre Worte erbitterten die junge Gefangene. Ihr Kopf glühte, das Blut wallte. Sie beschloß, Dubrowskij von allem zu benachrichtigen und suchte nach einer Gelegenheit, den Ring in die Höhlung der verabredeten Eiche versenken zu lassen. In diesem Augenblick schlug ein kleiner Stein gegen ihr Fenster, die Scheibe klirrte, Marja Kirilowna sah in den Hof hinab und erblickte den kleinen Sascha, der ihr Zeichen machte. Sie kannte seine Anhänglichkeit und freute sich über ihn. Sie öffnete das Fenster.

„Guten Tag, Sascha, weshalb rufst du mich?"

„Ich bin gekommen, Schwesterchen, um von Ihnen zu erfahren, ob Sie nicht etwas benötigen. Papachen ist böse und hat dem ganzen Haus verboten, Ihnen zu gehorchen. Aber befehlen Sie mir nur, was Ihnen beliebt, und ich will alles für Sie tun."

„Ich danke dir, mein lieber Saschenka. Höre, du kennst doch die alte ausgehöhlte Eiche an der Laube?"

„Ja, Schwesterchen."

„Also, wenn du mich liebst, so lauf rasch hin und lege diesen Ring in die Höhlung, gib aber acht, daß dich niemand sieht."

Mit diesen Worten warf sie ihm den Ring zu und schloß das Fenster.

Der Knabe hob den Ring auf, lief aus ganzer Kraft fort und erreichte in wenigen Minuten den Baum. Hier blieb er atemlos stehen, sah sich nach allen Seiten um und versenkte den Ring in die Höhlung. Nachdem er seinen Auftrag glücklich erledigt hatte, wollte er es sofort Marja Kirilowna melden, als plötzlich ein rothaariges, abgerissenes Bürschlein hinter der Laube hervorhuschte, zur Eiche stürzte und die Hand in die Höhlung steckte. Schneller als ein Eichhörnchen sprang Sascha hinzu und krallte sich mit beiden Händen in ihn ein.

„Was machst du hier?" fragte er drohend.

„Was geht es dich an?" erwiderte das Bürschlein und bemühte sich, von ihm loszukommen.

„Laß diesen Ring, Rothaariger, oder ich will dich schon auf meine Art lehren!"

Anstatt zu antworten, schlug der andere ihn mit der Faust ins Gesicht. Sascha aber ließ ihn nicht los und schrie aus voller Kehle: „Diebe! Diebe! hierher, hierher!"

Das Bürschlein wollte sich mit aller Macht befreien. Er war offenbar zwei Jahre älter als Sascha und viel kräftiger, doch Sascha war gewandter. Sie kämpften einige Minuten. Schließlich gewann der Rothaarige die Oberhand. Er warf Sascha zu Boden und packte ihn an der Kehle. Aber in diesem Augenblick krallte sich eine starke Hand in sein rotes, borstiges Haar ein, und der Gärtner Stepan hob ihn eine halbe Elle vom Boden.

„Du rote Bestie“, sprach der Gärtner, „wie wagst du es, das kleine Herrchen zu schlagen?“

Sascha fand Zeit, sich zu erheben und zu sich zu kommen.

„Du hast mich unter den Achselhöhlen gepackt, sonst hättest du mich nicht umgeworfen. Gib sofort den Ring heraus und pack dich.“

„Das möchtest du wohl“, antwortete der Rothaarige, und durch eine unerwartete Drehung auf demselben Fleck befreite er seine Borsten aus der Hand Stepans. Er jagte davon, aber Sascha holte ihn ein, stieß ihn in den Rücken, und der Knabe stürzte. Der Gärtner packte ihn wieder und fesselte ihn mit seinem Riemen.

„Gib den Ring her!“ schrie Sascha.

„Warte, gnädiger Herr“, sagte Stepan, „wir wollen ihn zum Verwalter bringen, der wird mit ihm abrechnen.“

Der Gärtner führte den Gefangenen in den herrschaftlichen Hof. Sascha begleitete ihn und betrachtete mit Unruhe seine Pumphosen, die zerrissen und mit grünen Flecken bedeckt waren. Alle drei standen plötzlich vor Kirila Petrowitsch, der sich auf dem Weg zum Pferdestall befand.

„Was bedeutet das?“ fragte er Stepan.

Stepan erzählte in wenigen Worten die ganze Begebenheit. Kirila Petrowitsch hörte ihn aufmerksam an.

„Du Schlingel“, sagte er zu Sascha gewandt, „warum hast du dich mit ihm eingelassen?“

„Er hat den Ring aus der Höhlung gestohlen, Papachen. Befehlen Sie ihm, den Ring zurückzugeben.“

„Welchen Ring? Was für eine Höhlung?“

„Mir hat doch Marja Kirilowna ... jenen Ring doch ...“

Sascha verwirrte sich. Kirila Petrowitsch wurde finster und sagte: „Hier ist Marja Kirilowna im Spiel. Gestehe alles, sonst werde ich dich mit der Rute so schlagen, daß du ...“

„Bei Gott, Papachen, ich ... Papachen ... Marja Kirilowna hat mir nichts befohlen, Papachen.“

„Stepan, geh und schneide mir eine gute, frische Birkenrute ab."

„Halten Sie ein, Papachen, ich will Ihnen alles erzählen. Ich sprang im Hof herum, da öffnete Schwesterchen Marja Kirilowna das Fenster, und ich lief hin, und Schwesterchen hat unabsichtlich einen Ring fallen lassen, ich versteckte ihn in der Eiche und … und … dieser rothaarige Knabe wollte den Ring stehlen."

„Sie hat ihn unabsichtlich fallen lassen, du wolltest ihn verstecken … Stepan! geh, hol die Rute."

„Warten Sie, Papachen, ich will alles erzählen. Schwesterchen Marja Kirilowna befahl mir, zur Eiche zu laufen und den Ring in die Höhlung zu legen, und ich lief hin und legte den Ring hinein, dieser abscheuliche Junge aber …"

Kirila Petrowitsch wandte sich zum abscheulichen Jungen und fragte ihn streng:

„Wem gehörst du?"

„Ich gehöre zum Hofgesinde der Herren Dubrowskij", antwortete er.

Kirila Petrowitschs Gesicht verfinsterte sich.

„Du scheinst mich nicht als Herrn anzuerkennen, wohlan. Und was hast du in meinem Garten gemacht?"

„Ich habe Himbeeren gestohlen", sagte der Knabe mit großem Gleichmut.

„Aha, wie der Herr, so der Diener, wie der Pope, so der Sprengel. Aber wachsen denn bei mir die Himbeeren auf den Eichen? Hat man so etwas schon gehört?"

Der Junge erwiderte nichts.

„Papachen, befehlen Sie ihm, den Ring zurückzugeben", sagte Sascha.

„Schweig, Alexander!" antwortete Kirila Petrowitsch. „Vergiß nicht, daß ich noch mit dir abzurechnen habe. Geh in dein Zimmer. Du aber, Scheeläugiger, scheinst mir nicht dumm zu sein. Wenn du alles gestehst, werde ich dich nicht durchprügeln lassen, sondern dir noch fünf Kopeken für Nüsse schenken. Gib den Ring und geh." Der Knabe öffnete die

Faust und zeigte, daß er nichts in der Hand hatte. „Wenn nicht, wird mit dir etwas geschehen, was du gar nicht erwartest. Nun?"

Der Knabe antwortete mit keinem Wort und stand mit gesenktem Kopf und mit der Miene eines wirklich Blöden da.

„Gut", sagte Kirila Petrowitsch, „sperrt ihn ein und gebt acht, daß er nicht entwischt, sonst schinde ich euch allen die Haut ab."

Stepan führte den Knaben in das Taubenhaus, schloß ihn dort ein und befahl der alten Geflügelhofaufseherin Agafia, auf ihn achtzugeben.

„Hier ist gar kein Zweifel, sie hat die Verbindung mit dem verdammten Dubrowskij aufrechterhalten. Ist es in der Tat möglich, daß sie ihn zu Hilfe gerufen hat?" dachte Kirila Petrowitsch, während er im Zimmer auf und ab ging und böse „Siegesdonner erschalle!" pfiff. „Vielleicht bin ich da auf eine frische Spur geraten, und er entwischt uns nicht mehr. Wir wollen diese Gelegenheit ausnutzen ... Horch! Schellengeläute! Gott sei Dank, das ist der Kreishauptmann. Führt den gefangenen Knaben herein!"

Indessen fuhr ein Wägelchen im Hof ein, und der uns bekannte Kreishauptmann trat ganz staubig ins Zimmer.

„Eine gute Nachricht!" rief Kirila Petrowitsch. „Ich habe Dubrowskij gefangen."

„Gott sei Dank, Euer Exzellenz!" rief der Kreishauptmann mit erfreuter Miene. „Wo ist er?"

„Das heißt, nicht Dubrowskij, sondern einen von seiner Bande. Man bringt ihn hierher. Er wird uns helfen, seinen Hauptmann zu fangen. Da ist er schon."

Der Kreishauptmann, der einen gefährlichen Räuber zu sehen erwartete, war erstaunt, als er den dreizehnjährigen Knaben von ziemlich schwächlichem Aussehen erblickte. Er wandte sich erstaunt zu Kirila Petrowitsch und wartete auf Aufklärung. Kirila Petrowitsch erzählte ihm das Ereignis dieses Morgens, allerdings ohne Marja Kirilownas zu erwähnen.

Der Kreishauptmann hörte ihn aufmerksam an und warf dabei oft Blicke auf den kleinen Taugenichts, der sich ganz blöde stellte und alles, was um ihn geschah, nicht zu beachten schien.

„Gestatten Euer Exzellenz, unter vier Augen mit Ihnen zu sprechen?“ sagte der Kreishauptmann schließlich.

Kirila Petrowitsch führte ihn in das andere Zimmer und schloß hinter sich die Tür.

Eine halbe Stunde später erschienen sie wieder im Saal, wo der Gefangene auf die Entscheidung seines Schicksals wartete.

„Der gnädige Herr wollte dich im städtischen Gefängnis einsperren, dich mit der Knute durchpeitschen lassen und dann nach Sibirien verschicken, aber ich habe mich für dich verwendet und Verzeihung erlangt. Befreit ihn!“

Der Knabe wurde befreit.

„So dank doch dem gnädigen Herrn.“ Der Knabe trat näher und küßte Kirila Petrowitsch die Hand.

„Geh nach Hause“, sagte Kirila Petrowitsch zu ihm, „und stiehl in Zukunft keine Himbeeren aus den Baumhöhlungen.“

Der Knabe sprang vergnügt von der Rampe hinunter und lief, ohne sich umzusehen, quer übers Feld nach Kistenjewka. Als er das Dorf erreichte, blieb er an einer der ersten halbverfallenen Hütten stehen und klopfte ans Fenster. Das Fenster wurde aufgeklappt und eine alte Frau kam zum Vorschein.

„Brot, Großmutter!“ sagte der Knabe. „Ich hab’ seit dem Morgen nichts gegessen, ich sterbe vor Hunger.“

„Du bist es, Mitja, wo hast du denn gesteckt, du Galgenstrick?“ antwortete die Alte.

„Später erzähl’ ich, Großmutter, um Gottes willen, Brot!“

„So komm doch in die Stube.“

„Hab’ keine Zeit, Großmutter, muß noch irgendwo hinlaufen. Brot, um Christi willen, Brot.“

„Wilde Unart, du, da hast du ein Stück“, brummte die Alte und reichte ihm ein Stück Schwarzbrot durchs Fenster. Der Knabe biß gierig hinein, und kauend entfernte er sich langsam.

Es dämmerte bereits. Mitja stahl sich an den Scheunen und Gemüsegärten vorbei in das Wäldchen von Kistenjewka. Als er die zwei Tannen erreichte, die als Vorposten davor standen, blieb er stehen, sah sich um, ließ einen schrillen kurzen Pfiff ertönen und horchte. Ein leiserer und gedehnter Pfiff antwortete. Ein Mann trat aus dem Wäldchen und näherte sich ihm langsam.

XVIII

Kirila Petrowitsch ging im Saal auf und ab und pfiff lauter als gewöhnlich sein Lied. Das ganze Haus befand sich in Bewegung. Die Diener liefen hin und her, die Mägde waren geschäftig. Im Stall schirrten die Kutscher einen Wagen an. Im Hof drängten sich die Leute. Im Ankleidezimmer des Fräuleins schmückte eine Dame, von Mägden umringt, vor dem Spiegel die bleiche, regungslose Marja Kirilowna. Ihr Kopf neigte sich matt unter der Schwere der Brillanten. Sie zuckte leicht, wenn eine unvorsichtige Hand sie stach, schwieg aber und starrte teilnahmslos in den Spiegel.

„Ist es so weit?" ertönte an der Tür die Stimme Kirila Petrowitschs.

„Sofort!" antwortete die Dame. „Stehen Sie auf, Marja Kirilowna, und sehen Sie, ob es so recht ist?"

Marja Kirilowna erhob sich, antwortete aber nicht. Die Tür wurde geöffnet.

„Die Braut ist fertig", sagte die Dame zu Kirila Petrowitsch, „befehlen Sie, den Wagen vorfahren zu lassen."

„Mit Gott", sagte Kirila Petrowitsch und nahm ein Heiligenbild vom Tisch, „komm zu mir, Mascha", sagte er mit bewegter Stimme, „ich will dich segnen."

Das arme Mädchen fiel ihm zu Füßen und begann zu schluchzen.

„Vater, lieber Vater", sprach sie unter Tränen, und ihre Stimme versagte.

Kirila Petrowitsch beeilte sich, sie zu segnen. Man richtete sie auf und trug sie fast in den Wagen. Mit ihr stieg die Brautmutter und eine der Mägde ein. Sie fuhren zur Kirche. Dort wartete bereits der Bräutigam. Er ging seiner Braut entgegen und war von ihrer Blässe und ihrem veränderten Aussehen betroffen. Sie betraten zusammen die kalte, leere Kirche. Hinter ihnen wurden die Türen geschlossen. Der Priester trat aus der Sakristei und begann sofort die feierliche Handlung. Marja Kirilowna hörte und sah nichts. Sie dachte seit dem frühen Morgen nur daran, ob Dubrowskij kommen würde. Die Hoffnung verließ sie keinen Augenblick. Als sich aber der Priester an sie mit der üblichen Frage wandte, fuhr sie zusammen und erstarb, zögerte und wartete immer noch. Der Priester sprach, ohne ihre Antwort abzuwarten, die unwiderruflichen Worte. Die Zeremonie war zu Ende. Sie fühlte den kalten Kuß des ungeliebten Gatten. Sie vernahm die schmeichlerischen Beglückwünschungen der Anwesenden und konnte noch immer nicht glauben, daß ihr Leben für immer gefesselt sei, daß Dubrowskij nicht herbeigeeilt war, um sie zu befreien. Der Fürst wandte sich mit freundlichen Worten zu ihr, aber sie verstand sie nicht. Sie verließen die Kirche. Vor dem Portal drängten sich die Bauern von Pokrowskoje. Ihr Blick streifte sie rasch, um gleich wieder die frühere Gefühllosigkeit anzunehmen. Die Neuvermählten stiegen in den Wagen und fuhren nach Arbatowo, wohin Kirila Petrowitsch sich bereits begeben hatte, um sie dort zu empfangen. Allein mit seiner jungen Frau, war der Fürst durch ihr erstarrtes Wesen nicht im geringsten verwirrt. Er versuchte es gar nicht, ihr mit süßlichen Erklärungen und mit lächerlicher Begeisterung lästig zu fallen. Seine Worte waren einfach und verlangten keine Antwort. Auf diese Weise legten sie an die zehn Werst zurück. Die Pferde jagten über die Unebenheiten des Feldweges, und der Wagen schütterte kaum auf seinen englischen Gummirädern. Plötzlich wurden Schreie von Verfolgern hörbar. Der Wagen hielt an, und eine Schar bewaffneter Männer umringte ihn. Ein Mann in einer Halbmaske öffnete den Wagenschlag an der Seite, wo die junge Fürstin saß, und sagte zu ihr: „Sie sind frei! Steigen Sie aus.“

„Was bedeutet das?“ rief der Fürst. „Wer bist du?“

„Es ist Dubrowskij“, antwortete die Fürstin.

Ohne die Geistesgegenwart zu verlieren, zog der Fürst aus der Seitentasche eine Reisepistole und schoß auf den maskierten Räuber. Die Fürstin schrie auf und bedeckte entsetzt das Gesicht mit beiden Händen. Dubrowskij war an der Schulter verwundet, das Blut strömte. Ohne Zeit zu verlieren, zog der Fürst eine zweite Pistole. Aber er kam nicht mehr zum Abfeuern. Der Wagenschlag wurde geöffnet, und einige starke Hände zerrten ihn aus dem Wagen und entrissen ihm die Pistole. Über ihm blitzten Messer auf.

„Rührt ihn nicht an!“ rief Dubrowskij, und seine finsteren Gesellen traten zurück.

„Sie sind frei!“ fuhr Dubrowskij fort, indem er sich an die unglückliche Fürstin wandte.

„Nein“, sagte sie, „es ist zu spät, ich bin die Gattin des Fürsten Werejskij.“

„Was sagen Sie da!“ rief Dubrowskij verzweifelt. „Nein! Sie sind nicht seine Gattin, Sie wurden gezwungen, niemals konnten Sie einwilligen ...“

„Ich habe eingewilligt, ich habe gelobt“, erwiderte sie mit Festigkeit, „der Fürst ist mein Gatte, befehlen Sie, ihn zu befreien und lassen Sie mich bei ihm. Ich habe Sie nicht getäuscht, ich habe bis zum letzten Augenblick auf Sie gewartet. Aber jetzt, sage ich Ihnen, ist es zu spät. Geben Sie uns frei.“

Aber Dubrowskij hörte sie nicht mehr. Der Schmerz der Wunde und die starke Gemütsbewegung machten ihn ohnmächtig. Er fiel neben die Räder zu Boden. Die Räuber umringten ihn. Er vermochte ihnen nur noch einige Worte zu sagen. Sie hoben ihn auf ein Pferd, zwei stützten ihn, ein dritter führte das Pferd am Zügel. Alle schlugen sie dann einen Seitenweg ein, nachdem sie den Wagen mitten auf dem Weg, die Leute gefesselt und die Pferde ausgespannt, zurückgelassen hatten, aber ohne daß sie geplündert oder einen Tropfen Blut zur Rache für die Verwundung ihres Hauptmanns vergossen hatten.

XIX

Inmitten des dichten Waldes erhob sich auf einer schmalen Lichtung eine kleine Erdfestung, die aus Wall und Graben bestand, hinter denen sich einige Bretter- und Erdhütten befanden. Innerhalb der Umfriedung saß eine große Anzahl Männer, die man an der Verschiedenheit und Buntheit ihrer Kleidung und daran, daß sie alle bewaffnet waren, als Räuber erkennen konnte. Sie waren barhäuptig und aßen aus einem gemeinsamen Kessel zu Mittag. Auf dem Wall, neben der kleinen Kanone, saß ein Posten mit untergeschlagenen Beinen. Er setzte einen Flicken an eine bewußte Stelle eines Kleidungsstückes und führte die Nadel mit einer Kunst, die den erfahrenen Schneider verriet. Dabei sah er beständig um sich.

Obgleich ein bewußtes Krüglein schon mehrmals die Runde gemacht hatte, herrschte auffallende Stille in dieser Schar. Die Räuber waren mit dem Essen fertig. Einer nach dem anderen stand auf und betete. Einige verzogen sich in die Hütten, andere zerstreuten sich im Wald oder legten sich nach russischem Brauch nieder, um ein Schläfchen zu machen.

Der Posten war mit der Arbeit fertig, schüttelte seine Lumpen aus, bewunderte eine Weile seine Arbeit und steckte die Nadel in den rechten Ärmel. Dann setzte er sich rittlings auf die Kanone und begann, aus voller Kehle das melancholische altertümliche Lied zu singen:

Rausche nicht, du grüner Wald,
Weck mich guten Jungen nicht aus meinen Träumen.

In diesem Augenblick ging die Tür von einer der Hütten auf, und eine Alte in einer weißen Haube, sauber und sorgfältig gekleidet, erschien auf der Schwelle.

„Hör auf, Stjopka“, sagte sie ärgerlich, „der gnädige Herr ruht, und du brüllst da aus voller Kehle. Ihr habt weder Gewissen noch Mitleid.“

„Entschuldige, Jegorowna“, sagte Stjopka, „ich tu es nicht mehr, mag unser Väterchen nur ruhen und gesund werden.“

Die Alte ging wieder hinein, und Stjopka begann auf dem Wall auf und ab zu gehen.

In der Hütte, aus der die Alte herausgekommen war, lag hinter dem Verschlag auf einem Feldbett der verwundete Dubrowskij. Vor ihm lagen auf einem Tischchen seine Pistolen, und der Säbel hing am Kopfende des Bettes. Boden und Wände der Hütte waren reich mit Teppichen bedeckt. Im Winkel stand ein Damentoilettentisch aus Silber und ein großer Wandspiegel. Dubrowskij lag mit einem aufgeschlagenen Buch in der Hand, aber seine Augen waren geschlossen, und die Alte, die hinter dem Verschlag von Zeit zu Zeit nach ihm sah, konnte nicht herausfinden, ob er eingeschlafen oder nur in Gedanken versunken war.

Plötzlich fuhr Dubrowskij auf. In der Festung entstand Alarm, und Stjopka steckte den Kopf durchs Fenster zu ihm herein. „Väterchen Wladimir Andrejewitsch“, rief er, „die Unsrigen geben ein Zeichen, wir werden gesucht!“

Dubrowskij sprang vom Bett auf, ergriff die Waffen und trat aus der Hütte. Die Räuber drängten sich lärmend im Hof. Bei seinem Erscheinen entstand tiefes Schweigen.

„Sind alle da?“ fragte Dubrowskij.

„Alle, mit Ausnahme der Späher“, wurde ihm geantwortet.

„An eure Plätze!“ schrie Dubrowskij, und jeder Räuber nahm seinen bestimmten Platz ein.

In diesem Augenblick kamen drei Späher zum Tor gelaufen. Dubrowskij ging ihnen entgegen.

„Was gibt's?“ fragte er.

„Soldaten sind im Wald“, antworteten sie, „wir werden umzingelt.“

Dubrowskij befahl, das Tor zu schließen, und untersuchte selbst die Kanone. Im Wald wurden Stimmen laut und kamen immer näher. Die Räuber erwarteten sie. Plötzlich traten drei oder vier Soldaten aus dem Wald und machten sofort kehrt, indem sie ihre Kameraden durch Schüsse benachrichtigten.

„Macht euch bereit!“ sagte Dubrowskij, und unter den Räubern entstand Bewegung. Dann wurde alles wieder still. Darauf ließ sich der Lärm der heranrückenden Abteilung vernehmen. Gewehre blitzten zwischen den Bäumen auf. An die hundertfünfzig Mann schwärmten aus dem Wald heraus und stürmten schreiend auf den Wall zu. Dubrowskij setzte die Lunte an. Der Schuß traf, einem wurde der Kopf abgerissen, zwei andere wurden verwundet. Unter den Soldaten entstand Verwirrung. Aber der Offizier stürmte vor, die Soldaten folgten ihm und liefen in den Graben hinunter. Die Räuber feuerten nach ihnen aus Gewehren und Pistolen und machten sich bereit, mit Äxten in den Händen den Wall zu verteidigen, gegen den die wütenden Soldaten nun andrängten. An die zwanzig Kameraden von ihnen waren im Graben verwundet liegengeblieben. Ein Handgemenge entstand. Die Soldaten waren schon auf dem Wall, die Räuber begannen zu wanken. Da trat Dubrowskij zum Offizier, setzte ihm die Pistole auf die Brust und feuerte ab. Der Offizier stürzte zu Boden, einige Soldaten fingen ihn in ihren Armen auf und eilten, ihn in den Wald fortzutragen. Die übrigen hielten inne, als sie ihren Vorgesetzten fallen sahen. Die ermunterten Räuber nutzten diesen Augenblick der Verwirrung, überwältigten sie und drängten sie in den Graben hinunter. Die Belagerer ergriffen die Flucht. Die Räuber setzten ihnen mit Geschrei nach. Der Sieg war entschieden. Dubrowskij, der völligen Niederlage des Feindes sicher, gebot den Seinigen Halt und zog sich in die Festung zurück. Er verdoppelte die Wachen und befahl seinen Leuten, sich nicht zu entfernen und die Verwundeten aufzulesen.

Die letzten Ereignisse lenkten die Aufmerksamkeit der Regierung ernstlich auf Dubrowskijs kühne Räubertaten. Es wurden Nachrichten über seinen Aufenthalt eingezogen. Eine Kompanie Soldaten wurde ausgeschickt mit der Order, seiner tot oder lebendig habhaft zu werden. Einige Leute seiner Bande wurden dabei gefangen, und man erfuhr, daß Dubrowskij sich nicht mehr unter ihnen befand.

Kurz darauf versammelte er seinen ganzen Anhang und erklärte den Leuten, daß er die Absicht habe, sie für immer zu verlassen und auch ihnen rate, ihre Lebensweise zu ändern. „Ihr seid unter meiner Führung reich geworden, jeder von euch hat einen Ausweis, mit dem er sich gefahrlos nach irgendeinem entfernten Gouvernement durchschlagen und dort den Rest des Lebens in ehrlicher Arbeit und im Überfluß verbringen kann. Aber ihr seid alle Schufte und werdet wahrscheinlich von eurem Handwerk nicht lassen wollen.“

Nach dieser Rede verließ er sie und nahm nur einen einzigen mit. Niemand wußte, wo er hingekommen war. Erst zweifelte man an der Wahrheit dieser Aussagen, denn die Anhänglichkeit der Räuber an ihren Hauptmann war bekannt, und man nahm an, daß sie sich um seine Rettung bemühten. Aber die Folgen gaben ihnen recht. Die furchteinflößenden Überfälle, Brände und Plünderungen hörten auf. Die Wege wurden frei.

Aus anderen Berichten erfuhr man, daß Dubrowskij ins Ausland geflohen war.

Die Hauptmannstochter

Hüte deine Ehre von Jugend auf.
Spruch

I

Sergeant der Garde

„Gleich morgen soll er Gardehauptmann werden."
„Wozu? Der Dienst in der Armee ist keine Schande."
„Ein echtes Männerwort. Er plage sich nur recht."
Doch wer, wer mag sein Vater sein?

Knjashnin

Mein Vater Andrej Petrowitsch Grinjew hatte in seiner Jugend unter dem Grafen Münnich gedient und als Premiermajor im Jahre 17.. seinen Abschied genommen. Seitdem lebte er auf seinem Gut im Gouvernement Simbirsk, wo er das Fräulein Awdotja Wassiljewna J., die Tochter eines dortigen armen Edelmannes, geheiratet hatte. Sie bekamen neun Kinder. Aber meine Brüder und Schwestern starben noch im Säuglingsalter.

Ich nun war dank der Vermittlung eines uns nahe verwandten Majors der Garde, des Fürsten B., beim Semjonowschen Regiment als Sergeant eingeschrieben. Ich galt bis zur Absolvierung des Studiums als beurlaubt. Zu jener Zeit wurden wir nicht auf die heutige Art erzogen. Im Alter von fünf Jahren wurde ich in die Hände des Leibjägers Saweljitsch übergeben, der wegen seines vorbildlichen Lebenswandels zu meinem Wärter ernannt worden war. Unter seiner Aufsicht lernte ich im zwölften Lebensjahr lesen und schreiben und konnte über die Eigenschaften eines männlichen Windhundes sehr vernünftig urteilen. Zu dieser Zeit engagierte der Vater einen Franzosen, Monsieur Beaupré, für mich, den er sich zusammen mit dem Jahresvorrat von Wein und Olivenöl aus Moskau hatte kommen lassen. Sein Eintreffen mißfiel Saweljitsch sehr.

„Gott sei Dank", brummte er, „ist das herrschaftliche Kind gewaschen, gekämmt und satt gefüttert. Wozu braucht man überflüssiges Geld auszugeben, um einen Musjöh aufzunehmen, als hätte man keine eigenen Leute mehr!"

Beaupré war in seinem Vaterland Friseur, danach in Preußen Soldat gewesen und war dann nach Rußland gekommen, pour être „outchitel“, ohne zu wissen, daß dieses russische Wort „Lehrer“ heißt. Er war ein guter Bursche, aber leichtsinnig und liederlich bis zum äußersten. Seine Hauptschwäche war die Leidenschaft für das schöne Geschlecht. Nicht selten bekam er für seine Zärtlichkeiten Schläge, über die er ganze Tage lang stöhnte. Obendrein war er auch kein Feind der Flasche, wie er sich auszudrücken pflegte, das heißt auf Russisch: er trank gern zu viel. Da aber der Wein bei uns nur zum Mittagessen und auch da nur jedem ein Gläschen gereicht wurde, wobei man den Lehrer gewöhnlich überging, so gewöhnte sich mein Beaupré bald an den russischen Schnapsaufguß und zog ihn sogar, als unvergleichlich bekömmlicher für den Magen, allen Weinen seines Vaterlandes vor. Wir wurden sofort einig, und obgleich er nach der Abmachung verpflichtet war, mich im Französischen, im Deutschen und in allen Wissenschaften zu unterrichten, zog er es dennoch vor, von mir geschwind recht und schlecht Russisch schwatzen zu lernen, und darauf befaßte sich jeder mit seinen eigenen Angelegenheiten. Wir waren ein Herz und eine Seele. Einen besseren Mentor wünschte ich mir gar nicht. Aber bald wurden wir vom Schicksal getrennt, und zwar aus folgendem Anlaß.

Die Wäscherin Palaschka, eine dicke, pockennarbige Magd, und die einäugige Kuhmagd Akulka verabredeten sich eines Tages, vor meiner Mutter gleichzeitig einen Kniefall zu tun und sich zu der verbrecherischen Schwäche zu bekennen, wobei sie sich weinend über den Musjöh beklagten, der ihre Unerfahrenheit mißbraucht habe. Die Mutter verstand in solchen Dingen keinen Spaß und verklagte ihn beim Vater. Dieser machte nicht viel Umstände. Er ließ die Kanaille von einem Franzosen zu sich rufen. Man meldete, daß der Musjöh mir eben Stunde gebe. Darauf begab sich der Vater in mein Zimmer. Beaupré lag gerade auf dem Bett und schlief den Schlaf der Unschuld. Ich war beschäftigt. Man muß wissen, daß für mich aus Moskau eine geographische Karte besorgt worden war. Sie hing unbenutzt an der Wand und lockte mich schon seit langem durch die Breite und Güte des Papiers. Ich beschloß, einen Drachen aus ihr zu machen, und war, den Schlaf Beauprés benutzend, an der Arbeit. Der Vater trat ins Zimmer gerade in dem Augenblick, als ich den Bastschweif am Kap der Guten Hoffnung befestigte. Als er meine Übung in der Geographie entdeckte, zog mich der Vater am Ohr, dann stürzte er zu Beaupré, weckte ihn sehr unsanft und überschüttete ihn mit Vorwürfen. Beaupré wollte in der Verwirrung aufstehen, vermochte es aber nicht: der unglückliche Franzose war schwer betrunken. Es war eine Abrechnung – für alles. Vater zog ihn am Kragen vom Bett herab, stieß ihn zur Tür hinaus und jagte ihn noch am selben Tag vom Hof, zur unbeschreiblichen Freude des Saweljitsch. Damit war meine Erziehung zu Ende.

Ich lebte seitdem als Landjunker, indem ich Tauben jagte und mit den Gesindeknaben Bockspringen spielte. Indessen wurde ich sechzehn Jahre alt. Da trat eine Veränderung in meinem Schicksal ein.

Eines Tages im Herbst kochte die Mutter in der Wohnstube Früchte in Honig ein, und ich sah zu, wie der Schaum wallte, wobei mir das Wasser im Mund zusammenlief. Der Vater las am Fenster den Hofkalender, den er alljährlich erhielt. Dieses Buch übte stets eine starke Wirkung auf ihn: er las es nie ohne besondere Teilnahme, und die Lektüre rief in ihm immer eine erstaunliche Erregung der Galle hervor. Meine Mutter, die alle seine Gewohnheiten und Eigentümlichkeiten genau kannte, war immer bemüht, dieses unglückselige Buch möglichst weit zu verstecken, und auf diese Weise bekam er den Hofkalender manchmal monatelang nicht zu Gesicht. Dafür pflegte er, wenn er ihn zufällig fand, stundenlang darin zu blättern. Der Vater also las im Hofkalender, wobei er von Zeit zu Zeit mit den Achseln zuckte und wiederholte: „Generalleutnant! ... er war Sergeant in meiner Kompanie! ... Ritter beider russischer Orden! ... Und wie lange ist es her, daß wir? ...“ Schließlich warf mein Vater den Kalender auf das Sofa und versank in Nachdenken, was nichts Gutes versprach.

Plötzlich wandte er sich zur Mutter:

„Awdotja Wassiljewna, wie alt ist Petruscha?"

„Er geht schon ins siebzehnte Jahr", sagte die Mutter, „Petruscha ist im selben Jahr zur Welt gekommen, als Tante Nastassja Gerassimowna das Auge verloren hat und als noch ..."

„Schon gut", unterbrach der Vater, „es ist Zeit, ihn in den Dienst zu schicken. Er ist lang genug in den Mägdestuben herumgelaufen und auf die Taubenschläge geklettert."

Der Gedanke an die baldige Trennung von mir traf die Mutter so, daß sie den Löffel in die Kasserolle fallen ließ und die Tränen ihr das Gesicht herabliefen. Dagegen ist es schwer, mein Entzücken zu beschreiben. Die Gedanken an den Dienst vereinigten sich in mir mit den Vorstellungen von Freiheit und den Vergnügungen des Petersburger Lebens. Ich sah mich bereits als Offizier der Garde, was meiner Meinung nach der Gipfel des menschlichen Glückes war.

Der Vater liebte es weder, seine Absichten zu ändern, noch ihre Ausführung zu verschieben. Der Tag meiner Abreise war festgesetzt. Am Vorabend dieses Tages sagte mein Vater, daß er die Absicht habe, meinem künftigen Vorgesetzten zu schreiben und verlangte Papier und Tinte.

„Vergiß nicht, Andrej Petrowitsch", sagte die Mutter, „den Fürsten B. von mir zu grüßen, ich hoffe, er wird Petruscha sein Wohlwollen nicht vorenthalten."

„Welcher Unsinn!" antwortete der Vater, und sein Gesicht verfinsterte sich, „aus welchem Anlaß soll ich denn dem Fürsten B. schreiben?"

„Du hast ja gesagt, daß du an Petruschas Vorgesetzten schreiben wirst."

„Und was folgt daraus?"

„Aber Petruschas Vorgesetzter ist doch der Fürst B. Petruscha ist ja im Semjonowschen Regiment eingeschrieben."

„Eingeschrieben! Was geht es mich an, daß er eingeschrieben ist? Petruscha fährt nicht nach Petersburg. Was wird er lernen, wenn er in Petersburg dient? Verschwenden und Streiche verüben? Nein, er soll nur eine Weile in der Armee dienen; er soll nur ordentlich Dienst tun, Pulver zu riechen bekommen und Soldat sein, nicht aber ein Leisetreter in der Garde! Wo ist sein Paß? Gib ihn her.“

Die Mutter fand meinen Paß, den sie in ihrer Schatulle zusammen mit meinem Taufhemd aufbewahrte, und überreichte ihn mit zitternder Hand dem Vater. Der Vater las ihn aufmerksam durch, legte ihn vor sich auf den Tisch und begann seinen Brief.

Die Neugierde plagte mich. Wohin schickt man mich, wenn nicht nach Petersburg? Ich wandte kein Auge von der Feder des Vaters, die sich ziemlich langsam bewegte. Endlich war er fertig, versiegelte den Brief zusammen mit dem Paß in einem Umschlag, legte die Brille ab und sagte, nachdem er mich zu sich herangerufen hatte:

„Da hast du einen Brief an Andrej Karlowitsch R., einen alten Kameraden und Freund von mir. Du fährst nach Orenburg, um unter seinem Kommando zu dienen.“

Also waren alle meine glänzenden Hoffnungen zusammengestürzt! Anstatt des lustigen Petersburger Lebens erwartete mich die Langeweile in einer entlegenen und öden Gegend. Der Dienst, an den ich vor einer Minute noch mit solcher Begeisterung gedacht hatte, erschien mir jetzt wie ein schweres Unglück. Aber es hatte keinen Zweck zu widersprechen! Am nächsten Tag in aller Frühe hielt an der Rampe ein gedeckter Reiseschlitten; man brachte einen Reisesack, einen Kasten mit Teegerät und allerlei Pakete mit Bäckereien und Pasteten in ihm unter, die letzten Zeichen der Verwöhnung. Meine Eltern segneten mich. Der Vater sagte zu mir: „Leb wohl, Pjotr. Diene treu, dem du einen Eid geleistet hast, gehorche den Vorgesetzten, hasche nicht nach ihrer Freundlichkeit, dränge dich nicht zu Dienstleistungen auf, drück dich aber auch nicht vor dem Dienst und denke an das Sprichwort: Hüte dein Kleid, wenn es neu ist, und die Ehre von Jugend auf.“

Meine Mutter schärfte mir unter Tränen ein, meine Gesundheit zu schonen, und Saweljitsch, das Kind zu behüten. Man zog mir einen kurzen Hasenpelz an und darüber einen Fuchspelz. Ich stieg mit Saweljitsch in den Schlitten und begab mich tränenüberströmt auf die Reise.

Am nächsten Morgen kam ich in Simbirsk an, wo ich mich einen Tag und eine Nacht aufhalten sollte, um die nötigen Sachen einzukaufen, was Saweljitsch aufgetragen worden war. Ich stieg in einem Gasthaus ab. Saweljitsch ging am frühen Morgen in die Geschäfte. Da es mir langweilig wurde, zum Fenster hinaus auf das schmutzige Gäßchen zu starren, begann ich durch alle Zimmer zu wandern. Als ich das Billardzimmer betrat, erblickte ich einen hochgewachsenen Herrn von ungefähr fünfunddreißig Jahren. Er trug einen Schlafrock und hielt den Billardstock in der Hand und eine Pfeife zwischen den Zähnen. Er spielte mit dem Markeur, der, wenn er gewann, ein Gläschen Schnaps austrinken durfte, wenn er aber verlor, unter dem Billardtisch auf allen vieren herumkriechen mußte. Je länger das Spiel dauerte, desto häufiger wurden die Spaziergänge auf allen vieren, bis der Markeur überhaupt unter dem Billard liegenblieb. Der Herr sprach einige kräftige Worte, eine Art Grabrede, und bot mir an, mit ihm eine Partie zu spielen. Ich lehnte ab, weil ich nicht zu spielen verstand. Das kam ihm offenbar sonderbar vor. Er sah mich bedauernd an. Dennoch kamen wir in ein Gespräch. Ich erfuhr, daß er Iwan Iwanowitsch Surin hieß, Rittmeister eines Husarenregiments war, in Simbirsk zur Rekrutenmusterung weilte und im Gasthaus logierte. Surin lud mich ein, mit ihm recht und schlecht auf soldatische Art zu Mittag zu essen. Ich nahm gern an. Wir setzten uns zu Tisch. Surin trank viel und bewirtete auch mich. Er erzählte mir Armeeanekdoten, die mich so belustigten, daß ich mich vor Lachen fast wälzte, und wir erhoben uns von der Tafel als vollkommene Freunde. Jetzt bot er sich an, mir das Billardspiel beizubringen.

„Das ist für einen Soldaten, wie unsereins, notwendig. Während eines Feldzuges, zum Beispiel, kommt man in einem Marktflecken an. Was soll man da anfangen? Nicht immer kann man Juden prügeln. Ohne zu wollen geht man ins Wirtshaus und spielt Billard, dazu aber muß man spielen können!“

Ich war völlig überzeugt und begab mich mit großem Fleiß in die Lehre. Surin ermunterte mich laut, staunte über meine raschen Fortschritte und schlug mir nach einigen Lektionen vor, um Geld zu spielen, einen Heller die Partie, nicht des Gewinns wegen, sondern nur, um nicht umsonst zu spielen, was seiner Meinung nach die übelste Gewohnheit war. Ich ging darauf ein, Surin befahl, Punsch zu bringen und überredete mich, zu kosten, indem er wiederholte, daß man sich an den Dienst gewöhnen müsse. Was aber sei der Dienst ohne Punsch! Ich gehorchte. Indessen ging unser Spiel weiter. Je öfter ich einen Schluck nahm, desto kühner wurde ich. Meine Bälle flogen fortwährend über Bord. Ich wurde hitzig, beschimpfte den Markeur, der Gott weiß wie rechnete, erhöhte immerzu den Einsatz – mit einem Wort, ich führte mich wie ein kleines, in die Freiheit ausgebrochenes Bürschlein auf. Inzwischen verging die Zeit unmerklich. Surin sah auf die Uhr, legte das Queue nieder und erklärte mir, daß ich hundert Rubel verloren habe. Das verwirrte mich ein wenig. Mein Geld war bei Saweljitsch. Ich wollte mich entschuldigen. Surin unterbrach mich:

„Ich bitte dich! Mach dir keine Gedanken. Ich kann auch warten. Einstweilen aber fahren wir zu Arinuschka."

Was war zu machen? Den Tag beschloß ich ebenso, wie ich ihn begonnen hatte. Wir aßen bei Arinuschka zu Nacht. Surin schenkte mir fortwährend ein, indem er wiederholte, daß man sich an den Dienst gewöhnen müsse. Als ich vom Tisch aufstand, konnte ich mich kaum auf den Beinen halten. Um Mitternacht brachte mich Surin in das Gasthaus zurück.

Saweljitsch empfing uns vor der Tür. Er schrie auf, als er die unzweideutigen Zeichen meines Diensteifers begriff.

„Was ist dir denn widerfahren, gnädiger Herr?" sagte er mit kläglicher Stimme, „wo hast du dich so vollgetrunken? Ach Gott, ach Gott! Seit er lebt, hat er eine solche Sünde noch nicht begangen!"

„Schweig, Alter!" sagte ich lallend, „bist wohl betrunken, geh schlafen ... und bring mich zu Bett."

Am nächsten Tag erwachte ich mit Kopfschmerzen und vermochte mich an die gestrigen Ereignisse nur unklar zu erinnern. Meine Gedanken wurden durch Saweljitsch unterbrochen, der mit einer Tasse Tee bei mir eintrat.

„Früh fängst du an, ein Lotterleben zu führen, Peter Andrejitsch", sagte er kopfschüttelnd. „Wem bist du nur nachgeraten? Weder der Vater noch der Großvater waren Trinker, dünkt mich, von der Mutter nicht zu reden; seit sie auf der Welt ist, hat sie etwas anderes als Kwaß nicht in den Mund genommen. Und wer ist an allem schuld? Der verdammte Musjöh. Der kam jeden Augenblick zu Antipjewna gelaufen: ‚Madame, sche wu pri Wodku.' Da hast du den sche wu pri! Schöne Dinge hat er dir beigebracht, der Hundesohn, das muß man sagen! Und man hatte es nötig, einen Heiden als Erzieher aufzunehmen! Als hätte der gnädige Herr nicht genug eigene Leute gehabt!"

Ich schämte mich. Ich wandte mich ab und sagte: „Geh hinaus, Saweljitsch, ich will keinen Tee." Aber Saweljitsch war schwer zum Schweigen zu bringen, wenn er einmal zu predigen angefangen hatte.

„Jetzt siehst du, Peter Andrejitsch, wie es ist, wenn man sich einen Rausch antrinkt. Der Kopf ist schwer, und essen mag man auch nicht. Ein Mensch, welcher trinkt, taugt zu nichts ... Trink ein wenig Gurkensaft mit Honig, oder vielleicht wäre es noch besser, ein halbes Gläschen Schnaps zur Ernüchterung zu trinken. Befiehlst du?"

In diesem Augenblick trat ein Bedienter ein und überreichte mir einen Brief von I. I. Surin. Ich öffnete ihn und las:

„Liebwerter Peter Andrejewitsch, bitte, schick mir mit meinem Burschen die hundert Rubel, die Du an mich verloren hast. Ich benötige das Geld dringend.

Zu Diensten bereit — Iwan Surin."

Es war nichts zu machen. Ich nahm eine gleichgültige Miene an, wandte mich zu Saweljitsch, dem die Sorge für mein Geld, meine Wäsche und meine Geschäfte oblag, und befahl ihm, dem Burschen hundert Rubel zu geben.

„Wie! Warum?“ fragte der erstaunte Saweljitsch.

„Ich bin sie ihm schuldig“, antwortete ich mit Gelassenheit.

„Schuldig?“ erwiderte Saweljitsch, der in immer größeres Staunen geriet, „wann hast du denn Zeit gehabt, bei ihm Schulden zu machen? Da ist es nicht mit rechten Dingen zugegangen. Sag' was du willst, aber das Geld gebe ich nicht her.“

Ich überlegte, daß, wenn ich in diesem entscheidenden Augenblick über den starrsinnigen Alten nicht die Oberhand gewänne, es mir schwer ankommen würde, mich von seiner Vormundschaft zu befreien, darum sagte ich, indem ich ihn stolz ansah:

„Ich bin dein Herr, und du bist mein Diener. Das Geld gehört mir. Ich habe es verspielt, weil es mir so gefiel; und dir rate ich, nicht zu klügeln und das zu tun, was dir befohlen wird.“

Saweljitsch war von meinen Worten so betroffen, daß er die Hände zusammenschlug und wie angewurzelt stehenblieb.

„Was stehst du denn da?“ schrie ich böse.

Saweljitsch fing an zu weinen.

„Väterchen Peter Andrejitsch“, sprach er mit zuckender Stimme, „bring mich vor Kummer nicht um. Mein Augenstern, hör doch auf mich Alten: schreib diesem Räuber, daß du gescherzt hast, daß wir so großes Geld gar nicht besitzen. Hundert Rubel! Barmherziger Gott! Sag', daß deine Eltern dir streng verboten haben zu spielen, es sei denn mit Nüssen ...“

„Genug geschwätzt!“ unterbrach ich streng, „bring das Geld her, oder ich packe dich am Genick und werfe dich hinaus.“

Saweljitsch sah mich tiefbetrübt an und ging hinaus, um das Geld zu holen. Der Alte tat mir leid; aber ich wollte frei werden und ihm zeigen, daß ich kein Kind mehr war. Das Geld wurde Surin zugestellt. Saweljitsch beeilte sich, mich aus dem verdammten Gasthaus fortzubringen. Er erschien mit der Meldung, daß die Pferde bereit seien. Mit beschwertem Gewissen und in wortloser Reue verließ ich Simbirsk, ohne von meinem Lehrer Abschied genommen zu haben und ohne daran zu denken, daß ich ihn je wiedersehen würde.

II

Der Führer

> Ach Land, du mein Land,
> Mein fremdes Land!
> Was hat mich hierher gebracht?
> Nicht mein treues Roß hat das gemacht.
> Mich guten Jungen brachte her
> Die Ungeduld, die Tapferkeit
> Und das Räuschlein in der Schenke.
>
> Altes Lied

Unterwegs waren meine Gedanken nicht sehr heiter. Mein Spielverlust war nach dem damaligen Geldwert nicht gering. Ich konnte nicht umhin, mir im Stillen einzugestehen, daß meine Aufführung im Gasthaus dumm war, und fühlte mich Saweljitsch gegenüber schuldig. Das quälte mich. Der Alte saß niedergeschlagen auf dem Bock, von mir abgewandt. Ich wollte mich unbedingt mit ihm versöhnen und wußte nicht, wie ich es anfangen sollte. Endlich sagte ich zu ihm:

„Nun, nun, Saweljitsch, sei schon wieder gut, wir wollen uns vertragen, ich bin schuldig; ich sehe selbst ein, daß ich schuldig bin. Ich habe gestern einen dummen Streich verübt und habe dich ohne Grund gekränkt ... Ich verspreche, mich in Zukunft klüger aufzuführen und dir zu gehorchen ... Sei nicht böse, wir wollen uns vertragen."

„Ach, Väterchen Peter Andrejitsch", antwortete er mit einem tiefen Seufzer, „ich bin auf mich selbst böse – ich selbst bin an allem schuld. Wie konnte ich dich im Gasthaus allein lassen! Aber was ist zu machen! Ich gestehe, die Sünde hat mich verführt: grad mußte mir einfallen, mich zu der Küstersfrau hinzuschleppen, ich wollte die Gevatterin wiedersehen. Es heißt auch so: ‚Kam zur Gevatterin und blieb im Gefängnis.' Ein Unglück, nicht auszudenken! Wie soll ich der Herrschaft vor die Augen treten? Was werden sie sagen, wenn sie erfahren, daß das Kind trinkt und spielt?"

Um den armen Saweljitsch zu trösten, versprach ich ihm, von nun an über keine Kopeke ohne seine Zustimmung zu verfügen. Er beruhigte sich allmählich, obgleich er immer wieder kopfschüttelnd brummte: „Hundert Rubel, es ist leicht gesagt!"

Ich näherte mich meinem Bestimmungsort. Rings um mich dehnten sich traurige Einöden, von Anhöhen und Hohlwegen unterbrochen. Alles war mit Schnee bedeckt ... Die Sonne sank. Der Schlitten fuhr einen schmalen Weg oder, genauer gesagt, auf der Spur, die ein Bauernschlitten hinterlassen hatte. Plötzlich begann der Kutscher unverwandt in eine Richtung zu starren, schließlich zog er die Mütze, wandte sich zu mir und sagte:

„Gnädiger Herr, laß uns umkehren."

„Weshalb denn?"

„Das Wetter ist unzuverlässig: es erhebt sich allmählich ein Wind; sieh, wie er den Schnee aufwirbelt."

„Was ist daran so schlimm?"

„Siehst du das dort?"

Der Kutscher zeigte mit der Peitsche nach dem Osten.

„Ich sehe nichts als die weiße Steppe und den klaren Himmel."

„Aber da – da: das Wölkchen."

„Ich sah in der Tat am Himmelsrande ein weißes Wölkchen, das ich erst für eine ferne Anhöhe hielt. Der Kutscher erklärte mir, daß dieses Wölkchen einen heftigen Schneesturm ankündige.

Ich hatte von den dortigen Schneestürmen gehört und wußte, daß zuweilen ganze Transporte verschüttet wurden. Saweljitsch, mit der Meinung des Kutschers einverstanden, riet umzukehren. Aber der Wind erschien mir nicht stark; ich hoffte, rechtzeitig die nächste Station zu erreichen und befahl zuzufahren.

Der Kutscher jagte, sah aber immer wieder nach Osten. Die Pferde liefen einträchtig. Indessen wurde der Wind immer stärker. Das Wölkchen verwandelte sich in eine weiße Wolke, die schwer aufstieg, wuchs und allmählich den ganzen Himmel bedeckte. Erst begann es leicht zu schneien, dann plötzlich stark in dicken Flocken. Der Wind heulte. Ein Schneesturm erhob sich. In einem Augenblick vermischte sich der dunkle Himmel mit dem Schneemeer. Alles verschwand.

„Schlimm, gnädiger Herr“, rief der Kutscher, „ein Sturm...“

Ich sah zum Schlitten hinaus: alles war Finsternis und Orkan. Der Wind heulte mit so grimmiger Kraft, daß er beseelt schien. Saweljitsch und ich wurden vom Schnee überschüttet. Die Pferde gingen im Schritt und blieben bald stehen.

„Warum fährst du nicht?“ fragte ich ungeduldig den Kutscher.

„Wie soll ich denn fahren?“ antwortete er, von seinem Sitz heruntersteigend, „wer weiß, wo wir schon hingeraten sind; es ist kein Weg zu unterscheiden, und rings ist Finsternis.“

Ich wollte ihn schimpfen, aber Saweljitsch nahm ihn in Schutz.

„Warum wolltest du auch nicht auf ihn hören!“ sprach er ärgerlich, „wären wir nur in die Herberge zurückgekehrt, du hättest Tee getrunken und bis zum Morgen geruht, inzwischen hätte sich der Sturm gelegt und wir wären weitergefahren. Und wohin eilen wir so? Ich ließe es mir gefallen, wenn es zu einer Hochzeit wäre!“

Saweljitsch hatte recht. Es war nichts zu machen. Der Schnee schüttete nur so. Um den Schlitten erhob sich ein Haufen. Die Pferde hielten die Köpfe gesenkt und zuckten zuweilen. Der Kutscher ging um das Gefährt herum und nestelte am Geschirr, weil er sonst nichts zu tun wußte. Saweljitsch brummte. Ich spähte nach allen Seiten aus, in der Hoffnung, wenigstens ein Anzeichen einer Wohnstätte oder eines Weges zu entdecken, vermochte aber, außer dem trüben Sturmwirbel, nichts zu unterscheiden. Plötzlich sah ich etwas Schwarzes.

„He, Kutscher!“ rief ich, „sieh hin, was mag das Schwarze dort sein?“

Der Kutscher sah aufmerksam hin.

„Gott mag's wissen, gnädiger Herr", sagte er, seinen Platz wieder einnehmend, „ein Wagen ist es nicht, ein Baum ist es auch nicht, mir scheint aber, daß es sich bewegt. Sicher ein Wolf oder ein Mensch."

Ich befahl, auf den unbekannten Gegenstand zuzufahren, der sich sofort auf uns zu bewegte. Zwei Minuten später befanden wir uns einem Menschen gegenüber.

„He, guter Mann!" rief ihm der Kutscher zu, „sag' uns, weißt du vielleicht, wo der Weg ist?"

„Der Weg ist hier; ich stehe auf festem Grund", antwortete der Wanderer, „aber was hilft's?"

„Höre Bäuerlein", sagte ich zu ihm, „bist du in dieser Gegend bekannt? Willst du es übernehmen, mich in eine Herberge zu bringen?"

„Die Gegend ist mir vertraut", antwortete der Wanderer, „ich habe sie, Gott sei's gedankt, kreuz und quer befahren und auch zu Fuß begangen. Aber du siehst ja das Wetter. Es ist schon besser, hier zu bleiben, vielleicht legt sich der Sturm und der Himmel klärt sich auf. Wir finden den Weg dann nach den Sternen."

Seine Kaltblütigkeit ermutigte mich. Ich war schon bereit, mich Gottes Obhut anzuvertrauen und mitten in der Steppe zu übernachten, als der Wandersmann sich rasch auf den leeren Platz am Bock setzte und zum Kutscher sagte:

„Gott sei Dank, eine Wohnstätte ist nicht weit. Halte dich nur nach rechts und fahr zu!"

„Warum soll ich nach rechts fahren?" fragte der Kutscher unzufrieden, „wo siehst du da einen Weg? Ich verstehe, die Pferde gehören nicht dir und das Geschirr auch nicht, da kannst du leicht fahren, nur nicht stehenbleiben."

Der Kutscher schien mir recht zu haben.

„In der Tat", sagte ich, „warum meinst du, daß eine Wohnstätte nicht weit von hier sei?" – „Darum, weil der Wind von dort herüberweht", antwortete der Wandersmann, „ich spüre, es riecht nach Rauch; folglich ist ein Dorf in der Nähe."

Sein Scharfsinn und die Feinheit seines Spürsinns versetzten mich in Erstaunen. Ich befahl dem Kutscher zu fahren. Die Pferde kamen im tiefen Schnee schwer vorwärts. Der Schlitten bewegte sich langsam, wobei er bald auf einen Schneehaufen hinauffuhr und bald in einen Hohlweg stürzte, er kippte fortwährend. Die Fahrt glich dem Schiffsgang auf stürmischer See. Saweljitsch stöhnte und stieß mich fortwährend in die Seite. Ich ließ das Verdeck herab, wickelte mich in meinen Pelz und schlummerte ein, eingelullt vom Gesang des Sturmes und vom Schaukeln der langsamen Fahrt.

Ich hatte einen Traum, den ich nie mehr vergessen konnte und in dem ich, wenn ich alle die seltsamen Begebenheiten meines Lebens neben ihn halte, etwas Prophetisches sehe. Der Leser wird mir verzeihen, denn er kennt es wahrscheinlich aus Erfahrung, wie angeboren es dem Menschen ist, trotz aller Verachtung der Vorurteile, sich dem Aberglauben hinzugeben.

Ich befand mich in jenem Zustand des Gemüts und der Seele, da die Wirklichkeiten von den Träumen überwältigt werden und sich in undeutlichen Gesichten des ersten Schlafes mit ihnen vereinigen. Mich dünkte, der Sturm wütete noch immer und wir irrten noch in der schneebedeckten Einöde ... Plötzlich sah ich ein Tor und fuhr in den Hof unseres Gutes ein. Mein erster Gedanke war, daß mir der Vater meine ungewollte Rückkehr unter das väterliche Dach nicht verübeln und nicht als einen beabsichtigten Ungehorsam deuten möchte. Voll Unruhe springe ich aus dem Schlitten, und was sehe ich: die Mutter empfängt mich auf der Rampe mit dem Ausdruck tiefen Kummers. „Leise“, sagt sie zu mir, „dein Vater liegt im Sterben und will von dir Abschied nehmen.“ Tief erschrocken folge ich ihr ins Schlafzimmer. Ich sehe, das Zimmer ist schwach beleuchtet. Am Bett stehen Menschen mit traurigen Gesichtern. Ich trete leise ans Bett, meine Mutter zieht den Vorhang zurück und sagt: „Andrej Petrowitsch! Petruscha ist angekommen. Er ist zurückgekehrt, als er von deiner Krankheit erfuhr. Gib ihm deinen Segen.“ Ich kniete nieder und richtete meinen Blick auf den Kranken. Und was sah ich? ... Anstatt meines Vaters liegt im Bett ein Bauer mit einem schwarzen Bart und sieht mich verschmitzt an. Ich wende mich erstaunt zu meiner Mutter und sage: „Was bedeutet das? Es ist nicht der Vater. Und wie komme ich dazu, einen Bauern um seinen Segen zu bitten?“ „Gleichviel, Petruscha“, antwortete mir die Mutter, „es ist dein Brautvater, küß ihm die Hand, er soll dir nur seinen Segen geben.“ Ich war nicht einverstanden. Da sprang der Bauer aus dem Bett, zog hinter dem Rücken eine Axt hervor und begann mit ihr nach allen Seiten zu fuchteln. Ich wollte fliehen ... und konnte nicht. Das Zimmer füllte sich mit Leichen. Ich stolperte über die Leichen und rutschte in einer Blutlache aus ... Der schreckliche Bauer rief mir freundlich zu: „Fürchte dich nicht, komm, empfange meinen Segen ...“ Entsetzen und Staunen packten mich ... Und in diesem Augenblick erwachte ich. Die Pferde standen still. Saweljitsch hielt mich bei der Hand und sprach:

„Wir sind angekommen, gnädiger Herr.“

„Wo?“ fragte ich und rieb mir die Augen.

„In der Herberge. Gott hat geholfen, wir sind gerade gegen den Zaun gestoßen. Steig aus, gnädiger Herr, und wärme dich.“

Ich stieg aus dem Schlitten. Der Sturm dauerte noch an, obschon mit geringerer Kraft. Es war so dunkel, daß man nichts unterscheiden konnte. Der Wirt empfing uns mit einer Laterne unter den Rockschößen am Tor, und führte mich in die enge, aber ziemlich saubere Stube. Ein Kienspan erhellte sie. An der Wand hingen eine Flinte und eine Kosakenmütze.

Der Wirt, ein Kosak vom Jaik, war ein frischer und rüstiger Sechziger. Saweljitsch brachte hinter mir den Teekasten herein, verlangte Feuer, um Tee zu kochen, der mir noch nie so begehrenswert erschienen war. Der Wirt ging hinaus, um alles Nötige zu besorgen.

„Wo ist denn unser Führer?“ fragte ich Saweljitsch.

„Hier, Euer Wohlgeboren!“ antwortete mir eine Stimme von oben.

Ich sah zu der Pritsche hinauf und erblickte einen schwarzen Bart und zwei blitzende Augen.

„Wie geht es, Bruder, bist du durchfroren?"

„Wie sollte man nicht durchfroren sein, in einem leichten Rock nur! Ich hatte einen Schafspelz, aber ich will meine Sünde nicht verheimlichen, gestern hab' ich ihn beim Schankwirt versetzt; der Frost schien mir nicht so arg."

In diesem Augenblick trat der Wirt mit dem kochenden Samowar herein. Ich bot unserem Führer eine Tasse Tee an. Der Bauer stieg von der Pritsche herunter. Sein Äußeres erschien mir bemerkenswert. Er war ungefähr vierzig Jahre alt, von mittlerem Wuchs, mager und breitschulterig. Sein schwarzer Bart war leicht angegraut. Die lebhaften großen Augen konnten nicht stillstehen. Sein Gesicht hatte einen ziemlich angenehmen, aber spitzbübischen Ausdruck. Das Haar war rund geschnitten. Er trug einen zerrissenen Rock und tatarische Pumphosen. Ich reichte ihm eine Tasse Tee. Er kostete und verzog das Gesicht.

„Euer Wohlgeboren, erweisen Sie mir eine göttliche Gnade … befehlen Sie, mir ein Glas Wein zu reichen. Tee ist kein Getränk für uns Kosaken."

Ich erfüllte gern seinen Wunsch. Der Wirt holte aus dem Kasten eine vierkantige Flasche und ein Glas, trat zu ihm und sah ihm ins Gesicht.

„He, he", sagte er, „bist wieder in unserer Gegend! Von wo führt dich der Himmel her?" Mein Führer zwinkerte bedeutsam und antwortete mit einem Spruch: „Bin im Gemüsegarten herumgeflogen, hab' den Hanf gepickt; Großmutter warf einen Stein, aber vorbei. Und was machen die Eurigen?"

„Was sollen die Unsrigen machen!" antwortete der Wirt und setzte das Gespräch mit einer Redensart fort: „Man fing schon an, zur Messe zu läuten, aber die Popenfrau läßt's nicht zu: der Pope ist zu Gast und die Teufel vor dem Portal."

„Schweig, Onkelchen", erwiderte mein Landstreicher, „gibt es Regen, da gibt es auch Pilze; und gibt es Pilze, da gibt es auch einen Korb; jetzt aber – hier zwinkerte er noch einmal – steck' das Beil hinter den Rücken: der Förster geht um. Euer Wohlgeboren! Auf Ihre Gesundheit!"

Mit diesen Worten nahm er das Glas, bekreuzigte sich und trank es in einem Zug aus, dann verbeugte er sich vor mir und stieg wieder auf die Pritsche.

Ich konnte damals von diesem diebischen Gespräch nichts verstehen, später aber erriet ich, daß es von den Angelegenheiten der jaikischen Kosaken handelte, die nach dem Aufstand des Jahres 1772 zum Gehorsam gezwungen worden waren. Saweljitsch hörte mit dem Ausdruck großer Unzufriedenheit zu. Er sah bald den Wirt, bald den Führer mißtrauisch an. Die Herberge oder der Umjet, wie es in der Gegend dort hieß, lag abseits, mitten in der Steppe, fern von irgendeiner Siedlung, und glich sehr einer Räuberhöhle. Aber es war nicht zu ändern. Saweljitschs Unruhe belustigte mich sehr. Indessen machte ich mich zum Schlafengehen fertig und legte mich auf die Bank. Saweljitsch beschloß, sich auf den Ofen zu verziehen. Der Wirt legte sich auf den Boden. Bald schnarchte die ganze Stube, und ich schlief wie ein Toter ein.

Als ich am Morgen ziemlich spät erwachte, sah ich, daß der Sturm sich gelegt hatte. Die Sonne strahlte. Der Schnee lag wie eine blendende Decke auf der unübersehbaren Steppe. Die Pferde standen bereit. Ich bezahlte den Wirt, der von uns ein so mäßiges Entgelt verlangte, daß selbst Saweljitsch seiner Gewohnheit gemäß mit ihm nicht zu streiten und zu handeln brauchte und die gestrigen Verdächtigungen ihm aus dem Sinn schwanden. Ich rief den Führer herein, dankte ihm für die erwiesene Hilfe und befahl Saweljitsch, ihm einen halben Rubel Trinkgeld zu geben. Saweljitsch verfinsterte sich.

„Einen halben Rubel Trinkgeld!“ sagte er. „Wofür? Dafür, daß du geruht hast, ihn bis zur Herberge zu fahren? Sag was du willst, aber wir haben keine überflüssigen halben Rubel. Jedem Trinkgeld geben, da werden wir bald selber hungern müssen.“

Ich konnte mit Saweljitsch nicht streiten. Das Geld befand sich laut meinem Versprechen ganz in seiner Hand. Es verdroß mich jedoch, daß ich einem Menschen nicht danken konnte, der mich, wenn nicht aus einer Gefahr, so zumindest doch aus einer sehr unangenehmen Lage befreit hatte.

„Gut“, sagte ich möglichst kaltblütig, „wenn du ihm keinen halben Rubel geben willst, so nimm etwas von meinen Sachen. Er ist so leicht angezogen. Gib ihm meinen Hasenpelz.“

„So hab doch Erbarmen, Väterchen Peter Andrejitsch!“ rief Saweljitsch, „wozu braucht er deinen Hasenpelz? Er wird ihn vertrinken, der Hund, in der ersten besten Schenke.“

„Das ist nicht deine Sorge, Alterchen“, sagte mein Landstreicher, „ob ich ihn vertrinke oder nicht. Wohlgeboren schenkt mir einen Pelz von ihren eigenen Schultern: das ist ihr herrschaftlicher Wille, und deine knechtische Pflicht ist es, nicht zu widersprechen, sondern zu gehorchen.“

„Du hast keine Gottesfurcht, du Räuber!“ antwortete Saweljitsch mit böser Stimme, „du siehst, das Kind versteht noch nichts, und bist froh, ihn auszuplündern und seine Einfalt auszunutzen ... Wozu brauchst du den herrschaftlichen Pelz? Wirst ihn ja nicht einmal über deine verdammten Schultern ziehen können.“

„Ich bitte, nicht zu klügeln“, sagte ich zu meinem Wärter, „bring sofort den Pelz her.“

„O Gott, du himmlischer Herrscher!“ stöhnte mein armer Saweljitsch, „der Hasenpelz ist fast neu! Wenn es noch für einen anderen wäre, aber für den abgefeimten Säufer!“

Dennoch wurde der Hasenpelz gebracht. Das Bäuerlein probierte ihn gleich an. In der Tat war ihm der Hasenpelz, aus dem ich schon herausgewachsen war, viel zu eng. Jedoch verstand er es, auf irgendeine Weise in ihn hineinzukommen, indem er ihn an den Nähten auftrennte. Saweljitsch heulte fast, als er die Fäden krachen hörte. Der Landstreicher war mit meinem Geschenk außerordentlich zufrieden. Er begleitete mich bis zu meinem Schlitten und sagte mit einer tiefen Verbeugung: „Ich danke Euer Wohlgeboren! Gott mag Sie für Ihre Tugend belohnen. Ich werde Sie im Leben nicht vergessen.“

Er entfernte sich in seiner Richtung, und ich fuhr weiter, ohne auf Saweljitsch zu achten, und vergaß bald den gestrigen grimmigen Sturm, meinen Führer und den Hasenpelz.

Als ich in Orenburg angekommen war, erschien ich sofort bei meinem General. Ich erblickte einen Mann von hohem Wuchs, aber schon vom Alter gebeugt. Sein langes Haar war ganz weiß. Die alte verblichene Uniform erinnerte an einen Krieger aus den Zeiten Anna Iwanownas, und seine Sprache verriet deutlich den Deutschen. Ich reichte ihm den Brief meines Vaters.

„Mein Gott!" rief er, „wie lange ist es her, daß Andrej Petrowitsch in deinem Alter war, und jetzt hat er schon einen solchen Prachtkerl! Ach, die Zeit, die Zeit!"

Er erbrach den Brief und begann ihn halblaut zu lesen, wobei er seine Glossen machte. „Gnädiger Herr, Andrej Karlowitsch, ich hoffe, daß Eure Exzellenz ... ach, wozu diese Umstände? Pfui, schämt er sich nicht! Natürlich die Disziplin geht vor, aber schreibt man so an einen alten Kameraden? ... Eure Exzellenz haben nicht vergessen ... hm ... und ... als ... vom seligen Feldmarschall Mü ... im Feldzug ... ebenfalls auch ... die Karolinka ... Hehe, Bruder! Er erinnert sich also noch an unsere alten Streiche? Jetzt zur Sache ... zu Ihnen meinen Wildfang ... hm ... in Igelhandschuhen halten ... Was sind Igelhandschuhe? Das ist gewiß eine russische Redensart ... Was heißt das, in Igelhandschuhen halten?" wiederholte er, indem er sich zu mir wandte.

„Das bedeutet", sagte ich mit möglichst unschuldiger Miene, „mich freundlich behandeln, nicht allzustreng, mir möglichst viel Freiheit lassen, eben: in Igelhandschuhen halten."

„Hm, ich verstehe ... Und ihm keine Freiheit zu lassen ... Nein, offenbar bedeuten Igelhandschuhe etwas anderes ... Anbei sein Paß ... Wo ist er? Da ... Beim Semjonowschen abmelden ... Gut, gut: alles wird erledigt ... Wirst mir erlauben, dich ohne Titel zu umarmen und ... alter Kamerad und Freund ... ah! endlich macht er's richtig ... und so weiter und so weiter ..."

Als er den Brief zu Ende gelesen und meinen Paß auf die Seite gelegt hatte, sagte er: „Nun, Väterchen, alles wird erledigt: du wirst in ein Regiment als Offizier versetzt, und damit du keine Zeit verlierst, begibst du dich gleich morgen in die Belogorsche Festung, wo du dem Kommando des Hauptmanns Mironow, eines guten, ehrlichen Mannes, unterstellt sein wirst. Dort wirst du richtigen Dienst tun und Disziplin lernen. In Orenburg hast du nichts zu tun. Zerstreuung ist einem jungen Menschen schädlich. Heute aber bist du mir zum Mittagessen willkommen."

„Es wird immer schlimmer!" dachte ich bei mir, „was hat es mir genützt, daß ich bereits im Mutterleib Gardesergeant war! Wohin hat mich das geführt? In irgendein Regiment und in eine entlegene Festung, an die Grenze der kirgisisch-kaisakischen Steppe!" ... Ich aß bei Andrej Karlowitsch zu Mittag, zu dritt, mit seinem alten Adjutanten. Strenge deutsche Sparsamkeit waltete an seiner Tafel, und ich denke, daß die Angst, zuweilen einen Gast mehr bei seinen Junggesellenmahlzeiten sehen zu müssen, zum Teil der Grund war, daß er mich eilig in die Garnison fortschickte. Am nächsten Tag verabschiedete ich mich vom General und begab mich nach meinem Bestimmungsort.

III

Die Festung

In der Festung leben wir,
Leben von Wasser und Brot.
Doch wissen soll der böse Feind
Daß, wenn er bei uns erscheint,
Wir fahren die Kanonen aus,
Laden ihn zum Kugel-Schmaus.
Soldatenlied

Leute vom alten Schlage sind wir, Väterchen.
Fonwisin

Die Belogorsche Festung lag vierzig Werst von Orenburg entfernt. Der Weg zog sich am steilen Ufer des Jaik entlang. Der Fluß war noch nicht zugefroren und seine bleiernen Wellen dunkelten traurig zwischen den eintönigen, mit weißem Schnee bedeckten Ufern. Jenseits von ihm dehnte sich die Kirgisische Steppe. Ich versank in zumeist trübe Gedanken. Das bevorstehende Leben in der Garnison hatte wenig Anzienendes für mich. Ich versuchte, mir den Hauptmann Mironow, meinen künftigen Vorgesetzten, vorzustellen, und sah einen strengen, mürrischen Alten vor mir, der nichts anderes als seinen Dienst kannte und für jede Kleinigkeit bereit war, mich in Arrest bei Brot und Wasser zu stecken. Indessen begann es zu dämmern. Wir fuhren ziemlich rasch.

„Ist es noch weit bis zur Festung?“ fragte ich meinen Kutscher.

„Nicht mehr“, antwortete er, „da ist sie ja schon zu sehen.“

Ich sah mich nach allen Seiten um in der Erwartung, drohende Bastionen, Türme und einen Wall zu erblicken, sah aber nichts als ein von einem Pfahlzaun eingehegtes Dorf. Auf der einen Seite standen drei, vier vom Schnee fast verwehte Heuhaufen, auf der anderen eine baufällige Mühle mit herunterhängenden Bastflügeln.

„Wo ist denn die Festung?“ fragte ich erstaunt.

„Das ist sie ja“, antwortete der Kutscher und wies auf das Dörfchen, und bei diesen Worten zogen wir in sie ein.

Am Tor erblickte ich eine alte, gußeiserne Kanone. Die Straßen waren eng und krumm. Die Häuschen waren niedrig und meistens mit Stroh gedeckt. Ich befahl, zum Kommandanten zu fahren, und eine Minute später hielt der Schlitten vor einem kleinen Holzhaus, das auf einer Erhöhung neben der ebenfalls hölzernen Kirche stand.

Niemand empfing mich. Ich trat in den Flur und öffnete die Tür ins Vorzimmer. Ein alter Invalide saß auf dem Tisch und nähte einen blauen Flicken auf den Ärmel seiner grünen Uniform. Ich ließ mich melden.

„Treten Sie ein, Väterchen“, antwortete der Invalide, „die Unsrigen sind zu Hause.“

Ich trat in eine saubere, auf altertümliche Art eingerichtete Stube. In der Ecke stand ein Schrank mit Geschirr, an der Wand hing ein Offiziersdiplom hinter Glas und Rahmen. Neben ihm prangten bunte Jahrmarktbilder, die die Einnahme von Otschakow, die Brautschau und das Begräbnis des Katers darstellten. Am Fenster saß eine alte Frau in einer warmen Jacke und mit einem Tuch auf dem Kopf. Sie wickelte Garn ab, das ein einäugiger Alter in einer Offiziersuniform auf den Händen gespannt hielt.

„Was wünschen Sie, Väterchen?“ fragte sie, indem sie in ihrer Beschäftigung fortfuhr. Ich antwortete, daß ich hierher gekommen sei, um meinen Dienst anzutreten und mich pflichtgemäß beim Herrn Hauptmann melden wolle, und bei diesen Worten wandte ich mich schon an den einäugigen Alten, den ich für den Kommandanten hielt, aber die Hausfrau unterbrach meine vorbereitete Rede.

„Iwan Kusmitsch ist nicht zu Hause“, sagte sie, „er ist zu Besuch beim Vater Gerassim, aber gleichviel, Väterchen, ich bin seine Hausfrau. Sei uns willkommen. Setz dich, Väterchen.“

Sie rief die Magd herbei und befahl ihr, den Kosakenunteroffizier zu holen. Der Alte sah mich mit seinem einzigen Auge neugierig an.

„Darf ich fragen“, sagte er, „in welchem Regiment Sie zu dienen geruhten?“

Ich befriedigte seine Neugierde.

„Und darf ich noch fragen“, fuhr er fort, „warum Sie geruhten, sich aus der Garde in die Garnison versetzen zu lassen?“

Ich antwortete, daß es der Wille der Obrigkeit gewesen sei.

„Wohl wegen Vergehen, die sich für einen Offizier der Garde nicht schicken?“ fuhr der unermüdliche Frager fort.

„Genug geschwätzt“, unterbrach ihn die Hauptmannsgattin, „du siehst, der junge Mann ist müde von der Reise. Er hat an andere Dinge zu denken als an dich ... Halt die Hände gerade ... Und du, mein Väterchen“, fuhr sie zu mir gewandt fort, „gräme dich nicht, daß man dich in dieses Loch verschickt hat. Du bist nicht der einzige. Wenn du dich eingewöhnt hast, wird es dir schon gefallen. Schwabrin, Alexej Iwanytsch, ist seit fünf Jahren bei uns, er ist wegen Totschlags versetzt worden. Gott mag wissen, was ihn da angefochten hat. Er ist, mußt du wissen, mit einem Leutnant zur Stadt hinausgefahren, sie haben Degen mitgenommen und fingen an, gegeneinander zu stechen, und Alexej Iwanytsch erstach den Leutnant, dazu noch in Gegenwart von zwei Zeugen! Was läßt sich da machen? Wer kann für ein Unglück!“

In diesem Augenblick trat der Unteroffizier ein, ein junger, stattlicher Kosak.

„Maximytsch!“ sagte die Hauptmannsgattin zu ihm, „weise dem Herrn Offizier ein Quartier an, aber ein möglichst sauberes.“

„Zu Befehl, Wassilissa Jegorowna“, antwortete der Unteroffizier, „soll ich Seine Wohlgeboren bei Poleshajew unterbringen?“

„Unsinn, Maximytsch“, sagte die Hauptmannsgattin, „Poleshajew hat es ohnehin eng; auch ist er mein Gevatter und weiß wohl, daß wir seine Vorgesetzten sind ... Führ den Herrn Offizier ... wie ist Ihr Name und Vatersname, mein Väterchen?“

„Peter Andrejitsch.“

„Führ Peter Andrejitsch zu Semjon Kusow. Der Schelm hat

sein Pferd in meinem Gemüsegarten gehabt. Nun, was gibt's, Maximytsch, ist alles in Ordnung?"

„Alles ist, Gott sei Dank, ruhig", antwortete der Kosak, „nur der Korporal Prochorow hat sich im Bad mit Ustinja Negulina wegen eines Kübels heißen Wassers geprügelt."

„Iwan Ignatjitsch", sagte die Hauptmannsgattin zum einäugigen Alten, „verhöre Prochorow und Ustinja, sage dann, wer recht hat und wer unrecht. Und bestraf alle beide. Also, Maximytsch, geh nur mit Gott. Peter Andrejitsch, Maximytsch wird Sie in Ihr Quartier bringen."

Ich verabschiedete mich. Der Unteroffizier führte mich in ein Haus, das sich am steilen Flußufer, am Rande der Festung befand. Die Hälfte des Hauses wurde von der Familie Semjon Kusows bewohnt, die andere Hälfte räumte man mir ein. Sie bestand aus einer ziemlich reinlichen Stube, die durch einen Verschlag geteilt war. Saweljitsch begann sich gleich häuslich einzurichten. Ich blickte zum schmalen Fenster hinaus. Vor mir dehnte sich die traurige Steppe. Schräg gegenüber standen einige Häuschen. Auf der Straße trieben sich Hühner herum. Eine alte Frau, die mit einem Trog auf der Rampe stand, rief die Schweine herbei, die ihr mit freundlichem Gegrunze antworteten. Und ich war verurteilt, in einer solchen Gegend meine Jugend zu verbringen! Trauer packte mich. Ich trat vom Fenster zurück und legte mich schlafen und hörte nicht auf die Zureden von Saweljitsch, der mit Bekümmernis wiederholte:

„Allmächtiger Gott, er will nichts zu essen! Was wird die gnädige Frau sagen, wenn das Kind krank wird?"

Am nächsten Morgen, als ich gerade im Begriff war, mich anzukleiden, ging die Tür auf, und ein junger Offizier mit einem braunen unschönen, aber sehr belebten Gesicht trat ein.

„Verzeihen Sie mir", sagte er auf französisch, „daß ich ohne Umstände zu Ihnen komme, um Sie kennenzulernen. Ich habe gestern von Ihrer Ankunft erfahren, und der Wunsch, endlich ein menschliches Gesicht zu sehen, hat sich meiner so sehr bemächtigt, daß ich es nicht aushalten konnte. Sie werden es verstehen, wenn Sie eine Zeitlang hier gelebt haben."

Ich erriet, daß es der Offizier war, der des Zweikampfs wegen aus der Garde versetzt worden war. Wir traten uns gleich näher. Schwabrin war durchaus nicht dumm. Seine Rede war geistreich und unterhaltend. Sehr lustig beschrieb er mir die Familie des Kommandanten, seine Gesellschaft und die Gegend, wohin mich das Schicksal verschlagen hatte. Ich lachte herzlich, als der Invalide, der seinen Rock im Vorzimmer des Kommandanten ausgebessert hatte, bei mir eintrat und mich im Namen Wassilissa Jegorownas zum Mittagessen einlud. Schwabrin bot sich an, mitzugehen.

Als wir uns dem Hause des Kommandanten näherten, erblickten wir auf dem kleinen Platz an die zwanzig alte Invaliden mit langen Zöpfen und Dreispitzen. Sie standen in Reih und Glied. Vor ihnen stand der Kommandant, ein alter, hochgewachsener und munterer Mann in einer Zipfelmütze und einem Nankingschlafrock. Als er uns erblickte, kam er uns entgegen, sagte mir einige freundliche Worte und setzte das Exerzieren fort. Wir blieben erst stehen, um dem Exerzieren zuzusehen. Aber er bat uns, zu Wassilissa Jegorowna zu gehen, und versprach bald nachzukommen.

„Hier aber", fügte er hinzu, „gibt es für Sie nichts zu sehen."

Wassilissa Jegorowna empfing uns einfach und gastfreundlich und behandelte mich, als wäre sie eine Ewigkeit mit mir bekannt. Der Invalide und Palaschka deckten den Tisch.

„Was exerziert mein Iwan Kusmitsch heute so lange?" sagte die Kommandantin, „Palaschka, ruf den gnädigen Herrn zu Tisch. Und wo bleibt denn Mascha?"

In diesem Augenblick trat ein junges Mädchen von achtzehn Jahren mit rundem Gesicht und roten Wangen ins Zimmer. Sie hatte ihr hellblondes Haar hinter die Ohren, die nur so glühten, gekämmt. Auf den ersten Blick gefiel sie mir nicht sonderlich. Ich war bereits gegen sie voreingenommen. Schwabrin hatte mir die Hauptmannstochter Mascha als ganz einfältig geschildert. Mascha setzte sich in eine Ecke und begann zu nähen. Indessen wurde die Kohlsuppe aufgetragen. Wassilissa

Jegorowna, die ihren Mann noch immer vermißte, ließ Palaschka zum zweitenmal nach ihm rufen.

„Richte dem gnädigen Herrn aus: die Gäste warten, die Kohlsuppe wird kalt; das Exerzieren läuft ihm, Gott sei Dank, nicht davon. Er wird noch genug Zeit haben, sich satt zu schreien.“ Der Hauptmann erschien bald, begleitet von dem einäugigen Alten.

„Was ist denn das, mein Väterchen?“ sagte die Gattin zu ihm, „das Essen ist längst angerichtet, du aber kommst und kommst nicht.“

„Du hörst doch, Wassilissa Jegorowna, ich war dienstlich beschäftigt, hab' mit den Soldaten geübt.“

„Ei, was nicht gar!“ erwiderte die Hauptmannsgattin, „es heißt nur so, daß du mit den Soldaten übst, weder erlernen sie den Dienst, noch weißt du in ihm Bescheid. Wenn du lieber zu Hause säßest und zu Gott betetest, es hätte mehr Sinn. Bitte, liebe Gäste, willkommen zu Tisch.“

Wir setzten uns zum Essen. Wassilissa Jegorowna wurde keinen Augenblick müde und überschüttete mich mit Fragen, wer meine Eltern seien, ob sie leben und wie ihr Vermögensstand sei? Als sie hörte, daß mein Vater dreihundert Seelen besitze, rief sie: „Leicht gesagt, es gibt doch reiche Leute auf der Welt! Wir aber, mein Väterchen, haben nur die eine Magd Palaschka, aber wir leben ja, Gott sei Dank, auch so sachte. Eins ist schlimm: Mascha ist heiratsfähig, aber ihre Mitgift ist ein Staubkamm, ein Besen und ein Dreikopekenstück, um ins Bad zu gehen. Gut, wenn sich ein guter Mensch findet, sonst muß sie sitzen bleiben bis zum grauen Zopf.“

Ich sah Marja Iwanowna an. Sie war ganz rot geworden, und sogar Tränen tropften auf ihren Teller herab. Sie tat mir leid, und ich beeilte mich, das Gesprächsthema zu wechseln.

„Ich hörte“, sagte ich ziemlich unvermittelt, „daß die Baschkiren sich anschicken, Ihre Festung zu überfallen.“

„Von wem hast du es gehört, Väterchen?“ fragte Iwan Kusmitsch.

„Man hat mir so in Orenburg erzählt“, antwortete ich.

„Unsinn!“ sagte der Kommandant. „Wir hören schon lange nichts mehr von ihnen. Die Baschkiren sind ein geschrecktes Volk, und auch die Kirgisen haben ihre Lehre weg. Sie werden sich bis zu uns wohl nicht mehr vorwagen, und tun sie es, so will ich sie so empfangen, daß sie für zehn Jahre Ruhe geben.“

„Und Sie fürchten sich nicht“, wandte ich mich an die Hauptmannsgattin, „in der Festung zu bleiben, die solchen Gefahren ausgesetzt ist?“

„Gewohnheit, mein Väterchen“, antwortete sie, „vor zwanzig Jahren, als man uns aus dem Regiment hierher versetzt hatte, wie habe ich mich da vor den verdammten Ungläubigen gefürchtet, daß sich Gott erbarme! Wenn ich ihre Luchsmützen erblickte und ihr Gekreisch vernahm, da stand mir das Herz still, wirst du's glauben, Väterchen? Aber jetzt bin ich so daran gewöhnt, daß ich mich nicht vom Fleck rühre, wenn die Bösewichte sich vor der Festung herumtreiben.“

„Wassilissa Jegorowna ist eine überaus tapfere Dame“, bemerkte Schwabrin gewichtig, „Iwan Kusmitsch kann es bezeugen.“

„Ja, hörst du“, sagte Iwan Kusmitsch, „sie ist keine von den ängstlichen.“

„Und Marja Iwanowna“, fragte ich, „ist sie ebenso tapfer wie Sie?“

„Ob Mascha tapfer ist?“ antwortete ihre Mutter. „Nein, Mascha ist feige. Bis jetzt kann sie keinen Gewehrschuß hören. Sie beginnt gleich am ganzen Leib zu zittern. Und als es vor zwei Jahren Iwan Kusmitsch einfiel, an meinem Namenstag aus unserer Kanone zu feuern, so ist sie, mein Täubchen, vor Angst beinahe gestorben. Seitdem schießen wir nicht mehr aus dieser verdammten Kanone.“

Wir standen vom Tisch auf. Der Hauptmann und seine Gattin zogen sich zurück, um ihren Nachmittagsschlaf zu halten, und ich ging zu Schwabrin, mit dem ich den ganzen Abend verbrachte.

IV

Der Zweikampf

Tritt an zum Kampf, sei nur verwegen,
Durchbohrt wirst du von meinem Degen.
Knjashnin

Es vergingen einige Wochen, und das Leben in der Belogorschen Festung wurde für mich nicht nur erträglich, sondern sogar angenehm. Im Hause des Kommandanten wurde ich wie ein Verwandter behandelt. Der Mann und die Frau waren die ehrwürdigsten Menschen. Iwan Kusmitsch, der sich aus einem Soldatenkind zum Offizier hinaufgedient hatte, war ungebildet und einfach, aber der ehrlichste und gütigste Mann von der Welt. Seine Frau beherrschte ihn, was zu seiner Sorglosigkeit wohl paßte. Wassilissa Jegorowna betrachtete auch die Dienstangelegenheiten als zu ihren häuslichen gehörig und regierte die Festung wie ihr eigenes Heim. Marja Iwanowna hörte bald auf, mir gegenüber scheu zu sein. Wir lernten einander näher kennen. Ich fand ein vernünftiges und empfindsames Mädchen in ihr. Unmerklich gewann ich die gute Familie lieb, selbst Iwan Ignatjitsch, den einäugigen Garnisonsleutnant, dem Schwabrin angedichtet hatte, er stehe in einem unerlaubten Verhältnis zu Wassilissa Jegorowna, was nicht einen Schatten von Wahrscheinlichkeit für sich hatte. Aber dies kümmerte Schwabrin wenig.

Ich wurde zum Offizier befördert. Der Dienst beschwerte mich nicht. In der von Gott geschützten Festung gab es weder Besichtigungen, noch Exerzieren, noch Wachestehen. Der Kommandant exerzierte zuweilen aus eigenem Antrieb mit den Soldaten, konnte es aber immer noch nicht erreichen, daß sie rechts und links unterschieden.

Schwabrin besaß einige französische Bücher. Ich begann zu lesen, und in mir erwachte die Neigung für Literatur. An den Vormittagen las ich, übte mich im Übersetzen und zuweilen auch im Verfassen von Versen. Zu Mittag aß ich meistens beim Kommandanten, wo ich gewöhnlich auch den Rest des Tages verbrachte und wohin zuweilen auch Vater Gerassim mit seiner Frau Akulina Pamfilowna, der ersten Neuigkeitskrämerin der ganzen Umgebung, zu kommen pflegte. Alexej Iwanytsch Schwabrin sah ich selbstverständlich täglich. Aber von Stunde zu Stunde wurde mir die Unterhaltung mit ihm minder angenehm. Seine ständigen Scherze über die Familie des Kommandanten, besonders seine spitzen Bemerkungen über Marja Iwanowna mißfielen mir. Andere Gesellschaft gab es in der Festung nicht, aber ich hatte auch kein Verlangen danach.

Trotz den Prophezeiungen machten die Baschkiren keinen Aufstand. Rings um unsere Festung herrschte Ruhe. Aber der Friede wurde durch einen plötzlichen Zwist unterbrochen.

Ich sagte schon, daß ich mich zuweilen mit Literatur befaßte. Meine Versuche waren für die damalige Zeit ziemlich ordentlich, und Alexander Petrowitsch Sumarokow hat sie einige Jahre später sehr gelobt. Einmal gelang es mir, ein Liedchen zu verfassen, mit dem ich zufrieden blieb. Es ist bekannt, daß die Verfasser zuweilen unter dem Vorwand, einen Rat zu erbitten, einen geneigten Zuhörer suchen. Nachdem ich also das Lied abgeschrieben hatte, trug ich es zu Schwabrin, der allein in der ganzen Festung das Werk eines Dichters zu schätzen imstande war. Nach einer kleinen Einleitung zog ich mein Heft aus der Tasche und las ihm folgende Verse vor:

Ich bin besessen von der Liebe,
Die mich ganz durchdrungen hat.
Wenn sie auch im Gedächtnis bliebe,
Ich möchte frei sein, in der Tat.
Doch deine Augen blicken immer
Auf mich so sanft, so wunderbar.
Mein Geist verwirrt sich schlimm und schlimmer,
Mein Herz noch nie so bebend war.
Ach, Mascha, sieh mich Armen leiden

In Seelenqual und Liebespein.
Nur du alleine kannst mich heilen.
Du mußt nur voll Erbarmen sein.

„Wie findest du es?“ fragte ich Schwabrin und erwartete sein Lob als einen mir unbedingt schuldigen Tribut. Aber zu meinem großen Verdruß erklärte der sonst so nachsichtige Schwabrin mit Entschiedenheit, daß mein Lied nicht schön sei.

„Warum denn?“ fragte ich, indem ich meinen Verdruß unterdrückte.

„Weil solche Verse höchstens eines Wassilij Kirillytsch Tretjakowskij würdig sind und mich sehr an seine Liebescouplets erinnern.“

Hier nahm er mein Heft und begann jeden Vers und jedes Wort unbarmherzig zu zerpflücken, wobei er mich auf die bissigste Weise verhöhnte. Ich ertrug es nicht, riß ihm das Heft aus der Hand und sagte, daß ich ihm nie mehr meine Werke zeigen werde. Schwabrin lachte auch darüber nur.

„Wir wollen sehen“, sagte er, „ob du Wort hältst; die Dichter brauchen einen Zuhörer, wie Iwan Kusmitsch ein Fläschchen Schnaps vor dem Mittagessen. Und wer ist denn diese Mascha, der du die zärtliche Leidenschaft und den Liebeskummer gestehst? Am Ende gar Marja Iwanowna?“

„Es geht dich gar nichts an, wer diese Mascha ist“, antwortete ich, indem ich mich verfinsterte. „Ich verlange von dir weder eine Meinung, noch wünsche ich deine Vermutungen zu hören.“

„Oho! Ein eitler Dichter und verschwiegener Liebhaber!“ fuhr Schwabrin fort und reizte mich immer mehr. „Höre jedoch auf meinen freundschaftlichen Rat: wenn du Erfolg haben willst, so gehe nicht mit Liedern vor.“

„Was bedeutet das, mein Herr? Geruh dich zu erklären.“

„Gern. Das bedeutet: wenn du wünschst, daß dich Mascha Mironowa zur Dämmerstunde besucht, so schenke ihr anstatt zärtlicher Verse ein Paar Ohrringe.“

Mein Blut geriet in Wallung.

„Und warum bist du solcher Meinung von ihr?" fragte ich, wobei ich mit Mühe meinen Zorn unterdrückte.

„Darum", antwortete er mit einem höllischen Lächeln, „weil ich ihren Charakter und ihre Sitten aus Erfahrung kenne."

„Du lügst, du Schuft!" schrie ich in Raserei. „Du lügst auf die gewissenloseste Art."

Schwabrin veränderte sich im Gesicht.

„Das bleibt dir nicht geschenkt", sagte er, indem er meine Hand fest zusammenpreßte, „Sie werden mir Satisfaktion geben."

„Gern, wann du willst!" antwortete ich erfreut. In diesem Augenblick war ich bereit, ihn zu zerreißen.

Ich begab mich sofort zu Iwan Ignatjitsch und fand ihn mit einer Nähnadel in der Hand; im Auftrage der Kommandantin reihte er Pilze zum Trocknen für den Winter auf.

„Ah, Peter Andrejitsch", sagte er, als er mich erblickte, „willkommen! Wieso führt Sie Gott her? In welcher Angelegenheit, wenn ich Sie fragen darf?"

Ich erklärte ihm kurz, daß ich mich mit Alexej Iwanytsch gestritten habe und ihn, Iwan Ignatjitsch, bitte, mein Sekundant zu sein. Iwan Ignatjitsch hörte mich aufmerksam an, wobei er sein einziges Auge weit aufriß.

„Sie geruhen zu sagen, daß Sie Alexej Iwanytsch erstechen wollen", sagte er, „und wünschen, daß ich dabei Zeuge sein soll? Ist es so, wenn ich Sie fragen darf?"

„Jawohl."

„Ich bitte Sie, Peter Andrejitsch! Was haben Sie da im Sinn? Sie haben sich mit Alexej Iwanytsch gestritten? Ein großes Unglück! Der Streit bleibt nicht am Kragen haften. Beschimpft er Sie, so schelten Sie ihn aus. Fährt er Ihnen ins Maul, so versetzen Sie ihm eine Ohrfeige, eine zweite und eine dritte, und geht auseinander. Wir aber werden euch schon miteinander versöhnen. Aber ist das eine Sache – seinen Nächsten zu stechen, wenn ich Sie fragen darf? Und noch gut, wenn Sie ihn erstechen. Gott sei mit ihm, mit Alexej Iwanytsch. Ich selbst hab' ihn nicht gern. Wie aber, wenn er Sie durchbohrt? Wie wird das aussehen? Wer wird da der Genarrte sein, wenn ich Sie fragen darf?"

Die Überlegungen des vernünftigen Leutnants erschütterten mich nicht. Ich blieb bei meiner Absicht.

„Wie Sie wünschen", sagte Iwan Ignatjitsch, „handeln Sie so, wie Sie es verstehen. Aber wozu soll ich dabei Zeuge sein? Wie komme ich dazu? Wenn Menschen raufen – was gibt's da zu sehen, wenn ich Sie fragen darf? Ich bin Gott sei Dank gegen den Schweden und gegen den Türken gezogen. Ich habe genug gesehen."

Ich erklärte ihm, so gut ich konnte, die Pflicht des Sekundanten. Aber Iwan Ignatjitsch konnte mich nicht verstehen.

„Sagen Sie, was Sie wollen", sagte er, „wenn ich mich in diese Sache einmischen soll, so wäre es nur, um zu Iwan Kusmitsch zu gehen und ihm nach Dienstpflicht zu melden, daß in der Festung ein Totschlag beabsichtigt wird, der dem Interesse des Staates zuwider ist, und ob es dem Herrn Kommandanten nicht beliebe, die geziemenden Maßregeln zu ergreifen."

Ich erschrank und bat Iwan Ignatjitsch inständig, dem Kommandanten nichts zu sagen. Mit Mühe überredete ich ihn dazu. Er gab mir sein Wort, und ich beschloß, ihn aus dem Spiel zu lassen.

Den Abend verbrachte ich gewohnheitsgemäß beim Kommandanten. Ich war bemüht, heiter und gleichgültig zu erscheinen, um keinen Verdacht zu erwecken und den lästigen Fragen zu entgehen. Aber ich gestehe, ich besaß nicht die Kaltblütigkeit, mit der alle, die sich in meiner Lage befanden, zu prahlen pflegen. An diesem Abend war ich zu Zärtlichkeit und Rührung aufgelegt. Marja Iwanowna gefiel mir mehr als sonst. Der Gedanke, daß ich sie vielleicht zum letztenmal sehe, verlieh ihr in meinen Augen etwas Rührendes. Schwabrin fand sich ebenfalls ein. Ich führte ihn zur Seite und setzte ihn von dem Gespräch mit Iwan Ignatjitsch in Kenntnis.

„Wozu brauchen wir Sekundanten?" sagte er trocken, „wir können auch ohne sie auskommen."

Wir machten aus, uns hinter den Heuhaufen vor der Festung zu schlagen und uns dort am nächsten Morgen um sieben Uhr einzufinden. Wir sprachen sichtlich so friedfertig miteinander, daß Iwan Ignatjitsch sich vor Freude verplapperte.

„Es war längst Zeit, daß es so ist", sagte er mit zufriedener Miene zu mir, „ein schlechter Friede ist immer besser als ein guter Streit, und ist man nicht ehrlich, so bleibt man doch heil."

„Wie? Was gibt es, Iwan Ignatjitsch?" fragte die Kommandantin, die in der Ecke Karten legte, „ich habe nicht recht gehört."

Iwan Ignatjitsch, der Anzeichen der Unzufriedenheit an mir bemerkte und sich an sein Versprechen erinnerte, wurde verlegen und wußte nichts zu antworten. Schwabrin eilte ihm zu Hilfe.

„Iwan Ignatjitsch", sagte er, „billigt unsere Versöhnung."

„Mit wem hast du dich gestritten, mein Väterchen?"

„Peter Andrejitsch und ich haben uns gestritten, und recht heftig sogar."

„Aus welchem Anlaß?"

„Wegen einer wahren Bagatelle, wegen eines Liedchens, Wassilissa Jegorowna."

„Da habt ihr einen Grund gefunden, um euch zu streiten! Wegen eines Liedchens! ... Wie kam es denn? ..."

„Auf folgende Weise: Peter Andrejitsch hat ein Lied verfaßt und es heute in meiner Gegenwart zu singen begonnen, ich aber sang mein Lieblingslied:

Hauptmannstochter, habe acht,
Geh nicht aus um Mitternacht.

So entstand Unstimmigkeit. Peter Andrejitsch wurde erst böse, dann überlegte er aber, daß es jedem freisteht, zu singen, was er mag. Damit hat die Sache ihr Bewenden."

Schwabrins Unverschämtheit versetzte mich beinahe wieder in Raserei, aber niemand außer mir verstand seine groben Anspielungen, wenigstens beachtete sie niemand. Von den Liedern wandte sich das Gespräch den Dichtern zu, und der Kommandant bemerkte, daß sie alle liederliche und bittere Säufer seien, und riet mir freundschaftlich, das Versemachen als eine Beschäftigung, die zum Dienst nicht passe und zu nichts Gutem führe, aufzugeben.

Schwabrins Gegenwart war mir unerträglich. Ich verabschiedete mich bald vom Kommandanten und seiner Familie, kam nach Hause, untersuchte meinen Degen, prüfte seine Spitze und legte mich schlafen, nachdem ich Saweljitsch befohlen hatte, mich um sieben Uhr zu wecken.

Am nächsten Tag stand ich pünktlich zur bestimmten Stunde hinter den Heuhaufen und wartete auf meinen Gegner. Bald erschien auch er.

„Hier könnten wir am Ende überrascht werden. Wir müssen uns beeilen."

Wir legten unsere Uniformröcke ab, blieben nur in den Westen, zogen die Degen aus den Scheiden. In diesem Augenblick erschien hinter den Heuhaufen Iwan Ignatjitsch mit fünf Invaliden. Er forderte uns auf, zum Kommandanten zu kommen. Wir gehorchten ärgerlich. Die Soldaten umringten uns, und wir folgten Iwan Ignatjitsch, der uns im Triumph führte und mit erstaunlich wichtiger Miene ausschritt.

Wir traten in das Haus des Kommandanten. Iwan Ignatjitsch öffnete die Tür und verkündete feierlich: „Ich habe sie hergebracht." Wir wurden von Wassilissa Jegorowna empfangen.

„Ach, meine Väterchen! Wie sieht es denn aus? Was? Wie? In unserer Festung Totschlag einzuführen! Iwan Kusmitsch, steck sie sofort in Arrest! Peter Andrejitsch, Alexej Iwanytsch! Gebt sofort euere Degen her, gebt sie her, gebt sie her. Palaschka, trag die Degen in die Kammer. Peter Andrejitsch! Von dir habe ich's nicht erwartet! Bei Alexej Iwanytsch laß ich's mir gefallen: er ist ja wegen Seelenverderbens aus der Garde versetzt worden, er glaubt auch nicht an Gott den Herrn. Aber du? Willst du ihm gleich tun?"

Iwan Kusmitsch war mit seiner Gattin durchaus einverstanden und unterstützte sie:

„Hört also, Wassilissa Jegorowna spricht die Wahrheit. Der Zweikampf ist in den Kriegsartikeln formell verboten.“

Unterdessen hatte uns Palaschka die Degen abgenommen und in die Kammer getragen. Ich konnte mich des Lachens nicht enthalten. Schwabrin bewahrte seine ernste Miene.

„Bei all meiner Achtung vor Ihnen“, sagte er kaltblütig zu ihr, „kann ich nicht umhin, zu bemerken, daß Sie sich unnötig beunruhigen, indem Sie uns Ihrem Gericht unterstellen. Überlassen Sie es Iwan Kusmitsch, es ist seine Sache.“

„Ach, mein Väterchen“, erwiderte die Kommandantin, „sind nicht Mann und Frau ein Geist und ein Fleisch? Iwan Kusmitsch! Was gaffst du? Setz sie sofort in verschiedenen Winkeln fest, bei Brot und Wasser, damit ihnen der Unsinn aus den Köpfen entweicht. Und Vater Gerassim soll ihnen eine Buße auferlegen, damit sie Gott um Verzeihung anflehen und sich vor den Menschen schuldig bekennen.“

Iwan Kusmitsch wußte nicht, wozu er sich entschließen sollte. Marja Iwanowna war außerordentlich bleich. Die Kommandantin beruhigte sich und zwang uns, einander zu umarmen. Palaschka brachte uns unsere Degen. Wir verließen den Kommandanten scheinbar versöhnt. Iwan Ignatjitsch begleitete uns.

„Wieso haben Sie sich nicht geschämt, uns beim Kommandanten anzuzeigen“, sagte ich ärgerlich, „nachdem Sie das Wort gegeben hatten, es nicht zu tun?“

„So wahr Gott heilig ist, ich habe Iwan Kusmitsch nichts gesagt“, antwortete er, „Wassilissa Jegorowna hat mir alles entlockt. Sie hat auch alles angeordnet, ohne daß der Kommandant es wußte ... Übrigens, Gott sei Dank, daß es so ausgegangen ist!“ Mit diesen Worten schlug er seinen Heimweg ein, und Schwabrin und ich blieben allein.

„Unsere Sache kann damit nicht erledigt sein“, sagte ich zu ihm.

„Gewiß“, antwortete Schwabrin, „Sie werden mir für Ihre Frechheit mit Ihrem Blut bezahlen, aber man wird uns wahrscheinlich jetzt beobachten. Wir werden uns einige Tage verstellen müssen. Auf Wiedersehen!“

Und wir trennten uns, als wenn nichts vorgefallen wäre.

Als ich zum Kommandanten zurückkehrte, setzte ich mich meiner Gewohnheit gemäß zu Marja Iwanowna. Iwan Kusmitsch war nicht zu Hause. Wassilissa Jegorowna war mit der Wirtschaft beschäftigt. Wir unterhielten uns halblaut. Marja Iwanowna machte mir zärtlich Vorwürfe wegen der Sorge, die ich durch meinen Streit mit Schwabrin allen verursachte.

„Ich bin fast gestorben", sagte sie, „als man uns sagte, daß Sie sich auf Degen schlagen wollen. Wie die Männer seltsam sind! Um eines Wortes willen, das sie in einer Woche vielleicht ganz vergessen, sind sie bereit, sich erstechen zu lassen und nicht nur ihr Leben zu opfern, sondern auch ihr Gewissen und das Glück derer, die ... Aber ich bin überzeugt, daß nicht Sie der Anstifter des Streites waren. Wahrscheinlich hat Alexej Iwanytsch schuld daran."

„Warum glauben Sie es, Marja Iwanowna?"

„So ... er ist ein solcher Spötter! Ich mag Alexej Iwanytsch nicht. Er ist mir zuwider. Aber wie seltsam, ich möchte ihm um nichts in der Welt ebenso mißfallen. Das würde mich schrecklich beunruhigen."

„Und was meinen Sie, Marja Iwanowna? Gefallen Sie ihm oder nicht?" Marja Iwanowna stammelte und wurde rot.

„Mir scheint ...", sagte sie, „ich glaube ... ja."

„Warum scheint es Ihnen so?"

„Weil er um mich angehalten hat."

„Angehalten! Er um Sie? Wann denn?"

„Im vergangenen Jahr, zwei Monate ungefähr vor Ihrer Ankunft."

„Und Sie wollten ihn nicht?"

„Wie Sie sehen. Alexej Iwanytsch ist natürlich ein kluger Mann und aus gutem Hause und hat Vermögen. Aber wenn ich denke, daß ich ihm nach der Trauung einen Kuß geben müßte ... nicht um die Welt! Um keinen Preis!"

Marja Iwanownas Worte öffneten mir die Augen und erklärten mir vieles. Ich verstand die hartnäckige Übelrede, mit der Schwabrin sie verfolgte. Er hatte offenbar unsere gegenseitige Zuneigung bemerkt und bemühte sich nun, uns voneinander abzulenken. Die Worte, die den Anlaß zu unserem Streit gegeben hatten, erschienen mir jetzt um so niederträchtiger, als ich in ihnen anstatt eines groben, unschicklichen Scherzes eine wohlüberlegte Verleumdung erblickte. Der Wunsch, den frechen Verleumder zu bestrafen, wurde noch heftiger in mir, und ich wartete mit Ungeduld auf eine passende Gelegenheit.

Ich wartete nicht lange auf sie. Am nächsten Tag, als ich an einer Elegie saß und in Erwartung des Reimes an der Feder kaute, klopfte Schwabrin an mein Fenster. Ich legte die Feder weg, nahm meinen Degen und ging zu ihm hinaus.

„Wozu verschieben?" sagte Schwabrin. „Man beobachtet uns nicht. Gehen wir zum Fluß hinunter. Dort wird uns niemand stören."

Wir begaben uns schweigend dorthin. Nachdem wir einen steilen Pfad hinabgestiegen waren, blieben wir dicht am Fluß stehen und entblößten unsere Degen. Schwabrin war geschickter als ich, aber ich kräftiger und kühner, und Monsieur Beaupré, der einst Soldat gewesen war, hatte mir einige Fechtstunden gegeben, die mir jetzt zustatten kamen. Schwabrin hatte in mir einen so gefährlichen Gegner zu finden wohl nicht erwartet. Lange konnten wir einander nicht beikommen. Schließlich, als ich merkte, daß Schwabrin matter zu werden begann, griff ich lebhaft an und drängte ihn fast in den Fluß hinein. Da hörte ich plötzlich meinen Namen laut rufen. Ich sah mich um und erblickte Saweljitsch, der den steilen Pfad zu mir herunterlief ... In diesem Moment fühlte ich einen starken Stich in der Brust unterhalb der rechten Schulter und sank ohnmächtig zu Boden.

V
Liebe

> Ach, du schönes Mädchen, höre:
> Bist zu jung noch für die Ehe.
> Frage deine Eltern erst,
> Vater, Mutter und die Sippe,
> Warte, bis du klüger wirst.
> Sammle Mitgift und Verstand.
>
> Volkslied
>
> Geht es dir übel, so denk an mich,
> Geht es dir wohl, so vergiß du mich.
>
> Volkslied

Als ich wieder zu Bewußtsein kam, konnte ich mich einige Zeit nicht besinnen und begriff nicht, was mit mir geschehen war. Ich lag im Bett in einer unbekannten Stube und fühlte große Schwäche. Vor mir stand Saweljitsch mit einer Kerze in der Hand. Jemand nahm behutsam den Verband ab, mit dem mir Brust und Schulter umwickelt waren. Allmählich wurden meine Gedanken klarer. Ich erinnerte mich an den Zweikampf und erriet, daß ich verwundet war. In diesem Augenblick öffnete sich die Tür.

„Nun, wie steht's mit ihm?“ fragte flüsternd eine Stimme, die mich erbeben ließ.

„Immer noch im gleichen Zustand“, antwortete Saweljitsch mit einem Seufzer, „immer noch ohne Bewußtsein, schon den fünften Tag.“

Ich wollte mich umdrehen, vermochte es aber nicht.

„Wo bin ich? Wer ist hier?“ sagte ich mit Anstrengung.

Marja Iwanowna trat an mein Bett und neigte sich zu mir.

„Wie fühlen Sie sich?“ sagte sie.

„Gott sei Dank“, sagte ich mit schwacher Stimme. „Sind Sie es, Marja Iwanowna? Sagen Sie mir ...“

Ich hatte nicht die Kraft, fortzufahren und schwieg. Saweljitsch schrie auf. Freude drückte sich in seinem Gesicht aus.

„Er ist zu sich gekommen! Er ist zu sich gekommen!“ wiederholte er. „Sei gepriesen, himmlischer Vater! Nun, Väterchen Peter Andrejitsch! Hast mir aber einen schönen Schrekken eingejagt! Eine Kleinigkeit! Fünf Tage und Nächte!“

Marja Iwanowna unterbrach seine Rede.

„Sprich nicht viel zu ihm, Saweljitsch“, sagte sie, „er ist noch schwach.“

Sie ging hinaus und schloß leise die Tür.

Meine Gedanken waren erregt. Ich befand mich also im Hause des Kommandanten, und Marja Iwanowna ging in meinem Zimmer aus und ein. Ich wollte Saweljitsch einige Fragen stellen, aber der Alte schüttelte den Kopf und hielt sich die Ohren zu. Ich schloß verdrossen die Augen und verfiel bald in Schlaf.

Als ich erwachte, rief ich Saweljitsch heran, aber statt seiner erblickte ich Marja Iwanowna vor mir. Ihre engelhafte Stimme begrüßte mich. Ich kann das liebliche Gefühl nicht ausdrükken, das sich in diesem Augenblick meiner bemächtigte. Ich ergriff ihre Hand und preßte meine Lippen an sie, von Tränen der Rührung überströmend. Mascha entzog sie mir nicht, und plötzlich berührten ihre Lippen meine Wange, und ich fühlte ihren heißen und frischen Kuß. Feuer durchlief mich.

„Liebe, gute Marja Iwanowna“, sagte ich zu ihr, „werde meine Frau, willige ein, mein Glück zu machen.“

Sie kam zur Besinnung.

„Um Gottes willen, beruhigen Sie sich“, sagte sie und entzog mir ihre Hand. „Sie sind noch in Gefahr – die Wunde kann sich wieder öffnen. Schonen Sie sich, wenn auch nur um meinetwillen.“

Mit diesen Worten ging sie hinaus und überließ mich der Trunkenheit der Begeisterung. Das Glück gab mir neues Leben. Sie wird mein sein, sie liebt mich! Dieser Gedanke erfüllte mein ganzes Wesen.

Von Stunde zu Stunde ging es mir besser. Ich war in Behandlung des Regimentsbaders, denn in der Festung gab es keinen andern Arzt, aber Gott sei Dank klügelte er nicht allzusehr. Die Jugend und die Natur beschleunigten meine Genesung. Die ganze Familie des Kommandanten pflegte mich. Marja Iwanowna wich nicht von mir. Selbstverständlich erneuerte ich bei der ersten besten Gelegenheit die unterbrochene Aussprache, und Marja Iwanowna hörte mich geduldiger an. Sie gestand mir ohne jede Ziererei ihre herzliche Zuneigung und sagte, daß ihre Eltern sich über ihr Glück gewiß freuen werden.

„Aber überlege genau", sagte sie, „ob es nicht von seiten deiner Eltern Hindernisse geben wird."

Ich wurde nachdenklich. An Mutters Zärtlichkeit zweifelte ich nicht. Da ich aber Charakter und Denkungsart meines Vaters kannte, wußte ich, daß meine Liebe ihn nicht allzusehr rühren und daß er sie als jugendliche Torheit ansehen würde. Ich gestand es treuherzig Marja Iwanowna, beschloß jedoch, an meinen Vater möglichst beredt zu schreiben und ihn um seinen väterlichen Segen zu bitten. Ich zeigte den Brief Marja Iwanowna, die ihn so überzeugend und rührend fand, daß sie an seinem Erfolg nicht zweifelte und sich den Gefühlen ihres zärtlichen Herzens mit dem ganzen Vertrauen der Jugend und der Liebe hingab.

Mit Schwabrin hatte ich mich in den ersten Tagen meiner Genesung versöhnt. Iwan Kusmitsch sagte mir, dals er mich wegen des Zweikampfes schalt:

„Ach, Peter Andrejitsch! Ich sollte dich eigentlich in Arrest stecken, aber du bist bestraft genug. Alexej Iwanytsch aber sitzt unter Bewachung im Getreidemagazin, und sein Degen ist bei Wassilissa Jegorowna unter Schloß und Riegel. Er soll sich besinnen und bereuen."

Ich war zu sehr glücklich, um ein feindseliges Gefühl im Herzen zu hegen. Ich bat für Schwabrin, und der gute Kommandant beschloß, im Einverständnis mit seiner Gattin, ihn in Freiheit zu setzen. Schwabrin besuchte mich. Er äußerte tiefes Bedauern über das, was zwischen uns vorgefallen war, gestand, daß er an allem schuld sei und bat mich, das Vergangene zu vergessen. Da ich von Natur nicht nachtragend bin, verzieh ich ihm aufrichtig sowohl unseren Streit als die Wunde, die er

Wenn Sie uns Ihre Anschrift mitteilen, werden wir Sie laufend über unsere Neuerscheinungen unterrichten.

Name, Vorname

Straße, Hausnummer

Postleitzahl, Ort

Wir würden gerne Ihre besonderen Wünsche und Interessen bei der Gestaltung unseres Verlagsprogrammes mitberücksichtigen.

Deshalb bitten wir Sie, uns die folgende Frage möglichst umfassend zu beantworten.

Was hat Sie zum Kauf dieses Buches veranlaßt? (Kreuzen Sie bitte die für Sie wichtigen Punkte an.)

- ○ das Interesse am Titel und am Thema,
- ○ der Autor, von dem ich bereits etwas gelesen bzw. gehört habe,
- ○ die Gestaltung des Schutzumschlages und /oder die Buchausstattung (Leinenband, Illustrationen),
- ○ die Empfehlung des Buchhändlers,
- ○ die Empfehlung von Bekannten,
- ○ der Hinweis in einem Buchhändler-Prospekt,
- ○ der Hinweis in einem Prospekt des Moewig Verlags,
- ○ eine Anzeige des Moewig Verlags,
- ○ der günstige Ladenpreis.
- ○ Ich habe das Buch geschenkt bekommen.

Diese Karte habe ich dem folgenden Band entnommen:

- ○ Mir hat das Lesen Spaß gemacht.
- ○ Mir hat das Buch weniger gut gefallen.
- ○ Dieses Buch hat mir gar nicht gefallen.

Wir bedanken uns sehr für Ihre Mühe.

mir beigebracht hatte. In seinen verleumderischen Worten sah ich den Ärger der gekränkten Eitelkeit und der abgewiesenen Liebe und verzieh großmütig dem unglücklichen Nebenbuhler.

Bald genas ich vollends und konnte wieder in meine Wohnung umziehen. Mit Ungeduld erwartete ich die Antwort auf meinen Brief, ohne daß ich zu hoffen wagte, und war bemüht, die traurigen Ahnungen zu verscheuchen. Gegen Wassilissa Jegorowna und ihren Gatten hatte ich mich noch nicht ausgesprochen. Aber mein Antrag hätte sie nicht verwundert. Weder Marja Iwanowna noch ich waren bemüht, unsere Gefühle vor ihnen zu verbergen, und wir waren von ihrer Einwilligung schon im voraus überzeugt.

Endlich trat eines Morgens Saweljitsch bei mir mit einem Brief ein. Ich ergriff ihn mit zitternder Hand. Die Adresse war von der Hand des Vaters geschrieben. Dieser Umstand bereitete mich auf etwas Wichtiges vor, denn gewöhnlich schrieb meine Mutter die Briefe, und er pflegte nur am Schluß einige Zeilen hinzuzufügen. Lange zögerte ich, den Umschlag zu entsiegeln und las immer wieder die feierliche Anschrift: „Meinem Sohn Peter Andrejitsch Grinjew, nach dem Gouvernement Orenburg in die Belogorsche Festung." Ich bemühte mich, aus der Schrift herauszubringen, in welcher Gemütsverfassung dieser Brief geschrieben worden sein mochte. Endlich entschloß ich mich, ihn zu öffnen, und sah gleich aus den ersten Zeilen, daß alles verloren war. Der Inhalt des Briefes lautete wie folgt:

„Mein Sohn Pjotr! Deinen Brief, in dem Du unseren elterlichen Segen und unsere Einwilligung zur Ehe mit Marja Iwanowna, der Tochter Mironows, erbittest, haben wir am 15. dieses Monats erhalten. Ich will Dir nicht nur keinen Segen und keine Einwilligung erteilen, sondern ich beabsichtige sogar, Dich hart anzufassen und Dir für Deine Streiche wie einem kleinen Buben eine Lehre zu erteilen, ungeachtet Deines Offiziersrangs. Denn Du hast bewiesen, daß Du noch nicht wert bist, den Degen zu tragen, der Dir zur Verteidigung des Vaterlandes anvertraut worden ist, und nicht um Duelle mit ebensolchen Tollköpfen, wie Du einer bist, auszufechten. Ich schreibe unverzüglich an Andrej Karlowitsch, daß er Dich aus der Belogorschen Festung möglichst weit weg versetze, damit Du Dir die Torheiten aus dem Sinn schlägst. Deine Mutter wurde, als sie von dem Zweikampf und von Deiner Wunde erfuhr, vor Kummer krank und liegt jetzt zu Bett. Was soll aus Dir werden? Ich flehe zu Gott, daß Du Dich bessern mögest, obwohl ich auf eine solche Gnade nicht zu hoffen wage.

Dein Vater A. G."

Die Lektüre dieses Briefes erregte in mir verschiedenartige Gefühle. Die harten Ausdrücke, mit denen mein Vater nicht geizte, verletzten mich tief. Die Geringschätzigkeit, mit der er Marja Iwanowna erwähnte, schien mir ebenso unpassend wie ungerecht. Der Gedanke an meine Versetzung aus der Belogorschen Festung erfüllte mich mit Entsetzen. Aber am meisten betrübte mich die Nachricht von Mutters Erkrankung. Ich zürnte Saweljitsch, weil ich nicht zweifelte, daß der Zweikampf durch ihn zur Kenntnis meiner Eltern gelangt war. In meiner engen Stube schritt ich auf und ab, blieb schließlich vor ihm stehen und sagte, indem ich ihn drohend ansah:

„Es genügt dir noch nicht, scheint mir, daß ich dank deiner Einmischung verwundet worden bin und mich einen ganzen Monat am Rande des Grabes befand; du willst auch meine Mutter umbringen."

Saweljitsch war wie vom Donner gerührt.

„Ich bitte dich, gnädiger Herr", sagte er fast schluchzend, „was geruhst du da zu reden? Ich soll die Ursache davon sein, daß du verwundet worden bist! Gott ist mein Zeuge, ich lief doch hin, um dich mit meiner eigenen Brust vor dem Degen des Alexej Iwanytsch zu schützen! Das Alter hat mich daran gehindert. Aber was habe ich deinem Mütterchen getan?"

„Was du getan hast?" antwortete ich. „Wer hat dich gebeten, Angebereien über mich zu schreiben? Bist du mir als Spion zugeteilt?"

„Ich, Angebereien gegen dich?“ sagte Saweljitsch unter Tränen. „Herrgott, himmlischer König! So geruh doch zu lesen, was der gnädige Herr mir schreibt, da wirst du sehen, ob ich dich angegeben habe.“

Damit zog er einen Brief aus der Tasche und las folgendes vor:

„Schäme dich, alter Hund, daß Du mir ungeachtet meiner strengen Weisungen von meinem Sohn Peter Andrejitsch nichts gemeldet hast, und daß Fremde gezwungen sind, mich von seinen Streichen zu benachrichtigen. So erfüllst Du also Deine Pflicht und den Willen der Herrschaft? Ich werde Dich, alten Hund, Schweine hüten lassen dafür, daß Du die Wahrheit verheimlichst und bei dem jungen Mann durch die Finger siehst. Nach Empfang dieses Schreibens befehle ich Dir, mir unverzüglich zu schreiben, wie es jetzt um seine Gesundheit steht, von der man mir schreibt, daß sie sich gebessert hat; und an welcher Stelle er verwundet ist und ob man ihn gut ausgeheilt hat.“

Es war klar, daß Saweljitsch mir gegenüber im Recht war und daß ich ihn unnötigerweise mit Vorwurf und Verdacht gekränkt hatte. Ich bat ihn um Verzeihung; doch der Alte war untröstlich.

„Das mußte ich erleben“, wiederholte er, „solche Gnaden habe ich mir von meiner Herrschaft verdient! Ich bin ein alter Hund und ein Schweinehirt, und dazu bin ich auch die Ursache deiner Verwundung! ... Nein, Väterchen Peter Andrejitsch! Nicht ich, der verdammte Musjöh ist an allem schuld: er hat es dir beigebracht, mit eisernen Spießen herumzustochern und dazu mit den Füßen zu stampfen; als wenn man sich mit dem Gestocher und dem Gestampfe vor einem bösen Menschen schützen könnte! Es war wohl nötig, den Musjöh zu halten und überflüssiges Geld auszugeben!“

Wer mochte sich aber die Mühe genommen haben, meinen Vater von meiner Aufführung zu benachrichtigen? Der General? Aber dieser schien sich nicht sonderlich um mich zu kümmern; und Iwan Kusmitsch hatte es nicht für nötig befunden, von meinem Zweikampf Meldung zu erstatten. Ich verlor mich in Mutmaßungen. Mein Verdacht machte bei Schwabrin halt. Er allein hatte einen Vorteil von dieser Anzeige, deren Folge meine Entfernung aus der Festung und der Bruch mit der Familie des Hauptmanns bedeuten konnte. Ich ging zu Marja Iwanowna, um ihr alles zu erklären. Sie empfing mich auf der Rampe.

„Was ist Ihnen geschehen?" sagte sie, als sie mich erblickte. „Wie blaß Sie sind!"

„Alles ist aus!" antwortete ich und gab ihr den Brief des Vaters.

Sie erbleichte ihrerseits. Nachdem sie gelesen hatte, gab sie mir mit zitternder Hand den Brief zurück und sagte mit zukkender Stimme: „Es scheint mir nicht beschieden ... Ihre Eltern wollen mich in Ihre Familie nicht aufnehmen. Mag Gottes Wille geschehen! Gott weiß besser als wir, was uns not tut. Es ist nichts zu machen, Peter Andrejitsch, werden Sie wenigstens glücklich" ...

„Das darf nicht sein!" rief ich und ergriff ihre Hand, „du liebst mich, ich bin zu allem bereit. Komm, werfen wir uns deinen Eltern zu Füßen. Sie sind einfache Leute, keine hartherzigen, hochmütigen Menschen. Sie werden uns segnen, wir lassen uns trauen ... und dann, mit der Zeit, werden wir, ich bin überzeugt, meinen Vater erweichen. Die Mutter wird für uns sein, und auch er wird mir verzeihen."

„Nein, Peter Andrejitsch", antwortete Mascha, „ich werde dich ohne den Segen deiner Eltern nicht heiraten. Ohne ihren Segen wirst du nicht glücklich sein. Wir wollen uns in Gottes Willen ergeben. Wenn du die findest, die dir vom Schicksal bestimmt ist, wenn du eine andere liebgewinnst – Gott helfe dir, Peter Andrejitsch. Ich aber werde für euch beide ..."

Hier begann sie zu weinen und verließ mich. Ich wollte ihr in die Stube folgen, fühlte aber, daß ich nicht imstande war, mich zu beherrschen, und kehrte nach Hause zurück.

Ich saß in tiefes Nachdenken versunken, als Saweljitsch plötzlich meine Gedanken unterbrach. „Da, gnädiger Herr", sagte er, indem er mir ein beschriebenes Blatt reichte, „sieh, ob ich meinen Herrn angebe und ob ich bemüht bin, den Vater mit dem Sohn zu entzweien.“

Ich nahm das Papier aus seiner Hand. Es war seine Antwort auf den Brief, den er von meinem Vater erhalten hatte. Hier ist sie wortgetreu:

„Gnädiger Herr Andrej Petrowitsch, unser gnädiger Vater! Ihr gnädiges Schreiben erhielt ich, in dem Du geruhst, mir, Deinem Sklaven, zu zürnen, weil ich mich nämlich schämen müßte, Deine herrschaftlichen Befehle nicht ausgeführt zu haben. Ich aber bin kein alter Hund, sondern Ihr treuer Diener, den herrschaftlichen Befehlen gehorche ich, habe Ihnen stets eifrig gedient bis zu den grauen Haaren. Ich schrieb Ihnen von der Wunde des Peter Andrejitsch nichts, um Sie nicht umsonst zu erschrecken, und in der Tat ist doch die gnädige Frau, unsere Mutter Awdotja Wassiljewna, vor Schrecken bettlägerig geworden, und für ihre Gesundheit werde ich zu Gott beten. Peter Andrejitsch war aber unterhalb der rechten Schulter verwundet, in die Brust, dicht unter dem Knochen, anderthalb Zoll tief, und gelegen hat er im Hause des Kommandanten, wohin wir ihn vom Ufer gebracht haben, und behandelt hat ihn der hiesige Bader Stepan Paramonow, und jetzt ist Peter Andrejitsch, Gott sei Dank, gesund, und es läßt sich von ihm nichts anderes als Gutes berichten. Die Kommandeure sind, so hört man, mit ihm zufrieden. Und bei Wassilissa Jegorowna ist er wie der Sohn im Haus. Daß aber eine solche schlimme Begebenheit mit ihm passiert ist, darf ihm nicht zum Vorwurf gemacht werden, ein Pferd hat vier Beine und stolpert auch. Sie geruhen noch zu schreiben, daß Sie mich Schweine hüten lassen werden, so steht es Ihrem Bojarenwillen frei. Und somit verneige ich mich untertänigst

Ihr treuer Sklave
Archip Saweljew.“

Ich konnte, während ich das Schriftstück des guten Alten las, nicht umhin, einigemal zu lächeln. Meinem Vater zu antworten, war ich nicht fähig, und um die Mutter zu beruhigen, schien mir der Brief von Saweljitsch ausreichend.

Seitdem änderte sich meine Lage. Marja Iwanowna sprach fast nicht mit mir und war bemüht, mich auf jede Art zu meiden. Das Haus des Kommandanten wurde mir verhaßt. Allmählich gewöhnte ich mich, allein zu Hause zu sitzen. Wassilissa Jegorowna machte mir erst Vorwürfe. Als sie aber meine Hartnäckigkeit sah, ließ sie mich gewähren. Iwan Kusmitsch sah ich nur, wenn der Dienst es verlangte. Mit Schwabrin kam ich ungern und selten zusammen, um so weniger, als ich bei ihm eine versteckte Feindseligkeit wahrnahm, die mich in meiner Überzeugung bestärkte. Das Leben wurde mir unerträglich. Ich verfiel in finstere Grübelei, die von der Einsamkeit und Untätigkeit genährt wurde. Meine Liebe glühte in der Einsamkeit immer stärker und war immer schwerer zu ertragen. Ich verlor die Lust zur Lektüre und zur Literatur. Mein Mut sank. Ich fürchtete, entweder den Verstand zu verlieren oder mich einem liederlichen Lebenswandel hinzugeben. Unerwartete Ereignisse aber, die einen wichtigen Einfluß auf mein ganzes Leben hatten, bewirkten in meiner Seele eine starke und wohltätige Erschütterung.

VI

Pugatschew-Wirren

Ihr jungen Burschen, höret zu,
Was wir Alten euch erzählen.
Lied

Bevor ich an die Beschreibung der merkwürdigen Begebenheiten gehe, deren Zeuge ich war, muß ich einige Worte über die Lage sagen, in der sich das Gouvernement Orenburg gegen Ende des Jahres 1773 befand.

Dieses weitläufige und reiche Gouvernement war von einer Menge halbwilder Völkerschaften bewohnt, die erst vor kurzem die Herrschaft der russischen Kaiser über sich anerkannt hatten. Ihre fortwährenden Empörungen, die Unfähigkeit, sich an Gesetze und Staatsbürgerpflichten zu gewöhnen, der Leichtsinn und die Grausamkeit erforderten seitens der Regierung ununterbrochene Wachsamkeit, um sie im Gehorsam zu erhalten. Es wurden an Orten, die dazu geeignet schienen, Festungen gebaut und meistens mit Kosaken, die seit langem an den Ufern des Jaik wohnten, besiedelt. Aber die Jaik-Kosaken, die verpflichtet waren, Ruhe und Sicherheit dieser Gegend zu schützen, waren seit einiger Zeit selbst unruhige und gefährliche Untertanen für die Regierung geworden. Im Jahre 1772 war in ihrer Hauptstadt eine Meuterei ausgebrochen. Die Ursache davon waren die strengen Maßregeln, die Generalmajor Traubenberg ergriffen hatte, um das Heer zur nötigen Botmäßigkeit zu zwingen. Die Folge davon war das barbarische Attentat auf Traubenberg, der eigenmächtige Wechsel in der Verwaltung und endlich die Unterdrückung des Aufstandes mit Hilfe von Kartätschen und grausamen Strafen.

Das hatte sich einige Zeit vor meiner Ankunft in der Belogorschen Festung ereignet. Die Ruhe war zurückgekehrt, oder es schien nur so. Die Obrigkeit hatte der geheuchelten Reue der verschlagenen Rebellen Glauben geschenkt, die heimlich weiter wühlten und nur auf eine günstige Gelegenheit warteten, um die Unruhen zu erneuern.

Ich wende mich wieder meiner Erzählung zu.

An einem Abend, es war Anfang Oktober 1773, saß ich allein zu Hause, hörte dem Heulen des Herbstwindes zu und sah durch das Fenster auf die Wolken, die am Mond vorbeijagten. Jemand kam, um mich im Namen des Kommandanten zu ihm zu rufen. Ich begab mich sofort hin. Beim Kommandanten fand ich Schwabrin, Iwan Ignatjitsch und den Kosakenunteroffizier. Im Zimmer war weder Wassilissa Jegorowna noch Marja Iwanowna zugegen. Der Kommandant begrüßte mich mit besorgtem Gesichtsausdruck. Er verschloß die Tür, ließ uns alle mit Ausnahme des Unteroffiziers, der an der Tür stehenblieb, Platz nehmen, zog ein Schriftstück aus der Tasche und sagte: „Meine Herren Offiziere, eine wichtige Nachricht! Hört, was der General schreibt.“ Hier setzte er die Brille auf und verlas folgendes:

„An den Herrn Kommandanten der Belogorschen Festung,
Hauptmann Mironow.

Vertraulich.

Hiermit tue ich Ihnen kund, daß der aus dem Gewahrsam entsprungene Donkosak und Sektierer Emeljan Pugatschew, der in einer unerhörten Vermessenheit den Namen des verewigten Kaisers Peter III. sich selbst zulegte, eine verbrecherische Bande versammelt, Meuterei in den Jaiksiedlungen angestiftet und bereits einige Festungen genommen und geplündert hat, wobei er überall Raub und Totschlag verübte. Aus diesem Grunde haben Sie, Herr Hauptmann, nach Empfang dieses Schreibens unverzüglich entsprechende Maßregeln zur Abwehr des genannten Verbrechers und Usurpators zu ergreifen, und wenn möglich zu seiner völligen Vernichtung beizutragen, falls er die Ihrer Obhut anvertraute Festung angreifen sollte.“

„Entsprechende Maßregeln ergreifen!“ sagte der Kommandant, indem er die Brille abnahm und das Schriftstück zusammenfaltete. „Hörst du, das ist leicht gesagt. Der Bösewicht ist offenbar stark, wir aber haben im ganzen hundertdreißig Mann, die Kosaken nicht mitgerechnet, auf die kein Verlaß ist, was nicht als Vorwurf gegen dich gemeint ist, Maximytsch (Der Unteroffizier lächelte). Dennoch bleibt uns nichts anderes zu tun übrig, meine Herren Offiziere! Seid pünktlich, stellt Wachen und Nachtwachen aus. Im Falle eines Überfalls schließt das Tor und führt die Soldaten hinaus. Du, Maximytsch, paß auf deine Kosaken gut auf. Die Kanone muß untersucht und ordentlich gesäubert werden. Und vor allem, haltet das alles geheim, damit niemand in der Festung vor der Zeit etwas erfährt."

Nachdem er uns diese Befehle erteilt hatte, verabschiedete uns Iwan Kusmitsch. Ich verließ das Haus zusammen mit Schwabrin und unterhielt mich mit ihm über das eben Gehörte.

„Was denkst du, wie wird das enden?" fragte ich ihn.

„Weiß Gott", antwortete er, „wir wollen sehen. Vorläufig sehe ich darin noch nichts von Belang. Wenn aber ..."

Hier wurde er nachdenklich und begann zerstreut eine französische Arie zu pfeifen.

Trotz unserer Vorsichtsmaßregeln verbreitete sich die Kunde vom Auftreten Pugatschews bald in der ganzen Festung. Iwan Kusmitsch achtete zwar seine Gattin hoch, hätte ihr aber um nichts in der Welt ein ihm anvertrautes Dienstgeheimnis verraten. Als er das Schreiben des Generals erhalten hatte, verstand er es, Wassilissa Jegorowna auf eine ziemlich geschickte Art aus dem Hause zu entfernen, indem er ihr sagte, daß Vater Gerassim aus Orenburg erstaunliche Nachrichten erhalten hätte, die er aber streng geheim halte. Wassilissa Jegorowna fühlte sich sofort bewogen, die Popenfrau zu besuchen, und nahm auf den Rat des Iwan Kusmitsch Mascha mit, damit sie sich allein nicht langweile. Als alleiniger Herr zurückgeblieben, hatte uns Iwan Kusmitsch sofort holen lassen und Palaschka in die Kammer gesperrt, damit sie nicht horche.

Wassilissa Jegorowna kehrte heim, ohne von der Popenfrau

etwas erfahren zu haben, und vernahm, daß in ihrer Abwesenheit bei Iwan Kusmitsch eine Beratung stattgefunden hatte und daß Palaschka eingesperrt war. Sie erriet, daß ihr Mann sie getäuscht hatte und drang mit Fragen auf ihn ein. Aber Iwan Kusmitsch war auf diesen Überfall wohl vorbereitet. Er war nicht im geringsten verlegen und antwortete seiner neugierigen Gefährtin munter:

„Du hörst doch, Mütterchen, unseren Weibern ist es eingefallen, die Öfen mit Stroh zu heizen; das kann aber zu einem Unglück führen, und so habe ich strengen Befehl erteilt, daß die Weiber von nun ab die Öfen nicht mit Stroh heizen, sondern mit Reisig und Holz."

„Und wozu mußtest du Palaschka einsperren?" fragte die Kommandantin, „warum mußte das arme Mädchen in der Kammer sitzen, bis wir zurückgekommen sind?"

Iwan Kusmitsch war auf diese Frage nicht vorbereitet; er verwirrte sich und murmelte etwas Unzusammenhängendes. Wassilissa Jegorowna erkannte nun die List ihres Mannes, da sie aber wußte, daß sie von ihm nichts erfahren würde, unterbrach sie ihre Fragen und erzählte von den Salzgurken, die Akulina Pamfilowna auf eine ganz besondere Art einlegte. Die ganze Nacht konnte Wassilissa Jegorowna nicht einschlafen und vermochte durchaus nicht zu erraten, was im Kopf ihres Mannes vorging und wovon sie nichts wissen durfte.

Am nächsten Tag, als sie aus der Messe heimkehrte, sah sie Iwan Ignatjitsch aus der Kanone Lumpen, Steinchen, Holzspäne, Knöchel und Kehricht aller Art, den die Kinder hineingestopft hatten, herausziehen.

„Was mögen diese militärischen Vorbereitungen bedeuten?" dachte die Kommandantin. „Wird am Ende ein Überfall der Kirgisen erwartet? Aber würde mir Iwan Kusmitsch eine solche Kleinigkeit verheimlichen?" Sie rief Iwan Ignatjitsch an, mit der festen Absicht, ihm das Geheimnis, das ihre weibliche Neugierde plagte, zu entlocken.

Wassilissa Jegorowna machte zunächst einige Bemerkungen, die sich auf den Haushalt bezogen, wie ein Richter, der die Untersuchung mit nebensächlichen Fragen einleitet, um die Wachsamkeit des Angeklagten vorerst einzuschläfern. Dann nach einem kurzen Schweigen seufzte sie tief und sagte kopfschüttelnd:

„Herrgott, Herrgott! Was sind das für Nachrichten! Was soll daraus werden!“

„Ach, Mütterchen!“ antwortete Iwan Ignatjitsch, „Gott ist gnädig; Soldaten haben wir genug und viel Pulver, die Kanone habe ich auch gereinigt. Vielleicht schlagen wir Pugatschew doch zurück. Gott wird uns nicht im Stich lassen, und das Schwein wird uns nicht fressen!“

„Und was für ein Mensch ist dieser Pugatschew?“ fragte die Kommandantin.

Jetzt bemerkte Iwan Ignatjitsch, daß er sich verplappert hatte und biß sich auf die Zunge. Aber es war zu spät. Wassilissa Jegorowna zwang ihn, alles zu gestehen, nachdem sie ihm das Wort gegeben, niemand etwas zu erzählen.

Wassilissa Jegorowna hielt ihr Versprechen und sagte keinem Menschen etwas, mit Ausnahme der Popenfrau, und auch das nur deshalb, weil ihre Kuh noch in der Steppe weidete und von den Bösewichten geraubt werden konnte.

Bald sprachen alle von Pugatschew. Die Gerüchte lauteten verschieden. Der Kommandant schickte den Kosakenunteroffizier fort, mit dem Auftrag, in den nahegelegenen Siedlungen und Festungen alles genau auszukundschaften. Der Unteroffizier kehrte nach zwei Tagen zurück und meldete, daß er in der Steppe, etwa sechzig Werst von der Festung entfernt, viele Lichter gesehen und von den Baschkiren gehört habe, daß eine unbekannte Macht im Anzug sei. Im übrigen könne er nichts Bestimmtes sagen, da er gefürchtet habe, sich zu weit vorzuwagen.

In der Festung machte sich unter den Kosaken eine ungewöhnliche Erregung bemerkbar: in allen Straßen drängten sie sich in Haufen, sprachen leise miteinander und zogen sich zurück, sobald sie einen Dragoner oder einen Garnisonssoldaten erblickten. Es wurden Aushorcher zu ihnen geschickt. Julaj, ein getaufter Kalmück, brachte dem Kommandanten eine wichtige Meldung. Die Aussagen des Unteroffiziers seien, Julaj zufolge, falsch; nach seiner Rückkehr habe der schlaue Kosak seinen Kameraden mitgeteilt, daß er bei den Aufständischen gewesen war und sich ihrem Führer selbst vorgestellt hatte, der ihn zum Handkuß zugelassen und sich lange mit ihm unterhalten hatte. Der Kommandant ließ den Unteroffizier unverzüglich einsperren und ernannte Julaj an seiner Stelle. Diese Neuerung wurde von den Kosaken mit offenkundiger Unzufriedenheit aufgenommen. Sie murrten laut, und Iwan Ignatjitsch, der Vollstrecker der Anordnungen des Kommandanten, hatte mit eigenen Ohren gehört, wie sie sprachen: „Dir wird schon heimgezahlt werden, du Garnisonsratte!"

Der Kommandant beabsichtigte, noch am gleichen Tag seinen Gefangenen zu verhören; aber der Unteroffizier entfloh, mit Hilfe seiner Gesinnungsgenossen, aus dem Gewahrsam.

Ein neuer Umstand verstärkte die Besorgnis des Kommandanten. Es wurde ein Baschkire gefaßt, der Flugblätter verteilte, die zur Empörung aufriefen. Aus diesem Anlaß gedachte der Kommandant wieder die Offiziere zusammenzurufen und wollte Wassilissa Jegorowna unter einem glaubwürdigen Vorwand wieder entfernen. Da aber Iwan Kusmitsch der geradeste und wahrhaftigste Mensch war, so fand er keine andere Methode als die von ihm bereits einmal angewandte.

„Höre, Wassilissa Jegorowna", sagte er hüstelnd zu ihr, „Vater Gerassim hat aus der Stadt ..."

„Laß das Lügen, Iwan Kusmitsch", unterbrach die Kommandantin, „du willst also wieder eine Beratung zusammenrufen und dich ohne mich über Jemeljan Pugatschew aussprechen. Du beschwindelst mich aber nicht mehr."

Iwan Kusmitsch riß die Augen weit auf.

„Nun, Mütterchen", sagte er, „wenn du schon alles weißt, dann bleibe meinetwegen, wir können uns auch in deiner Gegenwart unterhalten."

„So ist es recht, Vater", antwortete sie, „du hast es nicht nötig, List anzuwenden. Laß die Offiziere holen."

Wir versammelten uns wieder. Iwan Kusmitsch las uns in Gegenwart seiner Frau den Aufruf Pugatschews vor, den irgendein halb analphabetischer Kosak verfaßt zu haben schien. Der Räuber kündigte seine Absicht an, unverzüglich gegen unsere Festung vorzugehen, forderte die Kosaken und Soldaten auf, in seine Bande einzutreten, und den Kommandanten riet er, keinen Widerstand zu leisten, im entgegengesetzten Fall aber drohte er mit dem Tode. Der Aufruf war in einfachen, aber starken Ausdrücken abgefaßt und mußte auf den Geist der einfachen Leute einen gefährlichen Eindruck machen.

„Was sagen Sie zu dem Schuft!“ rief die Kommandantin. „Was wagt er da, uns vorzuschlagen! Ihm entgegengehen und die Fahnen ihm zu Füßen legen! Ach, der Hundesohn! Weiß er denn nicht, daß wir schon vierzig Jahre im Dienst sind und, Gott sei Dank, mancherlei gesehen haben. Haben sich denn wirklich solche Kommandeure gefunden, die dem Räuber Gehör schenkten?“

„Es dürfte wohl keine solchen geben, sollte man meinen“, antwortete Iwan Kusmitsch, „aber man sagt, der Bösewicht habe schon viele Festungen genommen.“

„Er scheint in der Tat stark zu sein“, bemerkte Schwabrin.

„Nun, wir werden sofort seine richtige Stärke feststellen“, sagte der Kommandant, „Wassilissa Jegorowna, gib mir den Schlüssel vom Speicher. Iwan Ignatjitsch, führ' den Baschkiren vor und befiehl Julaj, eine Peitsche zu bringen.“

„Warte, Iwan Kusmitsch“, sagte die Kommandantin, und erhob sich, „laß mich Mascha aus dem Hause fortbringen; sonst erschrickt sie, wenn sie Schreie hört. Und die Wahrheit gesagt, auch ich bin keine Freundin von Verhören. Lebt wohl.“

Die Folter war in alten Zeiten bei gerichtlichen Verfahren so tief eingewurzelt, daß die wohltätige Verordnung, die sie abschaffen sollte, lange Zeit ohne jede Wirkung blieb. Man glaubte, daß das eigene Geständnis des Verbrechers zu seiner völligen Überführung notwendig sei, ein Gedanke, der nicht nur unbegründet, sondern dem gesunden juristischen Verstand völlig zuwider läuft: denn wenn das Leugnen des Beklagten nicht als Beweis seiner Unschuld anerkannt wird, dürfte das erzwungene Geständnis noch weniger als Beweis seiner Schuld anerkannt werden. Sogar heute höre ich noch zuweilen von alten Richtern, daß sie die Aufhebung dieses barbarischen Brauches bedauern. Zu unserer Zeit jedoch zweifelte niemand an der Notwendigkeit der Folter – weder der Richter noch die Angeklagten. Und so versetzte auch der Befehl des Kommandanten niemand von uns in Staunen und Unruhe.

Iwan Ignatjitsch ging hinaus, um den Baschkiren zu holen, der im Speicher, dessen Schlüssel sich bei der Kommandantin befand, saß, und einige Minuten später wurde der Gefangene ins Vorzimmer gebracht. Der Kommandant ließ ihn sich vorführen. Der Baschkire überschritt mit Mühe die Schwelle, denn ihm war ein Klotz an den Fuß gebunden. Er nahm seine hohe Mütze ab und blieb an der Tür stehen. Ich sah ihn an und fuhr zusammen. Nie im Leben werde ich diesen Menschen vergessen. Er schien über siebzig Jahre alt. Er hatte weder Nase noch Ohren. Sein Kopf war glatt rasiert, und an Stelle des Bartes ragten einige graue Haare hervor. Er war klein von Wuchs, mager und gebückt, aber in seinen geschlitzten Augen funkelte noch Feuer.

„Hehe“, rief der Kommandant, der an seinen schrecklichen Merkmalen einen der im Jahre 1771 bestraften Rebellen erkannte, „du bist ja schon in unseren Fallen gewesen, du alter Wolf. Bist wohl nicht zum erstenmal ein Aufwiegler, wenn dein Schädel so glatt gehobelt ist. Tritt näher, sprich, wer hat dich zum Kundschaften ausgeschickt?“

Der alte Baschkire schwieg und sah den Kommandanten mit dem Ausdruck vollkommener Blödheit an.

„Warum schweigst du?“ fuhr Iwan Kusmitsch fort, „verstehst du keine Silbe Russisch? Julaj, frag ihn doch in eurer Sprache, wer ihn zu uns in die Festung geschickt hat?“

Julaj wiederholte auf tatarisch die Frage des Iwan Kusmitsch. Aber der Baschkire sah ihn mit dem gleichen Ausdruck an und erwiderte kein Wort.

„Jakschi“, rief der Kommandant, „du wirst bei mir schon reden. Kinder! Zieht ihm diesen dummen gestreiften Schlafrock aus und gerbt ihm den Rücken. Gib dir Mühe, Julaj, nimm ihn ordentlich vor!“

Zwei Invaliden begannen den Baschkiren auszukleiden. Das Gesicht des Unglücklichen drückte Unruhe aus. Er sah sich nach allen Seiten um, wie ein von Kindern eingefangenes Tier. Als aber einer der Invaliden seine Hände ergriff, sie sich um den Hals legte und den Alten auf seine Schultern hob und Julaj mit der Knute ausholte – da fing der Baschkire an, mit schwacher, flehender Stimme zu wimmern und öffnete kopfschüttelnd den Mund, in dem anstatt einer Zunge ein kurzer Stumpf sich bewegte.

Wenn ich bedenke, daß ich das noch mit eigenen Augen gesehen habe und daß ich jetzt die milde Regierung Alexanders I. erlebe, so kann ich nicht umhin, mich über den raschen Fortschritt der Aufklärung und die Verbreitung der Grundsätze der Menschenliebe zu wundern. Junger Leser! Sollten meine Aufzeichnungen in deine Hände gelangen, so denke daran, daß die besten und dauerhaftesten Veränderungen diejenigen sind, die von der Verbesserung der Sitten ohne gewaltsame Erschütterungen herkommen.

Alle waren betroffen.

„Nun“, sagte der Kommandant, „wir werden aus ihm offenbar nichts herausbringen. Julaj, führe den Baschkiren in den Speicher zurück. Und wir, meine Herren, wollen noch miteinander sprechen.“

Wir begannen über unsere Lage zu sprechen, als plötzlich Wassilissa Jegorowna atemlos und mit äußerst besorgtem Ausdruck ins Zimmer trat.

„Was ist mit dir?“ fragte der erstaunte Kommandant.

„Väterchen, es ist schlimm!“ antwortete die Kommandantin. „Die Nishneoserische Festung ist heute früh gefallen. Der Knecht des Vaters Gerassim ist gerade von dort zurückgekehrt. Er sah, wie sie genommen wurde. Der Kommandant und alle Offiziere sind gehängt worden. Alle Soldaten sind gefangengenommen. Ehe wir uns versehen, werden die Bösewichte hier sein."

Die unerwartete Nachricht machte einen starken Eindruck auf mich. Der Kommandant der Nishneoserischen Festung, ein stiller und bescheidener junger Mann, war mir bekannt. Vor etwa zwei Monaten war er auf der Durchreise aus Orenburg mit seiner jungen Frau hier gewesen und hatte bei Iwan Kusmitsch logiert. Die Nishneoserische Festung war etwa fünfundzwanzig Werst von uns entfernt. Auch wir mußten stündlich mit dem Überfall Pugatschews rechnen. Ich stellte mir das Schicksal Marja Iwanownas lebhaft vor, und das Herz erstarb mir.

„Hören Sie, Iwan Kusmitsch!" sagte ich zum Kommandanten, „unsere Pflicht ist, die Festung bis zum letzten Atemzug zu verteidigen; darüber braucht man nicht zu reden. Aber wir müssen daran denken, die Frauen außer Gefahr zu bringen. Schicken Sie sie nach Orenburg, wenn der Weg noch frei ist, oder nach einer entfernteren, sicheren Festung, wohin die Bösewichte nicht gelangen können."

Iwan Kusmitsch wandte sich zu seiner Frau und sagte: „Hörst, Mütterchen, in der Tat, wäre es nicht besser, euch etwas weitab wegzuschicken, bis wir mit den Aufwieglern aufgeräumt haben?"

„Unsinn!" sagte die Kommandantin. „Wo gibt es eine Festung, die Kugeln nicht erreichen? Wodurch ist denn die Belogorsche unsicher? Wir leben, Gott sei Dank, bereits das zweiundzwanzigste Jahr hier. Wir haben Baschkiren gesehen und Kirgisen, hoffentlich werden wir uns auch Pugatschews erwehren."

„Nun, Mütterchen", erwiderte Iwan Kusmitsch, „bleib du meinetwegen da, wenn du dich auf unsere Festung verläßt. Aber was sollen wir mit Mascha tun? Gut, wenn wir uns so lange halten können, oder wenn Sukkurs kommt; wie aber, wenn die Bösewichte die Festung einnehmen?"

„Nun, dann ...“ Hier stockte Wassilissa Jegorowna und schwieg mit dem Ausdruck ungewöhnlicher Erregung.

„Nein, Wassilissa Jegorowna“, fuhr der Kommandant fort, als er merkte, daß seine Worte vielleicht zum erstenmal in seinem Leben auf sie wirkten, „für Mascha ist es nicht gut, hier zu bleiben. Wir wollen sie nach Orenburg zu ihrer Taufpatin schicken; dort gibt es genug Militär und Kanonen, und die Mauer ist aus Stein. Und auch dir würde ich raten, dich dorthin zu begeben. Obgleich du eine alte Frau bist, wirst du schon sehen, was mit dir geschieht, wenn die Festung genommen wird.“

„Gut“, sagte die Kommandantin, „so soll es sein. Mascha schicken wir fort. Aber mich bitte erst gar nicht. Ich fahre nicht. Ich will mich auf die alten Tage nicht von dir trennen und ein einsames Grab in einer fremden Gegend suchen. Heißt es, zusammen leben, dann heißt es auch, zusammen sterben.“

„Auch das ist richtig“, sagte der Kommandant. „Nun, wir dürfen nicht säumen. Geh, rüste Mascha für den Weg aus. Morgen, sobald es tagt, schicken wir sie fort und geben ihr eine Begleitung mit, obschon wir keine überflüssigen Leute haben. Wo aber ist Mascha?“

„Bei Akulina Pamfilowna. Sie ist ohnmächtig geworden, als sie von der Einnahme der Nishneoserischen Festung hörte; ich fürchte, daß sie krank wird. Allmächtiger Gott, was müssen wir alles erleben!“

Wassilissa Jegorowna zog sich zurück, um ihre Tochter für die Reise auszurüsten. Die Besprechung beim Kommandanten wurde fortgesetzt. Aber ich nahm nicht mehr teil an ihr und hörte nicht mehr zu. Marja Iwanowna erschien zum Abendessen bleich und verweint. Wir aßen schweigend und erhoben uns früher als sonst von Tisch. Nachdem wir von der ganzen Familie Abschied genommen hatten, entfernten wir uns. Ich hatte jedoch absichtlich meinen Degen liegenlassen und kehrte zurück, um ihn zu holen. Ich ahnte, daß ich Marja Iwanowna allein finden würde. In der Tat empfing sie mich in der Tür und reichte mir den Degen.

„Leben Sie wohl, Peter Andrejitsch," sagte sie unter Tränen, „Man schickt mich nach Orenburg. Bleiben Sie gesund und glücklich. Vielleicht gibt Gott, daß wir einander wiedersehen. Wenn nicht ..."

Hier begann sie zu schluchzen. Ich umarmte sie.

„Leb wohl, mein Engel", sagte ich zu ihr, „leb wohl, mein Liebes, meine Sehnsucht! Was immer mit mir geschehe – glaub, mein letzter Gedanke und mein letztes Gebet gelten dir!"

Mascha schluchzte und schmiegte sich an meine Brust. Ich küßte sie glühend und verließ eilig das Zimmer.

VII

Die Erstürmung

> Ach du Haupt, liebes Haupt,
> Mein Soldatenhaupt.
> Hast gedient mir treu
> Dreiunddreißig Jahr.
> Hast dir nichts errungen,
> Weder Freud' noch Geld,
> Weder Ruhm noch Rang
> Oder Glanz der Welt.
> Was du dir erdient,
> Sind zwei Pfähle hoch
> Quer ein Ahornbalken
> Strick aus Seide noch.
>
> Volkslied

In dieser Nacht schlief ich nicht und zog mich nicht aus. Ich hatte die Absicht, mich beim Morgengrauen zum Festungstor zu begeben, von wo Marja Iwanownas Reise ausgehen sollte, und mich dort zum letztenmal von ihr zu verabschieden. Ich fühlte eine große Veränderung in mir: die Erregung meiner Seele war viel weniger bedrückend als die Niedergeschlagenheit, in die ich vor kurzem noch versunken war. Mit der Trauer der Trennung verbanden sich auch unklare, jedoch liebliche Hoffnungen, die ungeduldige Erwartung von Gefahren und das Gefühl edlen Ehrgeizes. Die Nacht verging unmerklich. Ich wollte schon aus dem Hause treten, als ein Korporal mit der Mitteilung bei mir erschien, daß unsere Kosaken in der Nacht aus der Festung geflohen seien und Julaj gewaltsam mitgenommen hätten und daß sich in der Nähe der Festung unbekannte Reiter tummelten. Der Gedanke, daß Marja Iwanowna keine Zeit mehr habe, wegzufahren, entsetzte mich. Ich gab dem Korporal eilig einige Anweisungen und stürzte zum Kommandanten.

Der Morgen dämmerte bereits. Ich lief die Straße entlang, als ich plötzlich meinen Namen rufen hörte. Ich blieb stehen.

„Wohin?“ fragte Iwan Ignatjitsch, als er mich einholte. „Iwan Kusmitsch ist auf dem Wall und hat mich geschickt, Sie zu holen. Der Pugatsch ist da.“

„Ist Marja Iwanowna schon abgereist?“ fragte ich mit Herzklopfen.

„Es war zu spät“, antwortete Iwan Ignatjitsch, „der Weg nach Orenburg ist abgeschnitten; die Festung ist eingekreist. Schlimm, Peter Andrejitsch!“

Wir begaben uns auf den Wall, eine von der Natur geschaffene und durch einen Pfahlzaun befestigte Erhöhung. Dort drängten sich bereits alle Bewohner der Festung zusammen. Die Garnison stand Gewehr bei Fuß. Die Kanone war noch tags zuvor dorthin in Stellung gebracht worden. Der Kommandant schritt seine nicht zahlreiche Front ab. Die Nähe der Gefahr beseelte den alten Krieger mit ungewöhnlichem Mut. In der Steppe, nicht weit von der Festung entfernt, tummelten sich einige zwanzig berittene Leute. Es schienen Kosaken zu sein, aber unter ihnen befanden sich auch Baschkiren, die man an ihren Luchsmützen und Pfeilköchern erkennen konnte. Der Kommandant schritt seine Truppe ab und sprach zu den Soldaten: „Nun, Kinder, heute wollen wir für unser Mütterchen, die Kaiserin, einstehen, beweisen wir der ganzen Welt, daß wir brave und treue Männer sind.“ Die Soldaten äußerten laut ihren Eifer. Schwabrin stand neben mir und sah zum Feind hin.

Die Leute, die in der Steppe herumritten, versammelten sich, als sie die Bewegung in der Festung bemerkten, bildeten einen Kreis und berieten miteinander. Der Kommandant befahl Iwan Ignatjitsch, die Kanone auf sie zu richten und zündete selbst die Lunte an. Das Geschoß summte und flog über sie hinweg, ohne Schaden anzurichten. Die Reiter zerstreuten sich, sprengten eiligst außer Gesichtsweite, und die Steppe wurde leer.

Da erschien auf dem Wall Wassilissa Jegorowna und mit ihr Mascha, die nicht von ihr lassen wollte.

„Nun, wie geht die Bataille?“ fragte die Kommandantin. „Wo ist denn der Feind?“

„Der Feind ist nicht fern", antwortete Iwan Kusmitsch, „Gott wird helfen, und alles wird gut verlaufen. Wie ist dir, Mascha, hast du Angst?"

„Nein, Väterchen", erwiderte Marja Iwanowna, „allein zu Hause ist es noch schrecklicher."

Dabei sah sie mich an und lächelte mit Anstrengung. Ich preßte unwillkürlich den Griff meines Degens, da ich mich erinnerte, daß ich ihn gestern aus ihren Händen, gleichsam zur Verteidigung meiner Auserwählten, empfangen hatte. Mein Herz brannte. Ich fühlte mich als ihr Ritter. Ich dürstete danach, zu beweisen, daß ich ihres Vertrauens würdig sei und wartete mit Ungeduld auf den entscheidenden Augenblick.

In diesem Moment schwärmten hinter der Anhöhe, die sich eine halbe Werst von der Festung befand, neue Haufen Berittener aus, und bald war die Steppe mit einer Menge Menschen besät, die mit Speer und Bogen bewaffnet waren. Unter ihnen ritt auf einem weißen Pferd ein Mann in einem roten Umhang mit blankem Säbel in der Faust: es war Pugatschew selbst. Er machte halt. Man umringte ihn, und offenbar auf seinen Befehl sonderten sich vier Leute ab und sprengten aus ganzer Kraft dicht an die Festung heran. Wir erkannten in ihnen unsere Verräter. Einer von ihnen hielt über der Mütze ein Blatt Papier hoch, der andere auf der Lanze den Kopf Julajs, den er über den Pfahlzaun zu uns schleuderte. Der Kopf des armen Kalmücken fiel dem Kommandanten zu Füßen. Die Verräter riefen: „Laßt das Schießen! Geht dem Kaiser entgegen! Der Kaiser ist hier!"

„Ich werde euch!" rief Iwan Kusmitsch, „Feuer, Kinder!"

Unsere Soldaten gaben eine Salve ab. Der Kosak, der das Schreiben hielt, schwankte und fiel vom Pferd. Die anderen jagten davon. Ich sah Marja Iwanowna an. Erschüttert vom Anblick des blutigen Kopfes, von der Salve betäubt, schien sie bewußtlos. Der Kommandant rief den Korporal heran und befahl ihm, das Schriftstück aus der Hand des getöteten Kosaken zu holen. Der Korporal ging ins Feld hinaus und kehrte mit dem Pferd des Getöteten am Zügel zurück. Er überreichte dem Kommandanten das Schreiben. Iwan Kusmitsch las es für sich und zerriß es in Fetzen. Indessen sammelten sich die Rebellen zu einem neuen Vorstoß. Bald begannen Kugeln uns um die Ohren zu pfeifen und einige Pfeile stießen in unserer Nähe in die Erde und in den Pfahlzaun.

„Wassilissa Jegorowna“, sagte der Kommandant, „das hier ist kein Geschäft für Frauen, führ Mascha fort; du siehst ja, das Mädel ist halbtot.“

Wassilissa Jegorowna sah in die Steppe hinaus, in der eine große Bewegung vor sich ging, wandte sich dann zu ihrem Mann und sagte: „Iwan Kusmitsch, über Leben und Tod entscheidet Gott: gib Mascha deinen Segen. Mascha, geh zum Vater.“

Bleich und zitternd trat Mascha zu Iwan Kusmitsch, kniete nieder und verneigte sich vor ihm bis zur Erde. Der alte Kommandant bekreuzigte sie dreimal. Dann richtete er sie auf, küßte sie und sagte mit veränderter Stimme: „Werde glücklich, Mascha. Bete zu Gott, er wird dich nicht verlassen. Sollte sich ein guter Mensch finden, dann schenk euch Gott Liebe und Eintracht. Lebt miteinander, wie ich mit Wassilissa Jegorowna gelebt habe. Nun leb wohl, Mascha. Wassilissa Jegorowna, führ sie schnell von hier fort.“

Mascha fiel ihm um den Hals und schluchzte.

„So geben auch wir uns einen Kuß“, sagte die Kommandantin weinend, „leb wohl, mein Iwan Kusmitsch. Verzeihe mir, wenn ich dir je zuwider gehandelt habe!“

„Leb wohl, Mütterchen, leb wohl!“ sagte der Kommandant, indem er seine Alte umarmte. „Nun genug! Geht nach Hause, und wenn du noch Zeit hast, zieh Mascha ihren Sarafan an.“

Die Kommandantin und die Tochter entfernten sich. Ich folgte Marja Iwanowna mit dem Blick; sie sah sich um und nickte mir zu. Da wandte sich Iwan Kusmitsch zu uns, und seine ganze Aufmerksamkeit richtete sich auf den Feind. Die Rebellen sammelten sich um ihren Anführer und stiegen plötzlich von den Pferden herunter.

„Mut“, sagte der Kommandant, „jetzt kommt ein Ansturm.“

In diesem Augenblick erscholl schreckliches Geheul und Gebrüll. Die Rebellen stürmten aus aller Kraft gegen die Festung. Unsere Kanone war mit Kartätschen geladen. Der Kommandant ließ den Feind nah herankommen und feuerte wieder ab. Die Kartätsche traf mitten in die Menge. Die Rebellen wichen nach beiden Seiten aus und fluteten zurück. Ihr Führer blieb allein vorn. Er schwang den Säbel und schien ihnen eifrig zuzureden. Die Schreie und das Geheul, die einen Augenblick verstummt waren, erneuerten sich sofort wieder.

„Nun, Kinder“, sagte der Kommandant, „öffnet jetzt das Tor und schlagt die Trommel. Vorwärts, zum Ausfall, folgt mir!“

Der Kommandant, Iwan Ignatjitsch und ich fanden uns im Nu vor dem Festungswall, aber die erschrockene Garnison rührte sich nicht.

„Was steht ihr denn, Kinder?“ schrie Iwan Kusmitsch. „Gilt es zu sterben, dann wollen wir sterben, es gehört zum Soldaten!“

In diesem Augenblick wurden wir von den Rebellen überrannt, die in die Festung eindrangen. Die Trommel verstummte. Die Garnison warf die Gewehre von sich. Ich wurde zu Boden geworfen, stand aber schnell auf und betrat zusammen mit den Aufständischen die Festung. Der Kommandant, der am Kopf verwundet war, wurde von einem Haufen Rebellen umringt, die von ihm die Schlüssel forderten. Ich stürzte ihm zu Hilfe. Mehrere kräftige Kosaken packten mich und fesselten mich mit ihren Gurten, wobei sie wiederholten: „Ihr werdet was erleben, ihr Widersacher des Kaisers!“

Man schleppte uns durch die Straßen. Die Einwohner traten mit Brot und Salz aus den Häusern. Glockengeläute ertönte. Plötzlich rief jemand in der Menge, daß der Kaiser die Gefangenen auf dem Platz erwarte und dort den Eid entgegennehme. Das Volk strömte zum Platz. Wir wurden ebenfalls dorthin geschleppt.

Pugatschew saß auf der Rampe des Kommandantenhauses in einem Sessel. Er trug einen roten, mit Goldtressen benähten

Kosakenrock. Eine hohe Zobelmütze mit Goldquasten saß ihm tief über den funkelnden Augen. Sein Gesicht erschien mir bekannt. Die Kosakenältesten umringten ihn. Vater Gerassim stand bleich und zitternd vor der Rampe mit dem Kruzifix in der Hand und schien ihn schweigend um Milde für die herangeführten Opfer anzuflehen. Auf dem Platz wurde in Eile ein Galgen errichtet. Als wir uns näherten, jagten die Baschkiren das Volk auseinander, und wir wurden Pugatschew vorgeführt. Das Glockengeläute verstummte. Tiefe Stille trat ein.

„Wer ist der Kommandant?“ fragte der Usurpator.

Unser Unteroffizier trat vor und zeigte auf Iwan Kusmitsch. Pugatschew sah den alten Mann streng an und sagte: „Wie hast du dich erkühnt, dich mir, deinem Kaiser, zu widersetzen?“

Der Kommandant, der von der Wunde fast ohnmächtig war, nahm seine letzte Kraft zusammen und antwortete mit fester Stimme: „Du bist nicht mein Kaiser, du bist ein Dieb und Usurpator, hörst du?“

Pugatschew verfinsterte sich und winkte mit dem weißen Schnupftuch. Einige Kosaken ergriffen den alten Hauptmann und schleppten ihn zum Galgen. Auf seinem Querbalken erschien plötzlich rittlings der verstümmelte Baschkire, den wir gestern verhört hatten. Er hielt einen Strick in der Hand, und eine Minute später sah ich den armen Iwan Kusmitsch in der Luft baumeln. Da wurde Iwan Ignatjitsch vor Pugatschew geführt.

„Leg den Eid ab!“ sagte Pugatschew zu ihm, „dem Kaiser Peter Fjodorowitsch.“

„Du bist nicht unser Kaiser“, antwortete Iwan Ignatjitsch, indem er die Worte seines Hauptmanns wiederholte, „du bist ein Dieb und Usurpator, Onkelchen!“

Pugatschew schwenkte wieder das Schnupftuch, und der gute Leutnant hing bald neben seinem alten Hauptmann.

Die Reihe war an mir. Ich sah Pugatschew mutig an, bereit, die Antwort meiner tapferen Kameraden zu wiederholen. Da erblickte ich zu meinem unbeschreiblichen Erstaunen unter den rebellischen Kosakenältesten – Schwabrin, mit ebenso rundgeschnittenem Haar und in einem Kosakenrock. Er trat zu Pugatschew und flüsterte ihm einige Worte ins Ohr.

„Hängt ihn!“ sagte Pugatschew, ohne mich auch nur anzusehen.

Mir wurde die Schlinge um den Hals geworfen. Ich begann leise ein Gebet zu flüstern, in dem ich Gott aufrichtige Reue über alle meine Sünden darbrachte und ihn um die Rettung aller meinem Herzen Lieben anflehte. Man schleppte mich zum Galgen.

„Fürchte dich nicht, fürchte dich nicht“, wiederholten meine Verderber, vielleicht, weil sie mir in der Tat Mut zusprechen wollten.

Plötzlich hörte ich Schreie: „Haltet ein, haltet ein, Verdammte, wartet!“ Die Henker hielten. Da sah ich Saweljitsch zu Pugatschews Füßen liegen.

„Vater du mein!“ sprach mein armer Wärter. „Was liegt dir am Tode des herrschaftlichen Kindes? Laß ihn ziehen, man wird dir für ihn Lösegeld geben, und des Beispiels wegen laß mich alten Mann hängen!“

Pugatschew gab ein Zeichen, und ich wurde sofort von den Fesseln befreit und losgelassen.

„Unser Väterchen begnadigt dich!“ sagte man mir.

Ich kann nicht sagen, daß ich mich in diesem Augenblick über meine Rettung freute, aber auch nicht, daß ich sie bedauert hätte. Meine Gefühle waren zu verworren. Man führte mich wieder zum Usurpator und stellte mich vor ihn. Pugatschew hielt mir seine sehnige Hand hin.

„Küß ihm die Hand, küß ihm die Hand!“ rief man mir zu.

Aber ich hätte die grimmigste Hinrichtung dieser gemeinen Erniedrigung vorgezogen.

„Väterchen Peter Andrejitsch!“ flüsterte mir Saweljitsch zu, der hinter mir stand und mich anstieß, „sei nicht hartnäckig! Was kann es dir schon bedeuten? Spuck aus und küß dem Bösew ... pfui! Küß ihm die Hand.“

Ich rührte mich nicht. Pugatschew ließ die Hand sinken und sagte mit einem Lächeln: „Seine Wohlgeboren ist vor Freude von Sinnen. Richtet ihn auf."

Man richtete mich auf und ließ mich frei. Ich sah der Fortsetzung des schrecklichen Schauspiels zu.

Die Einwohner wurden vereidigt. Sie traten einer nach dem anderen vor, küßten das Kruzifix und verneigten sich vor dem Usurpator. Die Garnisonsoldaten standen ebenfalls hier. Der Kompanieschneider, mit einer stumpfen Schere bewaffnet, schnitt ihnen die Zöpfe ab. Während sie sie abschüttelten, küßten sie Pugatschew die Hand, der ihnen Vergebung verkündete und sie in seine Bande aufnahm. Das alles dauerte fast drei Stunden. Endlich erhob sich Pugatschew vom Sessel und stieg in Begleitung seiner Ältesten die Rampe hinunter. Ein weißes, reich geschirrtes Pferd wurde ihm vorgeführt. Zwei Kosaken griffen ihm unter die Arme und halfen ihm in den Sattel. Er erklärte Vater Gerassim, daß er bei ihm zu Mittag speisen werde. In diesem Augenblick hörte man einen Frauenschrei. Einige von den Räubern zerrten Wassilissa Jegorowna, mit zerzaustem Haar und bis auf die Haut entblößt, auf die Rampe hinaus. Einer hatte schon Zeit gehabt, ihre warme Jacke anzuziehen. Die anderen schleppten Truhen, Überbetten, Teegeschirr, Wäsche und den ganzen Hausrat mit.

„Väterchen!" schrie die arme alte Frau, „so laßt doch der Seele nur Zeit, Buße zu tun. Ihr guten Leute, führt mich zu Iwan Kusmitsch."

Hier aber sah sie zum Galgen hinauf und erkannte ihren Mann.

„Verbrecher!" schrie sie außer sich vor Raserei. „Was habt ihr mit ihm gemacht? Du mein Augenlicht, Iwan Kusmitsch, du kühnes Soldatenhaupt! Nicht untergekriegt haben dich die preußischen Bajonette und nicht die türkischen Kugeln; nicht in der ehrlichen Schlacht hast du dein Leben eingebüßt, sondern mußtest umkommen durch den flüchtigen Zuchthäusler!"

„Bringt die alte Hexe zum Schweigen!“ rief Pugatschew.
Da versetzte ihr ein junger Kosak mit dem Säbel einen Hieb auf den Kopf, und sie fiel tot auf die Stufen der Rampe nieder. Pugatschew ritt davon, und das Volk stürzte ihm nach.

VIII

Der ungebetene Gast

Ein ungebetener Gast ist schlimmer als ein Tatar.
Sprichwort.

Der Platz wurde leer. Ich stand noch immer auf demselben Fleck und konnte meine Gedanken, die von so schrecklichen Eindrücken verwirrt waren, nicht in Ordnung bringen.

Die Ungewißheit über das Schicksal Marja Iwanownas quälte mich am meisten. Wo ist sie? Was ist mit ihr? Hat sie noch Zeit gehabt, sich zu verstecken? Ist ihre Zuflucht sicher? Von unruhigen Gedanken erfüllt, betrat ich das Haus des Kommandanten. Alles war leer. Stühle, Tische und Kästen waren zerbrochen, das Geschirr zerschlagen. Alles war ausgeräumt. Ich lief die kleine Treppe hinauf, die in die obere Stube führte, und betrat zum erstenmal im Leben Marja Iwanownas Kammer. Ich sah ihr Bett, das die Räuber zerwühlt hatten. Der Schrank war erbrochen und ausgeplündert. Das Öllämpchen glomm noch vor dem leeren Heiligenbilderschrein. Auch der kleine Spiegel, der an dem Pfeiler zwischen den beiden Fenstern hing, war heil geblieben ... Wo war die Bewohnerin dieser bescheidenen Mädchenklause? Ein schrecklicher Gedanke flog mir durch den Kopf: ich stellte sie mir in den Händen der Räuber vor ... Mein Herz preßte sich zusammen ... Ich begann bitterlich zu weinen und rief laut den Namen meiner Geliebten ... In diesem Augenblick vernahm ich ein leises Geräusch, und hinter dem Schrank erschien Palascha, bleich und zitternd.

„Ach, Peter Andrejitsch!“ sagte sie und schlug die Hände zusammen. „Welch ein Tag! Welche Schrecken! ...“

„Und Marja Iwanowna?“ fragte ich ungeduldig. „Wo ist Marja Iwanowna?“

„Das gnädige Fräulein lebt“, antwortete Palascha, „sie ist bei Akulina Pamfilowna versteckt.“

„Bei der Popenfrau?“ rief ich entsetzt, „mein Gott, dort ist ja Pugatschew!“

Ich stürzte aus dem Zimmer, fand mich im Augenblick auf der Straße und lief Hals über Kopf zum Hause des Priesters, ohne etwas zu sehen und zu fühlen. Dort tönten Lieder, Schreie, Lachen ... Pugatschew schmauste mit seinen Gesellen. Palascha kam ebenfalls hinter mir hergelaufen. Ich ließ sie Akulina Pamfilowna leise herausrufen. Einen Augenblick später kam die Popenfrau zu mir in den Flur mit einer leeren vierkantigen Flasche in der Hand.

„Um Gottes willen! Wo ist Marja Iwanowna?“ fragte ich in unaussprechlicher Erregung.

„Das Herzchen liegt dort hinter dem Verschlag“, antwortete die Popenfrau. „Ach, Peter Andrejitsch, fast wäre ein Unglück hereingebrochen. Aber, Gott sei Dank, es ging an uns vorüber. Der Bösewicht hatte sich kaum zu Tisch gesetzt, als sie, mein Täubchen, wach wurde und zu stöhnen anfing! Ich war halbtot. Er hörte es. ‚Wer stöhnt da bei dir, Alte?‘ Ich verneigte mich tief vor dem Dieb. ‚Meine Nichte, Herr und Kaiser, sie ist krank, liegt schon die zweite Woche.‘ ‚Ist deine Nichte jung?‘ ‚Ja, Herr!‘ ‚So zeig mir doch deine Nichte.‘ Mein Herz bekam einen Stoß, aber was sollte ich machen? ‚Gern, Herr und Kaiser. Nur kann das Mädchen nicht aufstehen, um vor deiner Gnaden zu erscheinen.‘ ‚Macht nichts, Alte, ich geh’ selbst zu ihr.‘ Und der Verdammte ging richtig hinter den Verschlag. Was meinst du? Hat den Vorhang weggezogen, sie mit seinen Habichtaugen angesehen, doch es geschah nichts ... Gott hat geholfen! Aber wirst du’s glauben, mein Pope und ich, beide waren wir schon auf den Märtyrertod gefaßt. Zum Glück hat sie, mein Herzchen, ihn nicht erkannt. Herrgott, schöne Tage erleben wir da, das muß man sagen! Armer Iwan Kusmitsch, wer hätte es gedacht! Und Iwan Ignatjitsch! Wofür denn ihn? Und wieso sind Sie verschont worden? Aber was sagen Sie zu Schwabrin Alexej Iwanytsch? Hat sich ebenfalls das Haar rund abgeschnitten und schmaust jetzt mit ihnen bei mir! Geschickt, das muß man schon sagen! Und als ich das von der kranken Nichte vorgebracht habe, da hat er mich angesehen, glaub' mir, als wollte er mich mit einem Messer durchbohren. Dennoch hat er mich nicht verraten, auch dafür sei ihm gedankt."

In diesem Augenblick drangen betrunkene Schreie der Gäste und die Stimme Vater Gerassims zu uns. Die Gäste verlangten Wein, der Hauswirt rief seine Gefährtin. Die Popenfrau wurde geschäftig.

„Gehen Sie nach Hause, Peter Andrejitsch", sagte sie, „jetzt haben wir keine Zeit für Sie, die Bösewichte zechen. Sie könnten unglücklicherweise noch einem Betrunkenen unter die Hände geraten. Leben Sie wohl, Peter Andrejitsch. Was sein wird, wird sein. Vielleicht wird uns Gott nicht verlassen!"

Die Popenfrau entfernte sich. Ein wenig beruhigt begab ich mich nach Hause. Als ich am Platz vorbeikam, sah ich einige Baschkiren, die sich um den Galgen drängten und den Gehängten die Stiefel auszogen. Mit Mühe unterdrückte ich den Zorn, da ich die Nutzlosigkeit des Eingreifens erkannte. In der Festung trieben sich Räuber herum und plünderten die Offiziershäuser. Überall hallten Schreie der zechenden Rebellen. Ich kam nach Hause. Saweljitsch empfing mich auf der Schwelle.

„Gott sei Dank!" rief er, als er mich erblickte. „Und ich dachte schon, daß die Bösewichte dich wieder aufgegriffen haben. Nun, Väterchen Peter Andrejitsch! Du wirst nicht glauben, sie haben bei uns alles geplündert, die Halunken: Kleider, Wäsche, Sachen, Geschirr – nichts haben sie zurückgelassen. Aber was gilt es! Gott sei es gedankt, daß sie dich am Leben gelassen haben! Und hast du ihren Hauptmann erkannt, gnädiger Herr?"

„Nein, wer ist er denn?"

„Wie, Väterchen, hast du den Trunkenbold schon vergessen, der dir in der Herberge den Pelz herausgelockt hat? Den Hasenpelz, den nagelneuen, und die Bestie hat ihn noch ganz zertrennt, als sie ihn anzog!"

Ich geriet in Staunen. In der Tat, die Ähnlichkeit Pugatschews mit meinem Führer war verblüffend. Ich überzeugte mich, daß Pugatschew und er eine und dieselbe Person war und erkannte die Ursache der mir zuteil gewordenen Begnadigung. Ich konnte nicht umhin, mich über die seltsame Verkettung der Umstände zu wundern: ein dem Landstreicher geschenkter Kinderpelz rettete mich vor der Schlinge, und ein in den Herbergen sich herumtreibender Trunkenbold belagerte Festungen und brachte das Reich zum Wanken!

„Geruhst du nicht, etwas zu essen?" fragte der in seinen Gewohnheiten unveränderliche Saweljitsch. „Zu Hause ist nichts da, ich will aber versuchen, etwas zusammenzuscharren, vielleicht kann ich dir etwas zubereiten."

Als ich allein war, versank ich in Nachdenken. Was sollte ich nun tun? In der Festung bleiben, die dem Bösewicht untertan war, oder seiner Bande folgen? Beides stand einem Offizier nicht an. Die Pflicht heischte, daß ich mich dort meldete, wo mein Dienst unter den jetzigen schwierigen Umständen noch dem Vaterlande von Nutzen sein konnte ... Aber die Liebe riet mir eindringlich, in Marja Iwanownas Nähe zu bleiben und ihr Beschützer und Helfer zu sein. Obgleich ich eine rasche und unausbleibliche Veränderung der Umstände voraussah, mußte ich dennoch zittern, wenn ich mir die Gefahr ihrer Lage vergegenwärtigte.

Meine Gedanken wurden durch die Ankunft eines Kosaken unterbrochen, der mir meldete, daß der „großmächtige Zar" mich zu sich beordere.

„Wo ist er denn?" fragte ich, bereit, zu gehorchen.

„Im Kommandantenhaus", antwortete der Kosak, „nach dem Mittagessen hat sich unser Väterchen ins Bad begeben und ruht jetzt aus. Nun, Euer Wohlgeboren, aus allem sieht man, daß er eine vornehme Person ist: beim Mittagessen geruhte er, zwei gebratene Ferkel zu verspeisen, und das Bad verträgt er so heiß, daß es selbst der Bademeister Taras Kurotschkin nicht aushalten konnte. Er übergab den Besen Fomka Bikbajew und vermochte nur schwer und mit Hilfe von kaltem Wasser zu sich zu kommen. Das muß man schon sagen: alle

Manieren sind so vornehm ... Und im Bad soll er, wie man sagt, seine Zarenmerkmale auf der Brust gezeigt haben: auf der einen Seite einen doppelköpfigen Adler, wie ein Fünfkopekenstück so groß, und auf der anderen seine eigene Person."

Ich hielt es nicht für nötig, der Meinung des Kosaken zu widersprechen, und begab mich zusammen mit ihm in das Kommandantenhaus, indem ich mir im voraus das Wiedersehen mit Pugatschew ausmalte und bemüht war, zu erraten, wie es enden würde. Der Leser kann sich leicht vorstellen, daß ich nicht ganz kaltblütig war.

Es dämmerte bereits, als ich mich dem Kommandantenhaus näherte. Der Galgen mit seinen Opfern ragte schwarz und schreckenerregend. Der Körper der armen Kommandantin war noch immer nicht weggeschafft und lag auf der Rampe, vor der zwei Kosaken Wache hielten. Der Kosak, der mich begleitete, ging hinein, um mich zu melden, kehrte sofort zurück und führte mich in das Zimmer, wo ich gestern von Marja Iwanowna so zärtlichen Abschied genommen hatte.

Ein ungewöhnliches Bild bot sich meinen Blicken. Um den mit einer Decke bedeckten und mit Branntweinflaschen und Gläsern vollgestellten Tisch saßen Pugatschew und zehn Kosakenälteste in Mützen und farbigen Hemden, vom Wein erhitzt, mit roten Fratzen und blitzenden Augen. Unter ihnen befand sich weder Schwabrin noch unser Kosakenunteroffizier, die beiden jüngsten Verräter fehlten.

„Aha, Euer Wohlgeboren", sagte Pugatschew, als er mich erblickte, „willkommen! Ehre und Platz, willkommen!"

Die Tischgenossen rückten zusammen. Ich setzte mich schweigend ans Ende des Tisches. Mein Nachbar, ein junger Kosak, schlank und hübsch, schenkte mir ein Glas einfachen Weines ein, das ich nicht anrührte. Mit Neugierde betrachtete ich die Versammlung. Pugatschew saß obenan, hielt die Ellenbogen gegen den Tisch gestemmt und stützte mit der breiten Faust seinen schwarzen Bart. Die Züge seines Gesichts, regelmäßig und ziemlich angenehm, hatten nichts Grausames an sich. Er wandte sich häufig zu einem Mann von ungefähr fünfzig Jahren, den er bald Graf, bald Timofejitsch und zuweilen auch Onkelchen nannte. Alle gingen miteinander kameradschaftlich um und erwiesen ihrem Anführer keine besondere Bevorzugung. Das Gespräch drehte sich um den Überfall von heute früh, um die Erfolge des Aufstandes und um die zukünftigen Operationen. Jeder prahlte, äußerte seine Meinung und widersprach frei Pugatschew. Und in diesem seltsamen Kriegsrat wurde beschlossen, gegen Orenburg vorzugehen: eine kühne Aktion, die fast von unheilvollem Erfolg gekrönt worden wäre! Der Aufbruch wurde auf den nächsten Tag festgesetzt.

„Nun, Brüder!" sagte Pugatschew, „jetzt vor dem Schlafengehen wollen wir mein Lieblingslied singen. Tschumakow, fang an!"

Mein Nachbar begann mit hoher Stimme das traurige Lied der Barkenknechte, und alle fielen im Chor ein:

Rausche nicht, du Vater Wald,
Störe mich verwegnen Jungen nicht beim Sinnen.
Morgen muß ich Red' und Antwort stehen
Vor dem Zaren, dem gestrengen Richter.
Und er wird mich Ärmsten fragen:
Sage mir, du Bruderherz und Christensohn,
Wer hat mitgeraubt und mitgeplündert,
Und wie viele waren auf dem Raubzug?
Frei will ich bekennen dir die Wahrheit,
Meine Zuversicht, rechtgläubiger Zar,
Vier Gesellen waren bei mir.
Als ersten nenn ich dir die dunkle Nacht,
Und der zweite war mein Dolch aus hartem Stahl,
Mein gutes Roß der dritte bei mir war.
Und als vierten hielt ich meinen Bogen straff.
Spitze Pfeile waren meine Boten.
Und was wird er sagen, er, mein Zar und meine Zuversicht?
Wohl dir, Bruderherz und Christensohn,
Reden kannst du klug und klug auch handeln.

Und so sollst du deinen Lohn erhalten,
Mitten auf dem Feld sei dir ein Turmgemach
Aus zwei Pfählen und darüber quer ein Balken.

Es ist unmöglich, den Eindruck zu schildern, den dieses volkstümliche Lied vom Galgen, von Leuten gesungen, die selbst dem Galgen verfallen waren, auf mich machte. Ihre strengen Gesichter, die harmonischen Stimmen, der traurige Ausdruck, den sie diesen ohnehin so ausdrucksvollen Worten verliehen – alles erschütterte mich mit poetischem Schrecken.

Die Gäste tranken noch je ein Glas Wein, erhoben sich vom Tisch und verabschiedeten sich von Pugatschew. Ich wollte ihnen folgen. Aber Pugatschew sagte:

„Bleib sitzen, ich will mit dir sprechen."

Wir blieben unter vier Augen. Einige Minuten dauerte unser beiderseitiges Schweigen. Pugatschew sah mich unverwandt an, wobei er von Zeit zu Zeit das linke Auge mit einem wunderbaren Ausdruck von Schelmerei und Spott zukniff. Schließlich fing er zu lachen an, und mit so ungeheuchelter Fröhlichkeit, daß ich bei seinem Anblick ebenfalls zu lachen begann, ohne selbst zu wissen warum.

„Wie, Euer Wohlgeboren?" sagte er, „hast Angst bekommen, als meine Burschen dir die Schlinge um den Hals warfen? Ich meine, der Himmel erschien dir da nicht größer als ein Schaffell. Und du hättest auch daran glauben müssen, wenn nicht dein Diener gewesen wäre. Ich habe den alten Brummbär gleich erkannt. Nun, Euer Wohlgeboren, dachtest du je daran, daß der Mann, der dich zur Herberge gebracht hat, der große Zar selbst war?"

Hier nahm er eine wichtige und geheimnisvolle Miene an.

„Du bist in großer Schuld vor mir", fuhr er fort, „aber ich habe dich um deiner Tugend willen begnadigt, dafür, daß du mir einen Dienst erwiesen hast, als ich gezwungen war, mich vor meinen Feinden zu verbergen. Du wirst noch anderes von mir sehen! Ich werde dich noch ganz anders ehren, wenn ich mein Reich wiedergewinne! Versprichst du, mir zu dienen?"

Die Frage des Gauners und seine Frechheit erschienen mir so spaßig, daß ich nicht umhin konnte, zu lächeln.

„Warum lächelst du?“ fragte er, indem er sich verfinsterte. „Oder glaubst du nicht, daß ich der große Zar bin? Antworte grad' heraus.“

Ich war in Verlegenheit. Den Landstreicher als Kaiser anzuerkennen, war ich nicht fähig. Das wäre unverzeihlicher Kleinmut gewesen. Ihn ins Gesicht einen Betrüger nennen, hieße sich dem Untergange aussetzen, und was ich vor dem Galgen angesichts des ganzen Volkes und in der ersten Glut des Zornes zu tun bereit war, schien mir jetzt unnütze Prahlerei. Ich schwankte. Pugatschew wartete finster auf meine Antwort. Endlich – und ich erinnere mich heute noch mit Selbstzufriedenheit an diesen Augenblick – triumphierte in mir das Gefühl der Pflicht über die menschliche Schwäche. Ich antwortete Pugatschew:

„Wohlan, ich will dir die ganze Wahrheit sagen. Bedenke, ob ich dich als meinen Kaiser anerkennen kann? Du bist klug, du würdest selbst erkennen, daß ich dich hintergehe.“

„Wer bin ich also deiner Meinung nach?“

„Gott mag es wissen. Aber wer immer du bist, du spielst ein gefährliches Spiel.“

Pugatschew sah mich mit einem raschen Blick an.

„Du glaubst also nicht“, sagte er, „daß ich der Kaiser Peter Fjodorowitsch bin? Nun gut. Aber gibt es kein Gelingen für den Wagemutigen? Hat in alten Zeiten nicht einmal Grischka Otrepjew regiert? Denk' von mir, was du willst, aber laß nicht von mir. Was geht dich alles andere an? Wer immer der Pope sein mag, er wird Ehrwürden genannt. Diene mir in Treu' und Glauben, und ich will dich zum Feldmarschall, ja zum Fürsten ernennen. Was meinst du?“

„Nein“, antwortete ich mit Festigkeit, „ich bin ein geborener Edelmann, ich habe der Kaiserin einen Eid geschworen. Ich kann dir nicht dienen. Wenn du mir Gutes wünschst, dann laß mich nach Orenburg ziehen.“

Pugatschew wurde nachdenklich.

„Und wenn ich dich ziehen lasse“, sagte er, „versprichst du mir wenigstens, nicht gegen mich zu kämpfen?“

„Wie kann ich es dir versprechen?“ antwortete ich. „Du weißt selbst, ich habe keinen freien Willen. Befiehlt man mir, gegen dich zu kämpfen – so muß ich es tun, es bleibt mir nichts übrig. Du bist jetzt selber Vorgesetzter, du verlangst selber von deinen Leuten Gehorsam. Wie wird es aussehen, wenn ich den Dienst verweigere, zu einer Zeit, da man ihn benötigt? Mein Leben ist in deiner Macht, läßt du mich frei, hab' Dank, läßt du mich hinrichten – dann sei Gott dein Richter. Ich aber sage dir die Wahrheit.“

Meine Aufrichtigkeit machte Eindruck auf Pugatschew.

„So soll es sein“, sagte er und klopfte mir auf die Schulter: „hinrichten – dann richtig hinrichten, begnadigen – dann richtig begnadigen. Geh' nur deiner Wege, frei nach allen vier Himmelsrichtungen, und tu, was du willst. Komm morgen, um Abschied von mir zu nehmen, jetzt aber geh' schlafen, auch mich will der Schlummer übermannen.“

Ich verließ Pugatschew und ging auf die Straße hinaus. Die Nacht war still und frostig. Der Mond und die Sterne glänzten hell und beleuchteten den Platz und den Galgen. In der Festung war alles ruhig. Nur in der Schenke brannte noch Licht, und es schallten drin noch die Stimmen der verspäteten Trinker. Ich sah zum Haus des Geistlichen hinüber. Die Läden und das Tor waren geschlossen. Es schien drin alles still zu sein.

Ich kam in meine Wohnung und fand Saweljitsch in Sorge über meine Abwesenheit. Die Nachricht von der mir gewährten Freiheit erfreute ihn unsagbar.

„Sei gepriesen, Herr der Welt!“ sagte er sich bekreuzigend, „beim Morgengrauen gleich wollen wir die Festung verlassen und fortziehen, wo uns die Augen hinführen. Ich habe dir etwas zubereitet, iß nur, Väterchen, und ruhe dich bis zum Morgen aus wie in Abrahams Schoß.“

Ich folgte seinem Rat, und nachdem ich mit großem Appetit zu Nacht gegessen hatte, schlief ich, seelisch und körperlich gleichermaßen ermüdet, auf dem kalten Fußboden ein.

IX

Die Trennung

> Ach, wie süß war doch die Zeit,
> Als ich, Liebste, mit dir war.
> Und wie schwer die Trennung heut,
> Fühl mich meiner Seele bar.
>
> Cheraskow

Am frühen Morgen weckte mich die Trommel. Ich ging zum Versammlungsort. Dort stellten sich bereits die Pugatschewschen Horden in Reih' und Glied um den Galgen auf, an dem die gestrigen Opfer noch immer hingen. Die Kosaken waren zu Pferde, die Soldaten in einer Reihe. Die Fahnen wehten. Einige Kanonen, unter denen ich auch die unsrige erkannte, waren auf Feldlafetten gelegt. Alle Einwohner der Festung befanden sich in Erwartung des Usurpators ebenfalls hier. Vor der Rampe des Kommandantenhauses hielt ein Kosak ein herrliches weißes Pferd kirgisischer Rasse am Zügel. Ich suchte mit den Augen den Körper der Kommandantin. Er war beiseite geschafft und mit einer Bastmatte zugedeckt worden. Endlich trat Pugatschew aus dem Flur. Das Volk nahm die Mützen ab. Pugatschew blieb auf der Rampe stehen und begrüßte alle. Einer der Ältesten reichte ihm einen Sack mit Kupfermünzen, die er haufenweise auszustreuen begann. Das Volk stürzte schreiend hinzu, um sie aufzulesen, und es verlief nicht ohne Schlägerei. Pugatschew wurde von seinen Hauptleuten umringt. Unter ihnen befand sich auch Schwabrin. Unsere Blicke trafen sich. Da er in meinem nur Verachtung lesen konnte, wandte er sich mit dem Ausdruck aufrichtiger Wut und geheuchelten Spottes ab. Als Pugatschew mich in der Menge entdeckte, nickte er mir mit dem Kopf zu und rief mich heran.

„Höre", sagte er, „begib dich sofort nach Orenburg und melde dem Gouverneur und allen Generalen in meinem Namen, daß sie mich in einer Woche erwarten sollen. Rate ihnen, mich in kindlicher Liebe und Gehorsam zu empfangen; wenn nicht, werden sie der grimmigen Hinrichtung nicht entgehen. Glückliche Reise, Euer Wohlgeboren!“

Dann wandte er sich zum Volk und sagte, indem er auf Schwabrin wies:

„Da habt ihr einen neuen Kommandeur, Kinderchen. Gehorcht ihm in allem, er aber ist mir für euch und für die Festung verantwortlich.“

Mit Entsetzen vernahm ich, daß Schwabrin zum Befehlshaber der Festung ernannt wurde und Marja Iwanowna in seiner Macht bleiben würde! O Gott, was wird aus ihr werden? Pugatschew stieg die Rampe hinunter. Man führte ihm das Pferd vor. Er sprang geschickt in den Sattel, ohne auf die Kosaken zu warten, die ihm behilflich sein wollten. In diesem Augenblick trat mein Saweljitsch aus der Menge, näherte sich Pugatschew und überreichte ihm ein Schriftstück. Ich konnte gar nicht erraten, was er wollte.

„Was ist das?“ fragte Pugatschew wichtig.

„Lies nur, dann wirst du schon geruhen, es zu wissen“, antwortete Saweljitsch.

Pugatschew nahm das Schriftstück und betrachtete es lange mit wichtiger Miene.

„Was schreibst du da so verzwickt?“ fragte er schließlich, „unsere lichten Augen können nichts entziffern. Wo ist mein Obersekretär?“

Ein Bursche in Korporalsuniform trat flink vor Pugatschew.

„Lies laut!“ sagte der Usurpator und reichte ihm das Papier.

Ich war außerordentlich neugierig, zu erfahren, was wohl meinem Wärter eingefallen sein mochte, an Pugatschew zu schreiben.

Der Obersekretär begann laut buchstabierend folgendes zu lesen:

„Zwei Schlafröcke, ein baumwollener und ein gestreifter seidener – sechs Rubel.“

„Was bedeutet das?“ sagte Pugatschew und verfinsterte sich.

„Befiehl weiter zu lesen“, antwortete Saweljitsch ruhig.

Der Obersekretär fuhr fort: „Eine Uniform aus feinem grünem Tuch – sieben Rubel. Eine weiße Hose – fünf Rubel. Zwölf leinene holländische Hemden mit Manschetten – zehn Rubel. Ein Kasten mit Teegeschirr – zweieinhalb Rubel ...“

„Welcher Unsinn!“ unterbrach Pugatschew. „Was gehen mich die Kästen und Hosen mit Manschetten an?“

Saweljitsch krächzte und begann zu erläutern.

„Das ist, Väterchen, siehst du, ein Verzeichnis des herrschaftlichen Gutes, das die Bösewichte gestohlen haben ...“

„Welche Bösewichte?“ fragte Pugatschew drohend.

„Nimm's nicht krumm, ich habe mich verplappert“, antwortete Saweljitsch, „nicht gerade Bösewichte, aber deine Jungen haben tüchtig gescharrt und geschleppt. Zürne nicht, ein Pferd hat vier Beine und stolpert auch. Befiehl zu Ende zu lesen.“

„Lies zu Ende“, sagte Pugatschew.

Der Sekretär fuhr fort: „Eine kattunene Bettdecke und noch eine aus Taft auf Watte – vier Rubel. Ein Fuchspelz mit rotem Satin überzogen – vierzig Rubel. Und noch ein Hasenpelz, deiner Gnaden in der Herberge geschenkt, – fünfzehn Rubel.“

„Was ist da noch?“ rief Pugatschew und funkelte mit seinen feurigen Augen.

Ich gestehe, ich bekam Angst um meinen armen Wärter. Er wollte sich wieder in Erklärungen ergehen, aber Pugatschew unterbrach ihn.

„Wie wagst du es, dich mir mit solchem Unsinn aufzudrängen?“ schrie er und warf das Schriftstück, das er den Händen des Sekretärs entriß, Saweljitsch ins Gesicht. „Dummer Alter! Man hat sie ausgeplündert, welches Unglück! Du solltest, alter Graubart, für mich und für meine Leute ewig zu Gott beten, daß ihr, du und dein Herr, nicht hier hängt, zusammen mit meinen Widersachern ... Der Hasenpelz! Ich werde dir einen Hasenpelz zeigen! Weißt du denn nicht, daß ich dir die Haut beim lebendigen Leibe herunterschinden und einen Pelz daraus machen lassen kann!“

„Es steht in deinem Willen“, sagte Saweljitsch, „aber ich bin ein unfreier Mann und werde für das herrschaftliche Gut Rede und Antwort stehen müssen.“

Pugatschew hatte offenbar einen Anfall von Großmut. Er wandte sich ab und ritt davon, ohne ein weiteres Wort gesagt zu haben. Schwabrin und die Ältesten folgten ihm. Die Bande zog in Ordnung zur Festung hinaus. Das Volk gab Pugatschew das Geleit. Ich blieb auf dem Platz allein mit Saweljitsch zurück. Mein Wärter hielt sein Verzeichnis in der Hand und betrachtete es mit dem Ausdruck tiefen Bedauerns.

Angesichts meines guten Einvernehmens mit Pugatschew, hatte er es nutzen wollen. Aber sein weises Vorhaben war ihm fehlgeschlagen. Ich wollte ihn seines unangebrachten Eifers wegen schelten, konnte mich aber des Lachens nicht erwehren.

„Lach nur, gnädiger Herr, lach nur“, antwortete Saweljitsch, „wenn wir aber die ganze Wirtschaft neu werden anschaffen müssen, dann wollen wir sehen, ob es so lachhaft sein wird.“

Ich eilte in das Haus des Geistlichen, um Marja Iwanowna zu sehen. Die Popenfrau empfing mit mit trauriger Botschaft. In der Nacht hatte sich bei Marja Iwanowna ein heftiges hitziges Fieber eingestellt. Sie lag bewußtlos und phantasierte. Die Popenfrau führte mich in ihr Zimmer. Ich trat leise an ihr Bett. Die Veränderung in ihrem Gesicht erschütterte mich. Die Kranke erkannte mich nicht. Lange stand ich vor ihr und hörte weder auf Vater Gerassim noch auf seine gute Frau, die mich offenbar trösten wollten. Finstere Gedanken bewegten mich. Der Zustand der armen schutzlosen Waise, die inmitten der bösen Rebellen sich selbst überlassen war, und meine eigene Ohnmacht schreckten mich. Schwabrin, Schwabrin war es, der meine Phantasie am meisten peinigte. Vom Usurpator mit der Macht und dem Kommando in der Festung, wo das unglückliche Mädchen, der unschuldige Gegenstand seines Hasses, bleiben mußte, betraut, war er zu allem fähig. Was sollte ich tun? Wie sollte ich ihr Hilfe leisten? Wie sie aus der Hand des Bösewichts befreien? Es blieb nur ein Mittel: ich mußte mich sofort nach Orenburg begeben, um die Befreiung der Belogorschen Festung zu beschleunigen und nach Möglichkeit dabei mitzuwirken. Ich verabschiedete mich von dem Priester und von Akulina Pamfilowna, wobei ich ihnen diejenige mit Wärme anempfahl, die ich bereits als meine Frau betrachtete. Ich nahm die Hand des armen Mädchens und küßte sie, wobei ich sie mit Tränen benetzte.

„Leben Sie wohl“, sagte die Popenfrau zu mir, „leben Sie wohl, Peter Andrejitsch. Vielleicht sehen wir uns in besseren Zeiten wieder. Vergessen Sie uns nicht und schreiben Sie uns öfter. Die arme Marja Iwanowna hat jetzt außer Ihnen weder Trost noch Beschützer.“

Als ich auf den Platz hinaustrat, blieb ich einen Augenblick stehen, sah zum Galgen hinauf, verneigte mich vor ihm, verließ die Festung und schlug zu Fuß den Weg nach Orenburg ein, begleitet von Saweljitsch, der nicht von mir ließ.

Ich hing meinen Gedanken nach, als ich plötzlich hinter mir Stampfen von Pferdehufen vernahm. Ich wandte mich um und sehe: aus der Festung sprengt ein Kosak, der ein baschkirisches Pferd am Zügel hält und mir aus der Ferne Zeichen macht. Ich blieb stehen und erkannte bald unseren Kosakenunteroffizier. Als er herangesprengt war, stieg er von seinem Pferd und sagte, indem er mir die Zügel des anderen reichte, an dessen Sattel ein Schafspelz befestigt war:

„Euer Wohlgeboren! Unser Vater schenkt Ihnen ein Pferd und einen Pelz von seiner Schulter. Und außerdem“, fuhr der Unteroffizier unsicher fort, „schenkt er Ihnen einen halben Rubel Geld ... aber ich habe es unterwegs verstreut, verzeihen Sie großmütig.“

Saweljitsch sah ihn scheel an und brummte:

„Unterwegs verstreut! Was klimpert aber da bei dir im Wams? Hast kein Gewissen!“

„Was da im Wams klimpert?“ erwiderte nicht im geringsten verlegen der Unteroffizier, „Gott steh dir bei, Alterchen! Es ist der Zaum, der so klimpert, und nicht der halbe Rubel.“

„Schon gut“, sagte ich und machte dem Streit ein Ende.

„Danke in meinem Namen dem, der dich geschickt hat. Den verlorenen halben Rubel aber kannst du unterwegs suchen und als Trinkgeld behalten."

„Meinen besten Dank, Euer Wohlgeboren", antwortete er und ließ das Pferd kehrt machen, „ich werde ewig für Sie zu Gott beten."

Bei diesen Worten galoppierte er in die Festung zurück, wobei er eine Hand an der Brust hielt, und verschwand bald aus dem Gesicht. Ich zog den Schafpelz an, bestieg das Pferd und hieß Saweljitsch hinter mir aufsteigen.

„Siehst du nun, gnädiger Herr", sagte der Alte, „daß ich dem Spitzbuben nicht umsonst die Eingabe gemacht habe. Der Dieb schämte sich. Zwar sind der langbeinige baschkirische Klepper und der Schafpelz nicht die Hälfte von dem wert, was die Spitzbuben bei uns gestohlen haben und was du ihm zu schenken geruhtest, aber immerhin kann es dir noch nützlich sein. Gut, einem bösen Hund wenigstens ein Büschel Haare auszureißen."

X

Die Belagerung der Stadt

Wiesen und Berge sind in seiner Macht.
Nun lenkt er seine Schritte auf die Stadt bei Nacht.
Er späht mit Adleraugen aus nach Mauern,
Und hinter Rohren seine Schützen lauern.

Cheraskow

Als wir uns Orenburg näherten, erblickten wir eine Menge Arrestanten mit glattrasierten Köpfen und mit von der Zange des Scharfrichters entstellten Gesichtern. Sie arbeiteten an den Schanzen unter der Aufsicht von Garnisonsinvaliden. Einige schafften auf Wägelchen Kehricht fort, der den Graben füllte, andere wieder gruben mit Spaten Erde aus. Auf dem Wall schleppten die Maurer Ziegelsteine heran und besserten die Stadtmauer aus. Am Tor wurden wir von den Posten angehalten, die unsere Pässe verlangten. Als der Sergeant hörte, daß ich aus der Belogorschen Festung komme, führte er mich geradewegs ins Haus zum General.

Ich fand ihn im Garten. Er besichtigte die vom Atem des Herbstes entblätterten Bäume und wickelte sie mit Hilfe des alten Gärtners sorgfältig in warmes Stroh ein. Sein Gesicht drückte Gesundheit, Ruhe und Gutmütigkeit aus. Er war über meine Ankunft erfreut und befragte mich nach den schrecklichen Begebenheiten, deren Zeuge ich gewesen war. Ich erzählte ihm alles. Der Alte hörte mir aufmerksam zu und schnitt währenddessen die trockenen Zweige ab.

„Armer Mironow!“ sagte er, als ich mit meiner traurigen Erzählung zu Ende war. „Schade um ihn, er war ein tüchtiger Offizier; und Madame Mironow war eine gute Dame, und wie verstand sie es, Pilze einzulegen! Aber was macht Mascha, die Tochter des Hauptmanns?“

Ich antwortete, daß sie in der Festung unter der Obhut der Popenfrau geblieben sei.

„Ei, ei, ei!“ bemerkte der General, „das ist schlimm, sehr

schlimm. Auf die Disziplin der Räuber ist durchaus kein Verlaß. Was wird aus dem armen Mädchen?“

Ich erwiderte, daß es bis zur Belogorschen Festung nicht weit sei und daß seine Exzellenz gewiß nicht zögern würde, eine Abteilung zur Befreiung ihrer armen Bewohner hinzuschicken.

Der General schüttelte den Kopf mit dem Ausdruck der Unschlüssigkeit.

„Wollen sehen, wollen sehen“, sagte er, „wir haben ja noch Zeit, davon zu reden. Komm, bitte, zu einer Tasse Tee: heute ist Kriegsrat bei mir. Du kannst uns da zuverlässige Nachrichten über diesen Taugenichts Pugatschew und über sein Heer geben. Geh jetzt und ruhe dich bis dahin aus.“

Ich begab mich in das mir angewiesene Quartier, wo Saweljitsch bereits wirtschaftete, und wartete mit Ungeduld auf die anberaumte Stunde. Der Leser kann sich leicht vorstellen, daß ich nicht versäumte, auf dem Kriegsrat, der einen solchen Einfluß auf mein Schicksal haben sollte, zu erscheinen. Zur festgesetzten Stunde war ich beim General.

Ich fand dort einen der städtischen Beamten, den Zolldirektor, soweit mir erinnerlich ist, einen dicken und rotbackigen Alten in einem silbergewirkten Rock. Er fragte mich über das Schicksal des Iwan Kusmitsch’ aus, den er seinen Gevatter nannte, und unterbrach meine Rede oft mit ergänzenden Fragen und belehrenden Bemerkungen, die, wenn sie auch keinen Sachverständigen der Kriegskunst, so doch immerhin eine rasche Auffassungsgabe und natürlichen Verstand verrieten. Indessen versammelten sich auch die anderen Gäste. Nachdem alle ihre Plätze eingenommen hatten und jedem eine Tasse Tee gereicht worden war, setzte der General ziemlich klar und ausführlich auseinander, um was es sich handelte.

„Jetzt, meine Herren, müssen wir entscheiden, wie wir gegen die Rebellen vorgehen sollen: ob offensiv oder defensiv? Beide Methoden haben ihre Vorteile und Nachteile. Die Offensive bietet mehr Aussicht auf rasche Vernichtung des Feindes; die Defensive ist sicherer und gefahrloser ... Also wollen wir die Stimmen nach der gesetzlichen Ordnung einsammeln, das heißt von den Jüngeren dem Range nach angefangen. Herr Fähnrich!“ fuhr er zu mir gewandt fort, „geruhen Sie, uns Ihre Meinung darzulegen.“

Ich erhob mich, und nachdem ich zunächst in wenigen Worten Pugatschew und seine Bande geschildert hatte, sagte ich mit Bestimmtheit, daß der Usurpator keine Möglichkeit habe, gegen eine regelrechte Waffe standzuhalten.

Meine Meinung wurde von den Beamten mit offensichtlicher Mißbilligung aufgenommen. Sie sahen in ihr nur die Eilfertigkeit und Dreistigkeit eines jungen Mannes. Es erhob sich ein Murren, und ich vernahm deutlich das von jemand halblaut ausgesprochene Wort „Milchbart“. Der General wandte sich zu mir und sagte mit einem Lächeln:

„Herr Fähnrich! Die ersten Stimmen bei Kriegsräten pflegen gewöhnlich zugunsten einer Offensive abgegeben zu werden; das ist die gesetzmäßige Ordnung. Jetzt wollen wir fortfahren, die Stimmen zu sammeln, Herr Kollegienrat! Sagen Sie uns Ihre Meinung.“

Der alte Mann im silbergewirkten Rock trank rasch seine dritte Tasse mit Rum gehörig verdünnten Tees zu Ende und antwortete dem General: „Ich denke, Euer Exzellenz, daß man weder offensiv noch defensiv vorgehen soll.“

„Wie denn, Herr Kollegienrat?“ fragte der erstaunte General, „die Taktik bietet uns keine anderen Methoden als Offensive oder Defensive ...“

„Euer Exzellenz, gehen Sie lieber bestechend vor.“

„Hehehe! Ihre Meinung ist sehr vernünftig. Das bestechende Vorgehen wird von der Taktik zugelassen, und wir werden uns Ihren Rat zunutze machen. Man könnte für den Kopf des Usurpators siebzig ... ja sogar hundert Rubel ... aus dem geheimen Fond aussetzen ...“

„Und dann“, fiel ihm der Zolldirektor ins Wort, „will ich ein kirgisischer Hammel und nicht ein Kollegienrat sein, wenn diese Diebe uns nicht ihren Hauptmann, an Händen und Füßen gefesselt, ausliefern.“

„Das wollen wir noch überlegen und besprechen“, antwortete der General. „Dennoch müssen wir auf alle Fälle militärische Maßregeln ergreifen. Meine Herren, äußern Sie Ihre Meinung nach der gesetzlichen Reihenfolge.“

Alle Meinungen waren der meinigen entgegengesetzt. Die Beamten sprachen von der Unzuverlässigkeit der Truppen, von der Ungewißheit des Erfolgs, von Vorsicht, und dergleichen mehr. Alle meinten, daß es vernünftiger sei, unter dem Schutz der Kanonen hinter den festen steinernen Mauern zu bleiben, als im offenen Feld das Glück der Waffen zu erproben. Endlich, nachdem der General alle Meinungen angehört hatte, schüttete er die Asche aus seiner Pfeife und hielt folgende Ansprache:

„Meine Herren! Ich muß Ihnen erklären, daß ich meinerseits mit der Meinung des Herrn Fähnrich vollkommen übereinstimme, denn diese Meinung ist auf allen Regeln der gesunden Taktik gegründet, die fast immer der Offensivbewegung vor der Defensivbewegung den Vorzug gibt.“

Hier hielt er inne und begann seine Pfeife zu stopfen. Meine Eigenliebe triumphierte. Ich sah die Beamten stolz an, die mit dem Ausdruck der Unzufriedenheit und der Unruhe untereinander flüsterten.

„Aber, meine Herren“, fuhr er fort, indem er zusammen mit einem tiefen Seufzer einen dicken Ballen Rauch hervorstieß, „ich wage es nicht, wenn es sich um die Sicherheit der mir von Ihrer Majestät, meiner allergnädigsten Kaiserin anvertrauten Provinz handelt, eine so große Verantwortung auf mich zu nehmen. Und so schließe ich mich der Stimmenmehrheit an, die entschieden hat, daß es das Allervernünftigste und Sicherste ist, innerhalb der Stadt die Belagerung abzuwarten, die Überfälle des Feindes aber mit Hilfe der Artillerie und, wenn es sich als möglich erweisen sollte, durch Ausfälle abzuwehren.“

Die Beamten sahen mich nur ihrerseits spöttisch an. Der Kriegsrat ging auseinander. Ich konnte nicht umhin, die Schwäche des ehrwürdigen Kriegers zu bedauern, der gegen seine eigene Meinung beschlossen hatte, der Meinung unkundiger und unerfahrener Männer zu folgen.

Einige Tage nach diesem berühmten Kriegsrat erfuhren wir, daß sich Pugatschew, wie versprochen, Orenburg näherte. Ich erkannte sein aufständisches Heer von der Höhe der Stadtmauer herab. Seine Zahl schien mir seit der letzten Erstürmung, deren Zeuge ich gewesen war, aufs Zehnfache gewachsen. Sie führten auch die Artillerie mit, die Pugatschew in den kleinen von ihm unterworfenen Festungen erbeutet hatte. Eingedenk des Beschlusses auf dem Kriegsrat, machte ich mich auf eine langwährende Einschließung in den Mauern von Orenburg gefaßt und weinte fast vor Ärger.

Ich will die Belagerung von Orenburg, die in die Geschichte und nicht in Familienaufzeichnungen gehört, nicht beschreiben. Ich sage nur kurz, daß diese Belagerung infolge der Unachtsamkeit der zuständigen Behörden für die Einwohner, die Hunger und viele andere Nöte erduldeten, zum Verderben wurde. Man kann sich leicht vorstellen, daß das Leben in Orenburg ganz unerträglich war. Alle erwarteten niedergeschlagen die Entscheidung ihres Schicksals, alle seufzten über die Teuerung, die in der Tat entsetzlich war. Die Einwohner gewöhnten sich an die Geschosse, die in ihre Höfe einschlugen. Selbst die Angriffe Pugatschews zogen die allgemeine Neugier nicht mehr an. Ich starb vor Langeweile. Die Zeit verging. Briefe aus der Belogorschen Festung bekam ich nicht. Alle Wege waren abgeschnitten. Die Trennung von Marja Iwanowna wurde mir nach und nach unerträglich. Die Ungewißheit über ihr Schicksal peinigte mich. Meine einzige Zerstreuung war das Partisanentum. Dank Pugatschew besaß ich ein gutes Pferd, mit dem ich die karge Nahrung teilte, und auf dem ich täglich ausritt, um außerhalb der Stadt gegen Pugatschews Reiter zu plänkeln. Bei diesem Geplänkel war das Übergewicht meistens auf seiten der Bösewichte, die satt und betrunken waren und gute Pferde hatten. Die abgemagerte städtische Reiterei konnte gegen sie nichts ausrichten. Zuweilen ging auch unsere hungrige Infanterie ins Feld hinaus. Aber die Tiefe des Schnees hinderte sie, erfolgreich gegen die verstreuten Reiter vorzugehen. Die Artillerie donnerte vergeblich von der Höhe des Walls herab, im Feld aber versank sie und kam wegen der Erschöpfung der Pferde nicht vorwärts. So war die Art unserer Kriegführung beschaffen! Und das nannten die Orenburger Beamten Vorsicht und Vernunft!

Einmal, als es uns mit Mühe und Not gelungen war, eine ziemlich dichte Schar zu zerstreuen und zu verjagen, stieß ich auf einen Kosaken, der hinter seinen Kameraden zurückgeblieben war. Ich war schon im Begriff, mit dem türkischen Säbel auf ihn einzuhauen, als er plötzlich die Mütze zog und rief:

„Guten Tag, Peter Andrejitsch. Wie geht es Ihnen?"

Ich sah ihn an und erkannte unseren Kosakenunteroffizier. Ich freute mich unaussprechlich über ihn.

„Guten Tag, Maximytsch", sagte ich, „wie lange bist du aus der Belogorschen?"

„Nicht lange, Väterchen Peter Andrejitsch, erst gestern bin ich zurückgekehrt. Ich habe ein Briefchen für Sie."

„Wo ist es?" rief ich entbrannt.

„Ich habe es mit", antwortete Maximytsch und steckte die Hand in den Busen, „ich habe Palascha versprochen, es Ihnen auf irgendeine Weise zuzustellen."

Mit diesen Worten überreichte er mir ein zusammengefaltetes Blatt und sprengte eilig davon. Ich faltete es auseinander und las folgende Zeilen:

„Gottes Wille war es, mir plötzlich Vater und Mutter zu nehmen. Ich habe auf Erden weder Verwandte noch Beschützer. Ich nehme meine Zuflucht zu Ihnen, weil ich weiß, daß Sie mir stets Gutes gewünscht haben und jedem Menschen zu helfen bereit sind. Ich bete zu Gott, daß dieser Brief Sie erreichen möge! Maximytsch hat uns versprochen, ihn Ihnen zuzustellen. Auch hat Palascha von Maximytsch gehört, daß er Sie oft bei Ausfällen aus der Ferne sieht und daß Sie sich gar nicht schonen und an die nicht denken, die für Sie unter Tränen zu Gott beten. Ich war lange krank, und als ich genas, zwang Alexej Iwanytsch, der an Stelle meines seligen Vaters die Festung befehligt, den Vater Gerassim, unter Drohungen von Pugatschew, mich ihm auszuliefern. Ich wohne in unserem Hause unter Bewachung. Alexej Iwanytsch zwingt mich, ihn zu heiraten. Er sagt, daß er mir das Leben gerettet habe, da er den Betrug Akulina Pamfilownas verheimlichte, die mich bei den Bösewichten für ihre Nichte ausgegeben hatte. Mir aber wäre es leichter zu sterben, als die Frau eines Mannes wie Alexej Iwanytsch zu werden. Er behandelt mich sehr grausam und droht, mich ins Lager zum Bösewicht selbst zu bringen, wenn ich es mir nicht anders überlege. Dort werde es mir ebenso ergehen wie Lisaweta Harlowa, sagt er. Ich bat Alexej Iwanytsch, mir Bedenkzeit zu geben. Er willigte ein, noch drei Tage zu warten, wenn ich ihn aber nach diesen drei Tagen nicht heirate, dann wird mir kein Pardon mehr gegeben. Väterchen Peter Andrejitsch! Sie sind mein einziger Beschützer. Nehmen Sie sich meiner, der Armen, an. Überreden Sie den General und alle Kommandeure, uns Hilfe zu schicken, und kommen Sie selbst mit, wenn Sie können. Ich verbleibe die Ihnen gehorsame arme Waise

Marja Mironowa."

Als ich diesen Brief gelesen hatte, verlor ich fast den Verstand. Ich jagte in die Stadt zurück, gab meinem armen Pferd unbarmherzig die Sporen. Unterwegs versuchte ich das eine und das andere zur Befreiung des armen Mädchens auszudenken, konnte aber nichts finden. In der Stadt begab ich mich geradewegs zum General und stürzte Hals über Kopf zu ihm.

Der General ging in seinem Zimmer auf und ab und rauchte seine Meerschaumpfeife. Als er mich erblickte, blieb er stehen. Wahrscheinlich hatte ihn mein Aussehen betroffen gemacht. Er erkundigte sich besorgt nach der Ursache meines hastigen Besuchs.

„Euer Exzellenz", sagte ich, „ich nehme Zuflucht zu Ihnen wie zu meinem eigenen Vater. Schlagen Sie mir um Gottes willen meine Bitte nicht ab: es handelt sich um das Glück meines ganzen Lebens."

„Was ist denn, Väterchen?“ fragte der erstaunte alte Mann, „was kann ich für dich tun? Sprich.“

„Euer Exzellenz, befehlen Sie, mir eine Kompanie Soldaten und ein halbes Hundert Kosaken zu geben und lassen Sie mich die Belogorsche Festung vom Feinde säubern.“

Der General sah mich unverwandt an, wahrscheinlich meinte er, ich hätte den Verstand verloren, worin er sich fast nicht irrte.

„Wie denn? Die Belogorsche Festung säubern?“ fragte er endlich.

„Ich bürge für den Erfolg“, antwortete ich eifrig. „Lassen Sie mich nur fort.“

„Nein, junger Mann“, sagte er kopfschüttelnd, „auf so große Entfernung wird es dem Feind leichtfallen, Sie von der Verbindung mit dem strategischen Hauptpunkt abzuschneiden und einen vollkommenen Sieg über Sie zu erringen. Eine abgeschnitte Verbindung ...“

Ich erschrak, als er sich in strategische Erörterungen zu vertiefen begann, und beeilte mich, ihn zu unterbrechen.

„Die Tochter des Hauptmann Mironow“, sagte ich, „schreibt mir einen Brief, sie bittet um Hilfe. Schwabrin zwingt sie, ihn zu heiraten.“

„Wirklich? Oh, dieser Schwabrin ist ein großer Schelm, und wenn er mir einmal in die Hände gerät, dann lasse ich ihn in vierundzwanzig Stunden aburteilen, und wir werden ihn auf der Brustwehr der Festung erschießen! Aber vorläufig muß man Geduld haben ...“

„Geduld haben!“ rief ich außer mir. „Und wenn er indessen Marja Iwanowna heiratet! ...“

„Oh!“ erwiderte der General, „das ist noch kein Unglück. Es ist für sie besser, solange die Frau von Schwabrin zu sein. Er kann ihr jetzt Protektion erweisen. Wenn wir ihn aber erschießen, dann werden sich mit Gottes Hilfe auch Freier finden. Die liebreizenden jungen Witwen bleiben nicht lange als Mädchen sitzen; das heißt, ich wollte sagen, eine junge Witwe findet leichter einen Freier als ein junges Mädchen.“

„Ich bin eher bereit zu sterben", sagte ich in Raserei, „als sie Schwabrin abzutreten."

„Bah, bah, bah!" sagte der Alte, „jetzt verstehe ich ... Du bist offenbar in Marja Iwanowna verliebt. Oh, das ist etwas anderes! Armer Kerl! Dennoch kann ich dir auf keinen Fall eine Kompanie Soldaten und fünfzig Kosaken geben. Diese Expedition wäre unvernünftig. Ich kann sie nicht verantworten."

Ich senkte den Kopf. Verzweiflung ergriff von mir Besitz. Plötzlich flog mir ein Gedanke durch den Sinn. Worin er bestand, wird der Leser aus dem nächsten Kapitel ersehen, wie die altertümlichen Romanschriftsteller zu sagen pflegen.

XI

Die rebellische Vorstadt

Der Löwe, grimmig sonst und wild,
War plötzlich satt und sanft und mild.
„Was führt dich her, was kann ich tun?"
So fragt er nun.

A. Sumarokow

Ich verließ den General und eilte in mein Quartier. Saweljitsch empfing mich mit seinen gewohnten Ermahnungen.

„Was ficht dich an, dich mit den besoffenen Räubern einzulassen! Ist das Sache eines Bojaren? Eine einzige schlimme Stunde – und du bist mir nichts, dir nichts verloren. Und wenn du noch gegen den Türken oder gegen den Schweden gingest, aber es ist wahrlich eine Sünde auszusprechen, gegen wen."

Ich unterbrach seine Rede mit der Frage, wieviel Geld ich alles in allem noch besäße.

„Es langt für dich", antwortete er mit zufriedener Miene, „wie die Spitzbuben auch gesucht haben, ich fand doch noch Zeit, etwas zu verstecken." Und bei diesen Worten zog er einen langen, gestrickten Beutel aus der Tasche, voll mit Silber.

„Also, Saweljitsch", sagte ich, „gib mir jetzt die Hälfte, und den Rest nimm dir. Ich fahre in die Belogorsche Festung."

„Väterchen Peter Andrejitsch", sagte der gute Wärter mit zuckender Stimme, „hab doch Gottesfurcht! Wie willst du dich bei den heutigen Zuständen auf Reisen begeben, wo der Räuber wegen nirgends durchzukommen ist! Hab Mitleid mit deinen Eltern, wenn du schon mit dir selbst kein Mitleid hast. Wohin willst du fahren? Wozu? Warte ab, es werden Truppen kommen und die Spitzbuben abfangen. Dann kannst du meinetwegen nach allen vier Windrichtungen fahren."

Aber mein Vorhaben war fest. „Laß das Räsonnieren", erwiderte ich dem Alten, „ich muß fahren, ich kann nicht anders. Gräme dich nicht, Saweljitsch, Gott ist gnädig, vielleicht sehen wir uns wieder! Sieh also zu, sei nicht bescheiden und geize nicht. Kauf alles, was du brauchst, wenn es noch so teuer ist. Dieses Geld schenk ich dir. Wenn ich in drei Tagen nicht zurück bin ..."

„Was sagst du da, gnädiger Herr", unterbrach mich Saweljitsch, „ich soll dich allein lassen! So etwas darfst du nicht einmal im Traum von mir verlangen. Wenn du schon beschlossen hast, zu reisen, so folge ich dir zu Fuß, wenn es anders nicht geht, und verlasse dich nicht. Ich soll hier hinter der steinernen Mauer ohne dich sitzen! Bin ich denn verrückt geworden? Es steht dir frei, zu tun, was du willst, gnädiger Herr, aber ich lasse nicht von dir."

Ich wußte, daß es keinen Zweck hatte, mit Saweljitsch zu streiten, und erlaubte ihm, sich zur Reise zu rüsten. Eine halbe Stunde später bestieg ich mein gutes Pferd und Saweljitsch einen mageren und hinkenden Gaul, den ihm ein Städter, der keine Möglichkeit sah, ihn durchzufüttern, geschenkt hatte. Wir langten am Stadttor an. Die Wache ließ uns passieren, und wir verließen Orenburg.

Es dämmerte. Mein Weg führte an der Kosakenvorstadt Berda vorbei, in der Pugatschew seinen Standort hatte. Der richtige Weg war vom Schnee verweht. Aber in der ganzen Steppe waren Pferdespuren, die täglich erneuert wurden, zu sehen. Ich ritt im schnellen Trab. Saweljitsch vermochte mir kaum aus der Ferne zu folgen und rief mir alle Augenblicke zu:

„Langsamer, gnädiger Herr, um Gottes willen, langsamer. Mein elender Gaul kann deinem langbeinigen Teufel nicht folgen. Was eilst du denn? Es wäre noch recht, wenn es gälte, zu einem Schmaus zu eilen, aber so, eh du dich versiehst, gerätst du unter die Axt ... Peter Andrejitsch ... Väterchen Peter Andrejitsch. Himmlischer Vater, das herrschaftliche Kind kommt noch um!"

Bald blitzten die Lichter von Berda auf. Wir näherten uns den Hohlwegen, die eine natürliche Befestigung der Vorstadt bildeten. Saweljitsch blieb mir auf den Fersen, ohne jedoch sein klägliches Flehen zu unterbrechen. Ich hoffte, die Vorstadt glücklich zu umfahren, als ich plötzlich in der Dämmerung fünf mit Knüppeln bewaffnete Bauern dicht vor mir erblickte. Es waren die vorderen Posten von Pugatschews Lager. Man rief uns an. Da ich die Parole nicht kannte, wollte ich schweigend an ihnen vorüberreiten. Aber sie umringten mich sofort, und einer von ihnen packte mein Pferd am Zügel. Ich zog den Säbel und versetzte dem Bauern einen Hieb auf den Kopf. Die Mütze rettete ihn, jedoch geriet er ins Wanken und ließ den Zügel aus der Hand. Die anderen erschraken und ließen mich stehen. Ich nutzte den Augenblick, gab dem Pferd die Sporen und jagte davon.

Die Dunkelheit der hereinbrechenden Nacht hätte mich vor jeder Gefahr bewahren können, aber ich wurde plötzlich gewahr, daß Saweljitsch nicht bei mir war. Der arme alte Mann hatte wohl nicht vermocht, auf seinem hinkenden Gaul den Räubern zu entwischen. Was war zu tun? Nachdem ich einige Minuten auf ihn gewartet und mich überzeugt hatte, daß er zurückgehalten worden war, machte ich kehrt und eilte ihm zu Hilfe.

Als ich mich dem Hohlweg näherte, vernahm ich aus der Ferne Lärm, Geschrei und die Stimme meines Saweljitsch. Ich ritt rascher heran und fand mich bald wieder zwischen den Bauern, die mich vor einigen Augenblicken aufgehalten hatten. Saweljitsch war in ihrer Mitte. Sie hatten den Alten von seinem Gaul heruntergeholt und waren im Begriff, ihn zu fesseln. Meine Ankunft erfreute sie. Mit Geschrei stürzten sie sich auf mich und zerrten mich vom Pferd herunter. Einer von ihnen, offenbar der Anführer, erklärte uns, daß er uns bald vor den Kaiser führen werde.

„Und unserm Väterchen", fügte er hinzu, „steht es frei, zu befehlen, ob Ihr gleich gehängt werdet oder ob wir das Licht Gottes abwarten sollen."

Ich widersetzte mich nicht. Saweljitsch folgte meinem Beispiel, und die Wachtposten führten uns im Triumph ab. Wir passierten den Hohlweg und betraten die Vorstadt. In allen Hütten brannten Lichter. Überall dröhnte Lärm und hallten

Schreie. Auf der Straße begegnete ich vielem Volk. Aber niemand bemerkte uns in der Dunkelheit, und niemand erkannte einen Orenburger Offizier in mir. Man brachte uns geradewegs zu einer Hütte, die am Kreuzweg stand. Am Tor standen einige Weinfässer und zwei Kanonen.

„Da ist schon der Palast", sagte einer der Bauern. „Wir wollen dich gleich melden."

Er trat in die Hütte. Ich sah Saweljitsch an. Der Alte bekreuzigte sich und betete still vor sich hin. Ich wartete lange. Endlich kehrte der Bauer zurück und sagte:

„Geh nur hinein, unser Väterchen hat befohlen, den Offizier vorzulassen."

Ich betrat die Hütte oder den Palast, wie die Bauern sie nannten. Sie war von zwei Talgkerzen beleuchtet, und die Wände waren mit Goldpapier beklebt. Im übrigen aber war alles wie in einer gewöhnlichen Bauernhütte, die Bänke, der Tisch, das Waschbecken an einem Strick und das Handtuch an einem Nagel, die Ofengabel in der Ecke und der breite, mit Töpfen vollgestellte Herd. Pugatschew saß unter den Heiligenbildern in rotem Rock, hoher Mütze und hielt mit wichtiger Miene die Hände in die Seiten gestemmt. Neben ihm standen einige seiner Hauptleute mit dem Ausdruck geheuchelter Unterwürfigkeit. Es war zu sehen, daß die Nachricht von der Ankunft eines Offiziers aus Orenburg in den Rebellen große Neugierde erweckt hatte und daß sie sich bereit gemacht hatten, mich feierlich zu empfangen. Pugatschew erkannte mich auf den ersten Blick. Seine gespielte Wichtigkeit verschwand plötzlich.

„Ah, Euer Wohlgeboren?" sagte er lebhaft zu mir. „Wie geht's dir? Was führt dich her?"

Ich antwortete, daß ich in eigenen Angelegenheiten reise und daß seine Leute mich aufgehalten hätten.

„In welcher Angelegenheit?" fragte er.

Ich wußte nicht, was ich antworten sollte. In der Annahme, daß ich mich vor Zeugen nicht aussprechen wolle, wandte sich Pugatschew zu seinen Genossen und befahl ihnen, hinauszugehen. Alle gehorchten, mit Ausnahme von zweien, die sich nicht vom Fleck rührten.

„Sprich frei in ihrer Gegenwart“, sagte Pugatschew, „ich verberge nichts vor ihnen.“

Ich sah die Vertrauten des Usurpators von der Seite an. Einer von ihnen, ein schwächliches und gebücktes altes Männlein mit einem grauen Bärtchen, hatte nichts Bemerkenswertes an sich außer einem blauen Band, das er auf dem grauen Bauernrock quer über die Schulter trug. Aber in meinem Leben werde ich seinen Kameraden nicht vergessen. Er war von hohem Wuchs, stattlich und breitschultrig und schien mir ungefähr fünfundvierzig Jahre alt zu sein. Ein starker roter Bart, graue, blitzende Augen, eine Nase ohne Nasenflügel und rote Flecke auf Stirn und Backen verliehen seinem pockennarbigen, breiten Gesicht einen unaussprechlichen Ausdruck. Er trug ein rotes Hemd, einen Kirgisenumhang und Kosakenpluderhosen. Der erste war, wie ich später erfuhr, der flüchtige Korporal Beloborodow, der zweite – Afanassij Sokolow, Chlopuscha genannt, ein verschickter Verbrecher, der dreimal aus den sibirischen Bergwerken ausgebrochen war. Trotz der Gefühle, die mich ausschließlich bewegten, zog die Gesellschaft, in die ich so unerwartet geraten war, meine Phantasie stark an. Aber Pugatschew brachte mich mit seiner Frage bald zu mir:

„Sprich, in welcher Angelegenheit hast du Orenburg verlassen?“

Ein seltsamer Gedanke kam mir in den Sinn. Es dünkte mich plötzlich, daß die Vorsehung, die mich zum zweitenmal zu Pugatschew führte, mir damit die Gelegenheit bot, mein Vorhaben auszuführen. Ich beschloß, sie auszunutzen, und ehe ich auch nur Zeit hatte, zu überlegen, wozu ich mich entschloß, antwortete ich auf Pugatschews Frage: „Ich war im Begriff, nach der Belogorschen Festung zu fahren, um eine Waise, der dort Unrecht zugefügt wird, zu befreien.“

Pugatschews Augen begannen zu funkeln.

„Wer von meinen Leuten wagt es, einer Waise Unrecht zu-

zufügen?“ rief er. „Er kann noch so wichtig sein, meinem Gericht entgeht er nicht. Sprich, wer ist der Schuldige?“

„Schwabrin ist es“, antwortete ich. „Er hält jenes Mädchen, das du bei der Popenfrau krank gesehen hast, in Gefangenschaft und will sie mit Gewalt heiraten.“

„Ich werde Schwabrin eine Lehre erteilen!“ rief Pugatschew drohend. „Er soll erfahren, was es heißt, Willkür zu üben und das Volk zu kränken. Ich werde ihn hängen.“

„Erlaube, ein Wort zu sprechen!“ sagte Chlopuscha. „Du hast dich beeilt, Schwabrin zum Kommandanten zu ernennen, jetzt beeilst du dich ebenso, ihn zu hängen. Du hast schon die Kosaken gekränkt, indem du einen Edelmann zu ihrem Vorgesetzten gemacht hast; so schrecke doch jetzt die Adligen nicht, indem du auf die erste Aussage hin einen hinrichtest.“

„Sie sind nicht wert, bedauert oder belohnt zu werden!“ sagte das alte Männlein mit dem blauen Band. „Schwabrin hinzurichten ist kein Unglück. Aber es wäre auch nicht übel, den Herrn Offizier richtig zu verhören. Wozu geruhte er zu kommen? Erkennt er dich als Kaiser nicht an, so braucht er auch kein Recht bei dir zu suchen. Erkennt er dich aber an, warum hat er dann bis zum heutigen Tage in Orenburg bei deinen Widersachern gesessen? Befiehl lieber, ihn in die Gerichtstube zu führen und dort ein Feuerchen anzuzünden. Mir will es scheinen, daß seine Gnaden von den Orenburger Kommandeuren zu uns zum Spionieren geschickt worden ist.“

Die Logik des alten Bösewichts schien mir recht überzeugend. Schauer überlief meinen ganzen Körper beim Gedanken, in welchen Händen ich mich befand. Pugatschew merkte meine Verwirrung.

„Na, Euer Wohlgeboren?“ fragte er und zwinkerte mir zu. „Mein Feldmarschall scheint recht zu haben. Was meinst du?“

Pugatschews Spott gab mir meinen Mut zurück. Ich antwortete gelassen, daß ich mich in seiner Macht befinde und daß es ihm freistehe, mit mir zu machen, was ihm beliebe.

„Schon gut“, sagte Pugatschew, „jetzt aber sag mir, in welchem Zustande sich eure Stadt befindet.“

„Gott sei Dank", sagte ich, „alles ist wohlauf."

„Wohlauf?" wiederholte Pugatschew. „Aber das Volk stirbt vor Hunger!"

Der Usurpator sprach die Wahrheit. Aber der Eidespflicht getreu, beteuerte ich, daß das alles leere Gerüchte seien und daß es in Orenburg genug Vorräte aller Art gebe.

„Du siehst", fiel mir das alte Männlein in die Rede, „daß er dich ins Gesicht betrügt. Alle Flüchtlinge sagen übereinstimmend aus, daß in Orenburg Hunger und Sterben herrschen, daß die Leute dort Aas essen, und auch das ist noch was Besonderes. Seine Gnaden aber versichert, daß sie von allem genug haben. Wenn du Schwabrin hängen willst, so häng' auf denselben Galgen auch diesen Burschen, damit niemand neidisch ist."

Die Worte des verdammten Alten schienen Pugatschew schwankend gemacht zu haben. Zum Glück begann Chlopuscha seinem Genossen zu widersprechen.

„Laß es gut sein, Naumytsch", sagte er zu ihm, „immer möchtest du würgen und stechen. Was bist du für ein Recke? Wenn man dich ansieht – zum Wegblasen. Selbst siehst du schon ins Grab und willst noch andere verderben. Hast du wenig Blut auf deinem Gewissen?"

„Was bist du aber für ein Heiliger?" fragte Beloborodow. „Wieso hast du auf einmal Mitleid?"

„Gewiß", antwortete Chlopuscha, „auch ich bin sündig, und diese Hand (hier ballte er seine knorrige Faust zusammen und zeigte, indem er seinen Ärmel hochkrempelte, seinen behaarten Arm) und auch diese Hand ist des Blutvergießens an Christenmenschen schuldig. Aber ich habe Gegner umgebracht und keinen Gast, und zwar auf freiem Kreuzweg, im dunklen Wald, und nicht zu Hause, hinter dem Ofen sitzend, mit Schlagriemen und Beil, und nicht mit Verleumdung nach Weiberart."

Der Alte wandte sich ab und murmelte die Worte: „Gezwickte Nasenflügel!"

„Was flüsterst du dort, alter Graubart?" schrie Chlopuscha.

„Ich werde dir zeigen ‚gezwickte Nasenflügel‘, warte, auch deine Stunde kommt noch. Gott wird geben, daß auch du die Zange zu riechen bekommst! Bis dahin aber sieh dich vor, daß ich dir dein Bärtchen nicht auszwicke!“

„Meine Herren Generale!“ rief Pugatschew mit Würde dazwischen. „Laßt das Streiten. Es wäre kein Unglück, wenn alle Orenburger Hunde auf einem Querbalken zappelten; schlimm aber ist es, wenn unsere eignen Hunde einander auffressen. Nun, macht Frieden.“

Chlopuscha und Beloborodow sagten kein Wort und sahen einander finster an. Ich fand es notwendig, das Gespräch, das eine sehr ungünstige Wendung für mich zu nehmen drohte, zu ändern, und sagte mit fröhlicher Miene zu Pugatschew:

„Ach, und ich hätte bald vergessen, dir für das Pferd und für den Schafspelz zu danken. Ohne dich hätte ich die Stadt kaum erreichen können und wäre unterwegs erfroren.“

Mein Kniff gelang. Pugatschew heiterte sich auf. „Die Schuld wird durch die Zahlung schön“, sagte er zwinkernd und die Augen zukneifend, „erzähl mir nur jetzt, was dich jenes Mädchen angeht, dem Schwabrin unrecht tut? Ist sie gar deine Herzliebste, wie?“

„Sie ist meine Braut“, antwortete ich, da ich den günstigen Wetterumschlag wahrnahm und keine Notwendigkeit sah, die Wahrheit zu verheimlichen.

„Deine Braut?“ rief Pugatschew. „Warum hast du es nicht gleich gesagt? Wir wollen dich verheiraten und auf deiner Hochzeit schmausen!“ Dann sagte er zu Beloborodow: „Höre, Feldmarschall! Seine Wohlgeboren und ich sind alte Freunde. Setzen wir uns und essen wir zu Nacht: der Morgen ist weiser als der Abend. Morgen werden wir sehen, was zu tun ist.“

Ich hätte die angebotene Ehre gern abgelehnt, aber ich durfte es nicht. Zwei junge Kosakenmädchen, Töchter des Hauswirts, deckten den Tisch mit einem weißen Tischtuch, brachten Brot, Fischsuppe und vierkantige Flaschen mit Wein und Bier herein, und ich fand mich zum zweitenmal an einer Tafel mit Pugatschew und seinen schrecklichen Genossen.

Die Orgie, deren unwillkürlicher Zeuge ich wurde, dauerte bis tief in die Nacht. Schließlich bemächtigte sich der Rausch nach und nach der ganzen Gesellschaft. Pugatschew schlummerte auf seinem Platz sitzend ein. Seine Genossen erhoben sich und machten mir Zeichen, ihn zu verlassen. Ich ging mit ihnen zusammen hinaus. Auf Anordnung Chlopuschas führte mich der Posten in die Gerichtsstube, wo ich auch Saweljitsch fand, und wo man mich mit ihm unter Gewahrsam beließ. Mein Wärter war angesichts alles dessen, was vorging, so erstaunt, daß er mir gar keine Fragen stellte. Er legte sich im Dunkeln hin, seufzte und stöhnte lange. Schließlich begann er zu schnarchen, während ich mich den Gedanken hingab, die mich die ganze Nacht keinen Augenblick einschlummern ließen.

Am Morgen kam man, um mich in Pugatschews Namen zu rufen. Ich begab mich zu ihm. Vor seinem Tor stand ein Reiseschlitten mit drei tatarischen Pferden bespannt. Das Volk drängte sich auf der Straße. Im Flur begegnete ich Pugatschew. Er war reisemäßig ausgerüstet in Pelz und Kirgisenmütze. Seine gestrigen Gesellschafter umringten ihn, trugen eine unterwürfige Miene zur Schau, die dem, was ich am Vorabend gesehen hatte, gar sehr widersprach. Pugatschew begrüßte mich und ließ mich im Schlitten neben sich Platz nehmen.

„Nach der Belogorschen Festung!" rief Pugatschew dem breitschulterigen Tataren zu, der den Schlitten im Stehen lenkte. Mein Herz begann heftig zu schlagen. Die Pferde setzten sich in Bewegung, das Glöcklein erklang, der Schlitten sauste davon ...

„Halt! Halt!" ließ sich eine mir nur zu bekannte Stimme vernehmen, und ich erblickte Saweljitsch, der uns entgegenlief. Pugatschew ließ halten.

„Väterchen Peter Andrejitsch!" rief der Wärter, „laß mich auf die alten Tage nicht unter diesen Spitzbub ..."

„Ah, alter Graubart!" sagte Pugatschew zu ihm. „Wieder hat es Gott gefallen, daß wir uns wiedersehen. Steig auf den Bock!"

„Vergelt's Gott, Herr, vergelt's Gott, du mein leiblicher Vater!" sprach Saweljitsch, während er sich zurechtsetzte, „Gott schenke dir hundert Jahre Gesundheit dafür, daß du mich alten Mann aufgenommen und beruhigt hast. Ich werde ewig zu Gott für dich beten, und den Hasenpelz will ich nicht einmal mehr erwähnen."

Dieser Hasenpelz konnte schließlich Pugatschew ernstlich erzürnen. Zum Glück hatte er die unangebrachte Anspielung entweder nicht gehört oder absichtlich überhört. Die Pferde setzten sich in Galopp. Die Leute auf den Straßen blieben stehen und verneigten sich tief, Pugatschew nickte mit dem Kopf nach beiden Seiten. Eine Minute später verließen wir die Vorstadt und sausten auf dem glatten Weg dahin.

Man kann sich leicht vorstellen, was ich in diesem Augenblick empfand. In einigen Stunden sollte ich die wiedersehen, die ich fast für mich verloren glaubte. Ich stellte mir den Augenblick unserer Wiedervereinigung vor. Ich dachte auch an den Menschen, in dessen Händen sich mein Schicksal befand und der infolge einer seltsamen Verkettung der Umstände auf eine geheimnisvolle Weise mit mir verbunden war. Ich dachte an die unüberlegte Grausamkeit, an die blutrünstigen Gepflogenheiten dessen, der sich angeboten hatte, der Retter meiner Liebsten zu sein! Pugatschew wußte nicht, daß sie die Tochter des Hauptmanns Mironow war. Der erbitterte Schwabrin könnte ihm alles entdecken. Pugatschew könnte auch von andrer Seite die Wahrheit erfahren. Was würde dann mit Marja Iwanowna geschehen? Schauer überliefen meinen Körper, und mein Haar sträubte sich ...

Plötzlich unterbrach Pugatschew meine Gedanken, indem er sich zu mir mit der Frage wandte:

„Worüber geruhst du nachzusinnen, Euer Wohlgeboren?"

„Wie sollte ich nicht nachsinnen?" antwortete ich ihm, „ich bin Offizier und Edelmann. Gestern habe ich noch gegen dich gekämpft, und heute fahre ich in einem Schlitten mir dir, und das Glück meines ganzen Lebens hängt von dir ab."

„Nun?" fragte Pugatschew. „Hast du Angst?"

Ich antwortete, daß ich, da ich schon einmal von ihm begnadigt worden sei, nicht nur auf seine Schonung, sondern sogar auf seine Hilfe hoffe.

„Und du hast recht, bei Gott!" sagte der Usurpator. „Du hast bemerkt, daß meine Leute dich scheel angesehen haben. Und der Alte hat heute noch darauf bestanden, daß du ein Spion seist und daß man dich foltern und hängen müßte. Ich aber habe nicht eingewilligt", fügte er leise, um von Saweljitsch und dem Tataren nicht gehört zu werden, mit gesenkter Stimme hinzu, „eingedenk deines Glases Wein und des Hasenpelzes. Du siehst, daß ich nicht gar so blutrünstig bin, wie man bei Euch von mir sagt."

Ich erinnerte mich an die Einnahme der Belogorschen Festung, aber ich hielt es nicht für nötig, ihm zu widersprechen und erwiderte kein Wort.

„Was spricht man von mir in Orenburg?" fragte Pugatschew nach kurzem Schweigen.

„Man sagt eben, daß es schwer ist, mit dir fertigzuwerden. Man muß schon sagen, du hast von dir reden machen."

Das Gesicht des Usurpators drückte befriedigte Eitelkeit aus.

„Ja", sagte er mit heiterer Miene, „ich führe Krieg, daß es sich sehen läßt. Weiß man bei euch in Orenburg von unserer Schlacht vor der Jusejewschen Festung? Vierzig Generale sind tot, vier Armeen sind gefangen genommen. Was meinst du, würde der preußische König es mit mir aufnehmen können?"

Die Prahlerei des Räubers erschien mir spaßig.

„Wie denkst du selbst", sagte ich, „würdest du mit Friedrich fertig werden?"

„Mit Fjodor Fjodorowitsch? Warum denn nicht! Mit euren Generalen werde ich ja fertig, und sie haben ihn doch geschlagen. Bis jetzt hatten meine Waffen Glück. Wart ab, was noch kommt, wenn ich erst gegen Moskau ziehe!"

„Beabsichtigst du gegen Moskau zu ziehen?"

Der Usurpator wurde nachdenklich und sagte halblaut:

„Weiß Gott! Meine Straße ist eng. Ich habe wenig Freiheit.

Meine Leute sind schlau. Sie sind Diebe. Ich muß die Ohren spitzen. Beim ersten Mißerfolg werden sie ihren Hals mit meinem Kopf loskaufen."

„Das ist es eben!" sagte ich zu Pugatschew. „Wäre es nicht besser, rechtzeitig von ihnen zu lassen und zu der Gnade der Kaiserin Zuflucht zu nehmen?" Pugatschew lächelte bitter.

„Nein", sagte er, „es ist zu spät für mich, zu bereuen. Für mich gibt es keine Begnadigung. Ich werde fortfahren, wie ich angefangen habe. Wer kann's wissen? Vielleicht gelingt's! Grischka Otrepjew hat ja in Moskau regiert."

„Aber weißt du, wie er geendet hat? Man hat ihn zum Fenster hinausgeworfen, erstochen, verbrannt, mit seiner Asche eine Kanone geladen und sie abgefeuert."

„Höre", sagte Pugatschew in wilder Beseeltheit, „ich will dir ein Märchen erzählen, das mir in der Kindheit eine alte Kalmückin zu erzählen pflegte. Einmal fragte ein Adler einen Raben: ‚Sag mir, Vogel Rabe, warum lebst du auf der lichten Welt dreihundert Jahre, während ich nur dreiunddreißig Jahre lebe?' – ‚Weil du, Väterchen, lebendiges Blut trinkst', antwortete der Rabe, ‚ich aber mich von Aas nähre.' Da dachte sich der Adler: ‚Ich will auch versuchen, mich von Aas zu nähren.' Gut. Sie flogen also zusammen auf Beute aus, der Adler und der Rabe. Da sahen sie ein gefallenes Pferd, ließen sich nieder und hockten sich hin. Der Rabe hackte daran und lobte es. Der Adler hackte einmal, ein zweites Mal, gab es auf und sagte zum Raben: ‚Nein, Bruder Rabe, anstatt dreihundert Jahre Aas zu fressen, will ich lieber einmal lebendiges Blut trinken, und mag's dann kommen, wie Gott will!' Was sagst du zu dem kalmückischen Märchen?"

„Es ist ergötzlich", antwortete ich. „Aber von Raub und Mord leben, bedeutet meiner Meinung nach das gleiche, wie Aas fressen."

Pugatschew sah mich erstaunt an und antwortete nichts. Wir schwiegen beide, jeder in seine Gedanken vertieft. Der Tatar begann ein trauriges Lied zu singen. Saweljitsch wiegte sich schlummernd auf dem Bock. Der Schlitten flog auf der glatten winterlichen Fahrbahn dahin ... Plötzlich erblickte ich auf dem steilen Ufer des Jaik ein kleines Dorf mit einem Pfahlzaun und einem Kirchturm, und eine Viertelstunde später fuhren wir in die Belogorsche Festung ein.

XII

Die Waise

> Wie unser Apfelbaum
> Keine Krone, keine Zweiglein hat,
> So hat unsre schöne Fürstin
> Vater nicht und Mutter nicht.
> Niemand kommt, sie auszustatten,
> Niemand lebt, zu segnen sie.
>
> Hochzeitslied

Der Schlitten hielt an der Rampe des Kommandantenhauses. Das Volk erkannte die Schelle Pugatschews und lief uns in Scharen nach. Schwabrin empfing den Usurpator auf der Rampe. Er war als Kosak gekleidet und trug einen Bart. Der Verräter half Pugatschew aus dem Schlitten, wobei er in untertänigen Ausdrücken seine Freude und seinen Eifer bezeigte. Als er mich erblickte, wurde er betreten, gewann aber bald wieder die Fassung, reichte mir die Hand und sagte:

„Auch du bist jetzt einer von den unsrigen? Es war längst Zeit!"

Ich wandte mich von ihm ab und antwortete nichts.

Mein Herz tat mir weh, als wir die altbekannte Stube betraten, wo an der Wand noch das Diplom des seligen Kommandanten hing, eine traurige Grabschrift auf vergangene Zeiten. Pugatschew nahm auf dem Sofa Platz, auf dem einst Iwan Kusmitsch zu schlummern pflegte, wenn das Gebrumm seiner Gattin ihn eingeschläfert hatte. Schwabrin setzte ihm eigenhändig Schnaps vor. Pugatschew nahm ein Gläschen und sagte, indem er auf mich wies: „Bediene auch Seine Wohlgeboren."

Schwabrin trat mit seinem Tablett zu mir, aber ich wandte mich zum zweitenmal von ihm ab. Er schien ganz aus der Fassung zu kommen. Bei seiner Schlauheit hatte er natürlich erraten, daß Pugatschew mit ihm unzufrieden war, hatte Angst vor ihm und sah mich mißtrauisch an. Pugatschew erkundigte sich nach der Lage in der Festung, nach den Gerüchten über die feindlichen Truppen und dergleichen mehr und fragte ihn plötzlich unvermittelt: „Sag doch, Bruder, was für ein Mädchen hältst du bei dir unter Bewachung? Zeig es mir.“

Schwabrin wurde totenbleich.

„Mein Kaiser“, sagte er mit zitternder Stimme, „mein Kaiser, sie wird nicht bewacht, sie ist krank, sie liegt in ihrem Stübchen.“

„So führ' mich zu ihr“, sagte der Usurpator und erhob sich.

Es war unmöglich, sich herauszureden. Schwabrin führte Pugatschew zu Marja Iwanownas Kammer hinauf. Ich folgte ihnen. Schwabrin blieb auf der Treppe stehen.

„Mein Kaiser“, sagte Schwabrin, „es steht in Ihrer Macht, von mir zu fordern, was Ihnen beliebt. Befehlen Sie aber einer fremden Person, das Schlafzimmer meiner Frau nicht zu betreten.“

Ich erbebte.

„Du bist also verheiratet?“ sagte ich zu Schwabrin.

„Ruhe!“ unterbrach mich Pugatschew. „Es ist meine Sache. Und du“, fuhr er zu Schwabrin gewandt fort, „sei nicht zu klug und mach keine Umstände. Ob sie deine Frau ist oder nicht, ich führe zu ihr, wen ich will. Euer Wohlgeboren, folge mir.“

An der Tür des Kämmerleins blieb Schwabrin noch einmal stehen und sprach mit versagender Stimme: „Mein Kaiser, ich sage Ihnen im voraus, daß sie ein hitziges Fieber hat und den dritten Tag schon ununterbrochen phantasiert.“

„Mach auf!“ sagte Pugatschew.

Schwabrin begann in seinen Taschen zu suchen und sagte, daß er den Schlüssel nicht mitgenommen habe. Pugatschew stieß mit dem Fuß gegen die Tür. Das Schloß sprang auf, die Tür öffnete sich, und wir traten ein.

Ich warf einen Blick hinein und erstarrte. Auf dem Boden saß Marja Iwanowna in einem zerrissenen Bauernkleid, blaß, mager, mit zerzaustem Haar. Vor ihr stand ein mit einer Scheibe Brot bedeckter Wasserkrug. Als sie mich erblickte, fuhr sie zusammen und schrie auf. Was in meinem Innern vorging, weiß ich nicht.

Pugatschew sah Schwabrin an und sagte mit einem bittern Lächeln: „Schön sieht dein Lazarett aus!“ Dann trat er zu Marja Iwanowna. „Sag mir, mein Herzchen, wofür bestraft dich dein Mann? Was hast du dir ihm gegenüber zuschulden kommen lassen?“

„Mein Mann!“ wiederholte sie. „Er ist nicht mein Mann. Ich werde nie seine Frau sein! Ich bin entschlossen, lieber zu sterben, wenn man mich nicht befreit.“

Pugatschew sah Schwabrin drohend an.

„Und du wagtest es, mich zu betrügen!“ sagte er. „Weißt du, du Taugenichts, was du verdienst?“

Schwabrin fiel auf die Knie ... In diesem Augenblick übertönte in mir die Verachtung alle meine Gefühle des Hasses und des Zornes. Mit Ekel sah ich auf den Edelmann, der sich zu Füßen eines flüchtigen Kosaken wälzte. Pugatschew ließ sich besänftigen.

„Diesmal verzeihe ich dir“, sagte er zu Schwabrin, „wisse aber, daß dir bei deiner ersten neuen Schuld auch diese heimgezahlt wird.“

Dann wandte er sich zu Marja Iwanowna und sagte freundlich: „Komm heraus, schönes Mädchen, ich schenke dir die Freiheit. Ich bin der Zar.“

Marja Iwanowna sah ihn rasch an und erriet, daß der Mörder ihrer Eltern vor ihr stand. Sie bedeckte das Gesicht mit beiden Händen und fiel in Ohnmacht. Ich stürzte zu ihr, aber in diesem Augenblick drängte sich meine alte bekannte Palascha sehr dreist ins Zimmer und machte sich um ihr Fräulein zu schaffen. Pugatschew verließ das Stübchen, und wir stiegen zu dritt in die Wohnstube hinunter.

„Was sagst du nun, Euer Wohlgeboren?“ sprach Pugatschew lachend. „Nun haben wir dir die schöne Jungfrau befreit! Was meinst du dazu, wenn wir gleich den Popen kommen ließen und ihm befehlen, seine Nichte mit dir zu trauen? Ich mache den Brautvater, Schwabrin den Trauzeugen!“

Was ich befürchtete, trat nun ein. Als Schwabrin Pugatschews Vorschlag vernahm, geriet er außer sich.

„Mein Kaiser!“ rief er rasend. „Ich bin schuldig, ich habe vor Ihnen gelogen. Aber auch Grinjew betrügt Sie. Dieses Mädchen ist nicht die Nichte des hiesigen Popen, sie ist die Tochter des Iwan Mironow, der bei Einnahme der Festung hingerichtet wurde.“

Pugatschew richtete seine blitzenden Augen auf mich.

„Was soll das noch?“ fragte er verblüfft.

„Schwabrin sagt dir die Wahrheit“, antwortete ich mit Festigkeit.

„Du hast es mir nicht gesagt“, bemerkte Pugatschew, dessen Gesicht sich verfinsterte.

„Urteile selbst“, antwortete ich, „durfte ich vor deinen Leuten aussprechen, daß die Tochter Mironows noch lebt. Sie hätten sie ja zerhackt. Nichts hätte sie retten können.“

„Auch das ist wahr“, sagte Pugatschew lachend, „meine Trunkenbolde hätten das arme Mädchen nicht verschont. Die Gevatterin Popenfrau hat wohl daran getan, sie zu täuschen.“

„Höre“, sagte ich, als ich seine gute Laune sah, „wie ich dich nennen soll, weiß ich nicht und will es auch nicht wissen. Aber es ist wahr bei Gott, ich würde, was du für mich getan hast, dir mit meinem Leben lohnen. Verlange nur nichts von mir, was meiner Ehre und meinem christlichen Gewissen zuwider ist. Du bist mein Wohltäter. Vollende, wie du begonnen hast, und laß mich mit der armen Waise ziehen, wohin uns Gott den Weg weisen wird. Und wo immer wir sein werden, und was immer mit dir geschehen wird, wir werden täglich für die Erlösung deiner sündigen Seele beten ...“

Die harte Seele Pugatschews schien gerührt.

„Wohlan, du sollst deinen Willen haben!“ sagte er. „Wenn es zu strafen gilt, dann richtig strafen, gilt es zu lohnen, dann richtig lohnen, so ist mein Brauch. Nimm deine Schöne mit, führe sie, wohin du willst, und Gott gebe euch Liebe und Eintracht.“

Hier wandte er sich zu Schwabrin und befahl ihm, mir einen Passierschein durch alle ihm unterstellten Schlagbäume und Festungen auszustellen. Schwabrin war vollends vernichtet und stand wie versteinert da. Pugatschew ging fort, um die Festung zu besichtigen. Schwabrin begleitete ihn, und ich blieb unter dem Vorwand der Vorbereitungen zur Abreise zurück.

Ich lief in das Stübchen hinauf. Die Tür war verschlossen. Ich klopfte.

„Wer ist da?“ fragte Palascha.

Ich nannte meinen Namen. Die liebliche Stimme Marja Iwanownas ließ sich hinter der Tür vernehmen: „Warten Sie, Peter Andrejitsch. Ich kleide mich um. Gehen Sie zu Akulina Pamfilowna voraus, ich komme gleich hin.“

Ich gehorchte und begab mich zu Vater Gerassim ins Haus. Sowohl er als auch die Popenfrau liefen mir entgegen. Savelitsch hatte sie schon benachrichtigt.

„Guten Tag, Peter Andrejitsch“, sprach die Popenfrau, „Gott hat uns ein Wiedersehen beschert. Wie geht es Ihnen? Und wir haben jeden Tag an Sie gedacht. Und Marja Iwanowna hat in Ihrer Abwesenheit allerhand ausstehen müssen, das Täubchen! So sagen Sie mir doch, mein Väterchen, wie sind Sie mit Pugatschew einig geworden? Wieso hat er Sie nicht umgebracht? Das ist gut, dafür wenigstens gebührt dem Bösewicht Dank.“

„Genug, Alte“, unterbrach Vater Gerassim, „rede nicht alles heraus, was du weißt. Das viele Schwatzen bringt kein Heil. Väterchen Peter Andrejitsch, treten Sie ein, willkommen! Wir haben uns schon lange, lange nicht gesehen.“

Die Popenfrau wartete mir mit allem auf, was sie hatte, und sprach währenddessen ununterbrochen weiter. Sie erzählte, auf welche Weise Schwabrin sie gezwungen hatte, Marja Iwanowna ihm auszuliefern, wie Marja Iwanowna geweint hatte und nicht von ihnen scheiden wollte; wie Marja Iwanowna durch Palascha, dieses flinke Mädchen, das auch den Kosakenunteroffizier nach ihrer Pfeife tanzen zu lassen verstand, mit ihr in ständiger Verbindung geblieben sei. Sie berichtete, wie sie Marja Iwanowna den Rat gegeben hatte, mir den Brief zu schreiben, und alles andere. Ich meinerseits erzählte ihr in Kürze meine Geschichte. Der Pope und seine Frau bekreuzigten sich mehrmals, als sie hörten, daß Pugatschew ihren Betrug kenne.

„Gott steh uns bei!" sprach Akulina Pamfilowna, „Herrgott, laß die finstere Wolke an uns vorüberziehen. Ei, ei, ein sauberer Kerl ist Alexej Iwanytsch, das muß ich schon sagen."

In diesem Augenblick öffnete sich die Tür, und Marja Iwanowna trat mit einem Lächeln auf dem blassen Gesicht ein. Sie hatte ihr Bauerngewand abgelegt und war wie früher angezogen, einfach und lieb.

Ich ergriff ihre Hand und konnte lange kein Wort hervorbringen. Wir schwiegen beide aus der Fülle des Herzens. Unsere Wirte fühlten, daß sie jetzt überflüssig waren und verließen uns. Wir blieben allein. Alles war vergessen. Wir sprachen und konnten uns nicht satt sprechen. Marja Iwanowna erzählte mir alles, was sich mit ihr seit der Einnahme der Festung zugetragen hatte, und beschrieb mir den ganzen Schrecken ihrer Lage, alle Prüfungen, denen der niederträchtige Schwabrin sie ausgesetzt hatte. Wir gedachten auch der vergangenen glücklichen Zeiten ... Wir weinten beide. Schließlich setzte ich ihr meine Pläne auseinander. Allein in der von Pugatschew unterworfenen und von Schwabrin befehligten Festung zu bleiben, war für sie unmöglich. Auch an Orenburg, das alle Leiden der Belagerung durchmachte, war nicht zu denken. Sie hatte auf der ganzen Welt keinen verwandten Menschen. Ich bot ihr an, sich auf das Gut zu meinen Eltern zu begeben. Erst schwankte sie, die ihr bekannte Ablehnung meines Vaters schreckte sie. Ich beruhigte sie. Ich wußte, daß mein Vater es für ein Glück ansehen und für seine Pflicht erachten werde, die Tochter eines verdienstvollen Kriegers, der für das Vaterland gefallen war, bei sich aufzunehmen.

„Liebe Marja Iwanowna!" sagte ich schließlich. „Ich betrachte dich als meine Frau. Wunderbare Umstände haben uns mit unzerreißbaren Banden vereinigt. Nichts auf der Welt ist imstande, uns zu trennen."

Marja Iwanowna hörte mich unbefangen an, ohne geheuchelte Schamhaftigkeit, ohne gezierte Redensarten. Sie fühlte, daß ihr Schicksal mit dem meinen vereinigt war. Aber sie wiederholte, daß sie nicht anders meine Frau werden könne, als mit der Einwilligung meiner Eltern. Ich widersprach ihr nicht. Wir küßten uns heiß und innig, und auf diese Weise war zwischen uns alles entschieden.

Eine Stunde später brachte mir der Unteroffizier einen mit dem Gekritzel Pugatschews unterschriebenen Passierschein und bat mich in seinem Namen zu ihm. Ich fand ihn reisefertig. Ich kann nicht aussprechen, was ich bei der Trennung von diesem schrecklichen Mann, der für alle, außer für mich, ein Verworfener und ein Bösewicht war, empfand. Warum soll ich die Wahrheit verschweigen? In diesem Augenblick zog mich eine starke Sympathie zu ihm hin. Ich wünschte glühend, ihn aus der Mitte der Verbrecher, die er anführte, zu reißen und seinen Kopf zu retten, solange noch Zeit war. Schwabrin und das Volk, das sich um uns drängte, hinderten mich daran, alles, wovon mein Herz voll war, auszusprechen.

Wir trennten uns freundschaftlich. Als Pugatschew Akulina Pamfilowna in der Menge erblickte, drohte er ihr mit dem Finger und blinzelte ihr vielsagend zu. Dann bestieg er den Schlitten und befahl nach Berda zu fahren, und als die Pferde sich in Bewegung setzten, steckte er noch einmal den Kopf aus dem Schlitten und rief mir zu: „Leb wohl, Euer Wohlgeboren! Vielleicht sehen wir uns einmal."

Wir haben uns in der Tat wiedergesehen – aber unter welchen Umständen! ...

Pugatschew fuhr davon. Ich starrte lange in die weiße Steppe, über die sein Dreigespann dahinjagte. Das Volk verlief sich. Schwabrin verschwand. Ich kehrte in das Haus des Priesters zurück. Alles war zu unserer Abreise gerüstet. Ich wollte nicht länger säumen. Unsere ganze Habe war in dem alten Wägelchen des Kommandanten untergebracht. Die Kutscher spannten im Handumdrehen die Pferde vor. Marja Iwanowna ging fort, um von den Gräbern ihrer Eltern, die hinter der Kirche bestattet waren, Abschied zu nehmen. Ich wollte sie begleiten, doch sie bat mich, sie allein zu lassen. Einige

Minuten später kehrte sie stumm von stillen Tränen überströmt zurück. Das Reisegefährt fuhr vor. Vater Gerassim und seine Frau geleiteten uns auf die Rampe hinaus. Wir nahmen zu dritt im Schlitten Platz: Marja Iwanowna, Palascha und ich. Saweljitsch stieg auf den Bock.

„Leb wohl, Marja Iwanowna, mein Herzchen! Leben Sie wohl, Peter Andrejitsch, unser lichter Falke!“ sprach die gute Popenfrau. „Glückliche Reise, und Glück mag euch beiden Gott geben!“

Das Gefährt setzte sich in Bewegung. Am Fenster des Kommandantenhauses sah ich Schwabrin stehen. Sein Gesicht drückte finstere Wut aus. Ich wollte über den vernichteten Gegner nicht triumphieren und wandte die Augen in eine andere Richtung. Endlich fuhren wir zum Festungstor hinaus und verließen für immer die Belogorsche Festung.

XIII

Die Verhaftung

„Mein Herr, ich bitte Sie, ich folge nur der Pflicht,
Ich muß Sie ins Gefängnis sperren, zürnet nicht."
„Schon gut, ich bin bereit, nur hoffe ich,
Daß man zuvor mich anhört gnädiglich."

Knjashnin

Als ich so unerwartet mit dem geliebten Mädchen, um das ich mich noch am gleichen Morgen so qualvoll gesorgt hatte, vereinigt war, glaubte ich mir selber nicht und bildete mir ein, alles, was mit mir geschehen war, sei ein bloßer Traum. Marja Iwanowna sah versonnen bald auf mich, bald auf den Weg. Sie schien noch nicht zur Besinnung gekommen zu sein und sich noch nicht gefaßt zu haben. Wir schwiegen. Unsere Herzen waren allzu ermüdet. Ohne es zu merken, erreichten wir nach etwa zwei Stunden die nächstgelegene Festung, die ebenfalls Pugatschew unterworfen war. Hier wechselten wir die Pferde. Aus der Eile, mit der sie angespannt wurden, aus der behendigen Diensteifrigkeit des von Pugatschew hier zum Kommandanten eingesetzten bärtigen Kosaken entnahm ich, daß man mich dank der Geschwätzigkeit des Kutschers, der uns hergebracht hatte, für einen Günstling bei Hofe hielt.

Wir reisten weiter. Es begann zu dämmern. Wir näherten uns einem Städtchen, wo sich nach den Worten des bärtigen Kommandanten eine starke Abteilung befand, die unterwegs war, um sich mit dem Usurpator zu vereinigen. Wir wurden von den Posten angehalten. Auf die Frage: „Wer da?" antwortete der Kutscher donnernd: „Des Kaisers Gevatter mit seiner Frau."

Plötzlich wurden wir von einer Schar Husaren unter fürchterlichen Schimpfworten umringt.

„Steig aus, Teufelsgevatter!“ rief mir ein schnurrbärtiger Wachtmeister zu. „Du wirst dein Bad schon bekommen mit deiner Frau!“

Ich stieg aus dem Schlitten und verlangte, zu ihrem Vorgesetzten geführt zu werden. Als die Soldaten einen Offizier in mir erblickten, hörten sie auf zu schimpfen. Der Wachtmeister führte mich zum Major. Saweljitsch blieb nicht zurück und sprach vor sich hin: „Da hast du es, des Kaisers Gevatter! Aus dem Regen in die Traufe! … Allmächtiger Gott! Wie wird das alles noch enden?“ Der Schlitten folgte uns im Schritt.

Fünf Minuten später kamen wir vor einem hellbeleuchteten Häuschen an. Der Wachtmeister ließ mich unter Bewachung zurück und ging hinein, um mich zu melden. Er kehrte sofort zurück und erklärte mir, daß Seine Hochwohlgeboren keine Zeit habe, mich zu empfangen, und daß er befohlen habe, mich ins Gefängnis zu bringen, die Frau aber zu ihm zu führen.

„Was soll das heißen?“ schrie ich rasend. „Ist er denn von Sinnen?“

„Ich kann das nicht wissen, Euer Wohlgeboren“, antwortete der Wachtmeister, „nur haben Seine Hochwohlgeboren befohlen, Euer Wohlgeboren ins Gefängnis zu führen und ihre Wohlgeboren zu Seiner Hochwohlgeboren zu bringen, Euer Wohlgeboren.“

Ich stürzte die Rampe hinauf. Die Posten dachten nicht daran, mich zurückzuhalten, und ich rannte geradeaus in ein Zimmer, wo etwa sechs Husarenoffiziere Bank spielten. Der Major hielt die Bank. Wie groß war mein Erstaunen, als ich ihn ansah und Iwan Iwanowitsch Surin erkannte, der mir einst im Gasthaus zu Simbirsk mein ganzes Geld abgewonnen hatte!

„Ist es möglich?“ rief ich. „Iwan Iwanowitsch, bist du es?“

„Bah, bah, bah, Peter Andrejitsch! Was führt dich her? Woher kommst du? Guten Tag, Bruder. Willst du nicht auf eine Karte setzen?“

„Ich danke. Befiehl lieber, mir ein Quartier anzuweisen.“

„Was brauchst du ein Quartier? Bleib bei mir.“

„Ich kann nicht, ich bin nicht allein.“

„Nun, also her mit deinen Kameraden."

„Ich bin nicht mit einem Kameraden, ich bin mit ... einer Dame."

„Mit einer Dame! Wo hast du sie aufgegriffen? Hehe, Bruder!" Bei diesen Worten pfiff Surin so ausdrucksvoll, daß alle laut lachten und ich völlig verwirrt wurde.

„Nun", fuhr Surin fort, „sei es drum. Du bekommst ein Quartier. Schade jedoch ... Wir hätten auf alte Weise zusammen schmausen können ... Heda! Bursche! Warum führt man Pugatschews Gevatterin nicht herein? Oder sträubt sie sich? Sag' ihr, daß sie sich nicht zu fürchten braucht. Der gnädige Herr ist ein guter Herr, er wird sie nicht kränken – und versetz' ihr eine gehörig."

„Was fällt dir ein?" sagte ich zu Surin. „Was für eine Gevatterin Pugatschews? Es ist die Tochter des seligen Hauptmanns Mironow. Ich habe sie aus der Gefangenschaft befreit und begleite sie jetzt aufs Gut zu meinem Vater, wo ich sie zurücklassen will."

„Wie? Da bezog sich also die Meldung auf dich? Ich bitte dich, was bedeutet das?"

„Ich erzähl' dir alles später. Jetzt aber beruhige um Gottes willen das arme Mädchen, das deine Husaren erschreckt haben."

Surin traf sofort Anordnungen. Er ging selbst auf die Straße hinaus, um sich bei Marja Iwanowna wegen des fatalen Mißverständnisses zu entschuldigen und befahl dem Wachtmeister, ihr das beste Quartier in der Stadt anzuweisen. Ich blieb über Nacht bei ihm.

Wir aßen zusammen zu Nacht, und als wir allein blieben, erzählte ich ihm meine Abenteuer. Surin hörte mir mit großer Aufmerksamkeit zu. Als ich zu Ende war, schüttelte er den Kopf und sagte:

„Das ist alles recht, Bruder. Nur eins ist nicht gut: Welcher Teufel plagt dich, zu heiraten? Ich bin ein ehrlicher Offizier, ich will dich nicht betrügen. Glaub' mir, die Heirat ist eine Torheit. Wie willst du dich mit einer Frau abgeben und Kinder versorgen? Ei, spuck drauf. Hör auf mich! Mach dich los von der Hauptmannstochter. Der Weg nach Simbirsk ist von mir gesäubert und sicher. Schick sie gleich morgen allein zu deinen Eltern und bleib bei meiner Abteilung. Nach Orenburg zurückzukehren brauchst du nicht. Wenn du den Rebellen wieder in die Hände fällst, dann wirst du kaum noch einmal heil davonkommen. Auf diese Weise aber wird dir die Liebesnarretei von selbst vergehen, und alles wird gut werden."

Wenn ich auch mit ihm nicht ganz einverstanden war, so fühlte ich doch, daß Pflicht und Ehre meine Anwesenheit beim Heer der Kaiserin forderten. Ich beschloß, Surins Rat zu folgen, Marja Iwanowna aufs Gut zu schicken und selbst bei seiner Abteilung zu bleiben.

Saweljitsch erschien, um mich auszukleiden. Ich sagte ihm, er solle sich am nächsten Tag bereit machen, um sich mit Marja Iwanowna auf die weitere Reise zu begeben. Er wollte sich erst widersetzen.

„Was fällt dir ein, gnädiger Herr? Wie soll ich dich allein lassen? Wer wird für dich sorgen? Was werden deine Eltern sagen?"

Da ich die Hartnäckigkeit meines Wärters kannte, hatte ich mir vorgenommen, ihn durch Freundlichkeit zu überreden.

„Mein Freund, Archip Saweljitsch!" sagte ich. „Schlage es mir nicht ab, sei mein Wohltäter, an Bedienung wird es mir nicht fehlen, dagegen werde ich nicht ruhig sein, wenn Marja Iwanowna sich ohne dich auf die Reise begibt. Dienst du ihr, so dienst du auch mir, denn ich bin fest entschlossen, sie, sobald es die Umstände erlauben, zu heiraten."

Da schlug Saweljitsch mit dem Ausdruck unbeschreiblichen Staunens die Hände zusammen.

„Heiraten!" wiederholte er. „Das Kind will heiraten! Und was wird der Vater sagen, was wird die Mutter sich denken?"

„Sie werden einwilligen, wenn sie Marja Iwanowna kennenlernen", antwortete ich. „Ich verlaß mich auch auf dich, Vater und Mutter haben Vertrauen zu dir, du wirst unser Fürsprecher sein, nicht wahr?" Der alte Mann war gerührt.

„Ach, du mein Väterchen Peter Andrejitsch!“ antwortete er. „Zwar ist es für dich zu früh, zu heiraten, dafür aber ist Marja Iwanowna ein so gutes Fräulein, daß es schade wäre, die Gelegenheit zu verpassen. Sei es drum! Du sollst deinen Willen haben! Ich werde sie, den Engel Gottes, begleiten und deinen Eltern untertänigst melden, daß eine solche Braut keine Mitgift nötig hat.“

Ich dankte Saweljitsch und legte mich in einem Zimmer mit Surin schlafen. Erhitzt und erregt, wie ich war, geriet ich ins Schwatzen. Surin ließ sich erst die Unterhaltung gern gefallen, nach und nach aber wurden seine Worte seltener und unzusammenhängender. Endlich begann er, anstatt Antwort auf irgendeine Frage zu geben, zu schnarchen und zu pfeifen. Ich verstummte und folgte bald seinem Beispiel.

Am nächsten Tag kam ich morgens zu Marja Iwanowna. Ich teilte ihr meinen Plan mit. Sie erkannte seine Vernünftigkeit und war mit mir einverstanden. Surins Abteilung sollte noch am selben Tag die Stadt verlassen. Wir durften nicht säumen. Ich trennte mich gleich hier von Marja Iwanowna, indem ich sie Saweljitsch anvertraute und ihr einen Brief an meine Eltern mitgab. Marja Iwanowna brach in Tränen aus.

„Leben Sie wohl, Peter Andrejitsch“, sagte sie mit leiser Stimme, „ob wir uns je wiedersehen oder nicht, das weiß Gott allein. Aber ich werde Sie mein Leben lang nicht vergessen, bis zum Grabe bleibst du allein in meinem Herzen.“

Ich vermochte nichts zu erwidern. Wir waren von Menschen umringt, vor denen ich mich nicht den Gefühlen überlassen wollte, die mich bewegten. Endlich fuhr sie ab. Ich kehrte traurig und schweigsam zu Surin zurück. Er wollte mich aufheitern. Ich selbst wollte mich zerstreuen, und wir verbrachten den Tag laut und wüst und traten abends unseren Marsch an.

Es war Ende Februar. Der Winter, der die militärischen Operationen erschwert, war im Abziehen und unsere Generale bereiteten sich zu einem einmütigen Vorgehen vor. Pugatschew stand noch immer vor Orenburg. Indessen zogen sich

Truppen um ihn zusammen und näherten sich dem Räubernest von allen Seiten. Die aufständischen Dörfer unterwarfen sich beim Eintreffen unserer Truppen, die Banden der Räuber flohen überall vor uns, und alles versprach ein baldiges und glückliches Ende.

Bald wurde auch Pugatschew vor der Festung Tatistschewa vom Fürsten Golytzin geschlagen, der seine Horden zerstreute, Orenburg befreite und dem Aufstand den letzten und entscheidenden Schlag beigebracht zu haben schien. Surin war zu jener Zeit gegen eine Bande aufständischer Baschkiren abkommandiert, die sich zerstreuten, bevor wir sie zu Gesicht bekommen hatten. Der Frühling schloß uns in einem Tatarendorf ein. Die kleinen Flüsse traten aus den Ufern und die Wege wurden unpassierbar. Wir trösteten uns in unserer Untätigkeit mit dem Gedanken an die baldige Einstellung des langweiligen und kleinlichen Krieges gegen Räuber und Wilde.

Doch Pugatschew wurde nicht gefangengenommen. Er erschien in den sibirischen Bergwerken, sammelte dort neue Banden und begann sein verbrecherisches Treiben aufs neue. Das Gerücht von seinen Erfolgen verbreitete sich wieder. Wir erfuhren von der Zerstörung der sibirischen Festungen. Bald störte die Nachricht von der Einnahme der Stadt Kasan und von dem Vormarsch des Usurpators auf Moskau die Heeresführer, die in der Hoffnung auf die Ohnmacht des verächtlichen Rebellen sorglos schlummerten. Surin erhielt Befehl, über die Wolga hinüberzusetzen und nach Simbirsk zu eilen, wo die Flamme der Empörung aufloderte. Der Gedanke, daß es mir vielleicht gelingen würde, einen Abstecher auf unser Gut zu machen, meine Eltern zu umarmen und Marja Iwanowna wiederzusehen, beseelte mich mit Freude. Ich hüpfte wie ein Kind herum und wiederholte, indem ich Surin umarmte: „Nach Simbirsk! Nach Simbirsk!“ Surin seufzte und sprach achselzuckend: „Nein, du wirst noch schlecht enden. Wenn du heiratest, bist du verloren, um nichts und wieder nichts.“

Wir näherten uns den Ufern der Wolga. Unser Regiment marschierte in das Dorf ein und blieb dort über Nacht. Am nächsten Tag sollten wir in der Frühe hinübersetzen. Der Schulze erklärte mir, daß auf der anderen Seite alle Dörfer im Aufstand seien, überall streiften Pugatschewbanden umher.

Diese Nachricht erfüllte mich mit großer Besorgnis. Ungeduld bemächtigte sich meiner und ließ mir keine Ruhe. Das Gut meines Vaters befand sich jenseits des Flusses in einer Entfernung von dreißig Werst. Ich fragte, ob sich nicht ein Bootsmann finden ließe. Alle Bauern waren Fischer, Boote gab es genug. Ich ging zu Surin und meldete ihm meine Absicht.

„Nimm dich in acht", sagte er, „allein ist es gefährlich, zu fahren. Warte bis zum Morgen. Wir setzen als erste über und machen deinen Eltern einen Besuch mit fünfzig Husaren, auf alle Fälle." Ich bestand auf meiner Absicht. Das Boot war bereit. Ich bestieg es mit zwei Ruderern. Sie stießen vom Ufer ab und senkten ihre Ruder ins Wasser.

Der Himmel war klar. Der Mond schien. Es war windstill. Die Wolga trieb ruhig und gleichmäßig dahin. Das Boot glitt, sich ruhig wiegend, über die Oberfläche der dunklen Wellen. Es verging ungefähr eine halbe Stunde. Ich versank in Träume der Einbildung. Die Ruhe der Natur, die politischen Schrekken, die Liebe und so weiter, alles wehte durcheinander. Wir erreichten die Mitte des Flusses. Plötzlich begannen die Ruderer untereinander zu flüstern.

„Was ist?" fragte ich erwacht.

„Wir wissen nicht, Gott weiß", antworteten die Ruderer, die nach einer Richtung starrten.

Meine Augen folgten der Richtung, und ich sah im Halbdunkel etwas die Wolga herunterschwimmen. Der unbekannte Gegenstand kam näher. Ich befahl den Ruderern, zu halten und abzuwarten.

Der Mond verschwand hinter einer Wolke. Das schwimmende Gespenst wurde noch dunkler. Es war schon ganz in meiner Nähe, ich konnte es jedoch noch nicht unterscheiden.

„Was könnte es sein?“ sprachen die Ruderer. „Ist es ein Segel, ist es ein Mast...“

Plötzlich trat der Mond hinter der Wolke hervor und beleuchtete einen schrecklichen Anblick. Uns entgegen schwamm ein auf einem Floß befestigter Galgen. Drei Körper hingen an dem Querbalken. Krankhafte Neugierde bemächtigte sich meiner. Ich wollte die Gesichter der Gehängten sehen. Auf meinen Befehl hielten die Ruderer das Floß mit den Bootshaken fest, und mein Boot stieß gegen den schwimmenden Galgen. Ich sprang hinauf und fand mich zwischen den schrecklichen Pfählen. Der Vollmond beleuchtete die entstellten Gesichter der Unglücklichen. Einer von ihnen war ein alter Tschuwasche, der andere ein starker, gesunder, russischer Bauer von etwa zwanzig Jahren. Als ich den dritten ansah, war ich tief betroffen und konnte einen klagevollen Ausruf nicht unterdrücken. Es war Wanjka, mein armer Wanjka, der sich aus Dummheit Pugatschew angeschlossen hatte. Über ihnen war ein schwarzes Brett befestigt, auf dem mit weißen großen Buchstaben geschrieben stand: „Diebe und Aufwiegler.“ Die Ruderer warteten gleichmütig auf mich und hielten das Floß mit dem Bootshaken fest. Ich setzte mich wieder ins Boot. Das Floß schwamm stromabwärts. Der Galgen dunkelte noch lange in der Finsternis. Endlich verschwand er, und mein Boot legte am hohen und steilen Ufer an.

Ich entlohnte die Ruderer freigebig. Einer von ihnen führte mich zum Schulzen des Dorfes, das an der Überfahrt lag. Ich betrat mit ihm zusammen die Hütte. Als der Schulze hörte, daß ich Pferde verlangte, empfing er mich erst ziemlich grob, aber mein Führer flüsterte ihm einige Worte ins Ohr, und seine Grobheit verwandelte sich sofort in geschäftigen Diensteifer. Im Augenblick war ein Dreigespann bereit. Ich bestieg das Gefährt und befahl, mich nach unserem Dorf zu fahren.

Ich sprengte die große Fahrstraße dahin, vorbei an schlafenden Dörfern. Ich fürchtete nur eines, unterwegs aufgehalten zu werden. Wenn meine nächtliche Begegnung auf der Wolga die Anwesenheit von Aufständischen bedeutete, so war sie auch zugleich ein Beweis für die starke Gegenwirkung der Regierung. Auf alle Fälle hatte ich den mir von Pugatschew ausgestellten Passierschein und den Befehl des Obersten Surin in der Tasche. Aber niemand begegnete mir, und gegen Morgen erblickte ich den Fluß und das Tannenwäldchen, hinter dem unser Dorf lag. Der Kutscher hieb auf die Pferde ein, und eine Viertelstunde später zogen wir in den Ort ein. Das Herrenhaus befand sich am anderen Ende des Dorfes. Die Pferde jagten aus aller Kraft. Plötzlich, mitten im Dorf, versuchte der Kutscher, sie aufzuhalten.

„Was ist los?" rief ich ungeduldig.

„Ein Schlagbaum, gnädiger Herr", antwortete der Kutscher und brachte mit Mühe die erhitzten Pferde zum Stehen.

In der Tat erblickte ich eine Barrikade vor mir und einen Posten mit einem Knüppel. Der Bauer trat zu mir, zog die Mütze und fragte nach meinem Paß.

„Was soll das bedeuten? Wozu diese Sperre? Wen bewachst du hier?" fragte ich ihn.

„Wir rebellieren nämlich, Väterchen", antwortete er, indem er sich kratzte.

„Und wo ist eure Herrschaft?" fragte ich mit ersterbendem Herzen.

„Wo unsere Herrschaft ist?" wiederholte der Bauer. „Unsere Herrschaft ist im Getreidespeicher."

„Wieso denn im Speicher?"

„Andrjucha, der Vogt, hat sie eingesperrt, mußt du wissen, ihnen Klötze an die Füße gelegt und will sie zum Väterchen Zaren hinbringen!"

„Mein Gott! Schieb die Sperre zur Seite, Dummkopf. Was gaffst du?"

Der Posten zögerte. Ich sprang aus dem Gefährt, versetzte ihm einen Schlag hinter die Ohren (Verzeihung!) und schob selber den Schlagbaum zurück. Mein Bauer sah mich mit stumpfem Staunen an. Ich setzte mich wieder in das Wägelchen und befahl, nach dem Herrenhof zu jagen. Der Getreidespeicher befand sich im Hof. An der verschlossenen Tür standen zwei Bauern mit Knüppeln. Das Gefährt hielt dicht vor ihnen. Ich sprang hinaus und stürzte mich über sie.

„Türe aufsperren!" rief ich ihnen zu.

Meine Miene war offenbar schreckenerregend, wenigstens liefen beide davon, nachdem sie die Knüppel fortgeworfen hatten. Ich versuchte das Schloß von der Tür herunterzuschlagen oder herauszubrechen, aber die Tür war aus Eiche und das riesige Schloß unzerstörbar. In diesem Augenblick trat ein junger Bauer aus dem Gesindehaus und fragte mich mit hochmütiger Miene, wie ich es wage, Lärm zu machen.

„Wo ist Andrjuschka, der Vogt?" schrie ich ihn an. „Ruf ihn her!"

„Ich selbst bin Andrej Aphanaßjewitsch, und nicht Andrjuschka", antwortete er, wobei er stolz die Hände in die Seiten stemmte, „was ist Ihr Begehr?"

Anstatt einer Antwort packte ich ihn beim Genick, zerrte ihn zur Speichertür und befahl ihm, sie aufzusperren. Der Vogt widersetzte sich erst. Aber die väterliche Züchtigung wirkte auch auf ihn. Er zog den Schlüssel und schloß den Speicher auf. Ich stürzte über die Schwelle und erblickte in einem dunklen, durch eine schmale Öffnung in der Decke schwach beleuchteten Winkel den Vater und die Mutter. Ihre Hände waren gefesselt, ihre Füße an Klötze gelegt. Ich umarmte sie und konnte kein Wort sprechen. Beide sahen mich verwundert an. Drei Jahre militärischen Lebens hatten mich so verändert, daß sie mich nicht wiederzuerkennen vermochten.

Plötzlich vernahm ich eine liebliche, vertraute Stimme.

„Peter Andrejitsch! Sind Sie es?"

Ich sah mich um und erblickte in der anderen Ecke Marja Iwanowna, ebenfalls gefesselt. Ich war ganz starr. Mein Vater betrachtete mich schweigend und wagte es nicht, seinen Augen zu trauen. Freude strahlte aus seinem Gesicht.

„Guten Tag, Petruscha!" sprach er und drückte mich ans Herz. „Gott sei Dank, daß wir es erleben, dich wiederzusehen!"

Meine Mutter stieß einen Seufzer aus und ergoß sich in Tränen.

„Petruscha, mein Freund!“ sprach die Mutter. „Wie hat dich Gott hergeführt? Bist du wohl?“

Ich beeilte mich, mit dem Säbel die Knoten ihrer Stricke zu durchschneiden und sie aus der Gefangenschaft hinauszuführen. Doch als ich zur Tür trat, fand ich sie wieder verschlossen.

„Andrjuschka!“ rief ich. „Mach auf!“

„Das möchtest du wohl!“ antwortete der Vogt hinter der Tür. „Sitz jetzt selber drin! Wir werden es dich lehren, zu krakeelen und des Kaisers Beamten am Kragen zu schleppen!“

Ich begann, den Speicher zu untersuchen, ob es nicht irgendwo eine Möglichkeit gebe, herauszukommen.

„Gib dir keine Mühe!“ sagte der Vater. „Ich bin kein solcher Wirt, daß man in meine Speicher durch Diebesschlüpfe aus und ein gehen könnte.“

Die Mutter, die durch mein Erscheinen für einen Augenblick erfreut gewesen war, verfiel in Verzweiflung, als sie sah, daß auch ich den Untergang der ganzen Familie würde teilen müssen. Aber ich war ruhiger, seit ich mit ihnen und mit Marja Iwanowna zusammen war. Ich hatte einen Säbel und zwei Pistolen bei mir, ich konnte die Belagerung noch aushalten. Surin sollte gegen Abend hier eintreffen und uns befreien. Ich teilte dies alles meinen Eltern mit und vermochte meine Mutter und Marja Iwanowna zu beruhigen. Sie gaben sich der Freude des Wiedersehens ganz hin, und einige Stunden vergingen für uns unmerklich in gegenseitigen Zärtlichkeiten und ununterbrochenen Gesprächen.

„Nun, Peter“, sagte der Vater, „du hast genug dumme Streiche verübt, und ich war gehörig böse auf dich. Aber wir wollen an das Alte nicht mehr denken. Ich hoffe, du hast dich ausgetobt und gebessert. Ich weiß, daß du gedient hast, wie es einem ehrlichen Offizier geziemt. Ich danke dir, du hast mich alten Mann getröstet. Wenn ich meine Errettung dir verdanken sollte, wird mir das Leben doppelt angenehm sein.“

Ich küßte unter Tränen seine Hand und sah Marja Iwanowna an, die durch meine Gegenwart so erfreut war, daß sie vollkommen glücklich und ruhig schien.

Um die Mittagszeit vernahmen wir ungewöhnlichen Lärm und Schreie.

„Was bedeutet das?“ sagte der Vater. „Am Ende ist schon dein Oberst eingetroffen?“

„Unmöglich“, antwortete ich, „er kann vor Abend nicht hier sein.“

Der Lärm nahm zu. Die Glocke läutete Sturm. Im Hof sprengten berittene Leute umher. In diesem Augenblick steckte Saweljitsch seinen grauen Kopf durch die schmale, in die Wand gehauene Öffnung herein, und mein armer Wärter sagte mit kläglicher Stimme:

„Andrej Petrowitsch! Du mein Väterchen Peter Andrejitsch! Marja Iwanowna! Ein Unglück! Die Bösewichte sind ins Dorf einmarschiert. Und weißt du, Peter Andrejitsch, wer sie hergeführt hat? Schwabrin Alexej Iwanytsch, daß ihn der Teufel hole!“

Als Marja Iwanowna den verhaßten Namen hörte, schlug sie die Hände zusammen und erstarrte.

„Höre“, sagte ich zu Saweljitsch, „schick einen Reiter zur Überfahrt dem Husarenregiment entgegen und laß den Obersten von unserer Gefahr benachrichtigen.“

„Wen soll ich aber schicken, gnädiger Herr? Alle Buben machen den Aufstand mit, und die Pferde sind alle in ihren Händen. Ach, ach! Er ist schon im Hof! Sie erreichen bald den Speicher.“

In diesem Augenblick erschollen einige Stimmen vor der Tür. Ich gab der Mutter und Marja Iwanowna ein Zeichen, sich in einen Winkel zurückzuziehen, zog den Säbel blank und lehnte mich an die Wand, dicht an der Tür. Der Vater nahm die Pistolen, entsicherte beide und stellte sich neben mir auf. Das Schloß klirrte, die Tür öffnete sich, und der Kopf des Vogts wurde sichtbar. Ich versetzte ihm einen Hieb mit dem Säbel, er stürzte und versperrte den Eingang. Im gleichen Augenblick feuerte der Vater aus einer Pistole zur Tür hinaus. Die Menge wich unter Flüchen zurück. Ich schleppte den Verwundeten über die Schwelle und verschloß die Tür.

Der Hof war voll von bewaffneten Leuten. Unter ihnen erkannte ich Schwabrin.

„Fürchtet euch nicht“, sagte ich zu den Frauen, „es ist noch Hoffnung. Und Sie, Väterchen, schießen Sie nicht mehr. Wir wollen uns die letzte Ladung aufsparen.“

Die Mutter betete stumm zu Gott. Marja Iwanowna stand neben ihr und wartete mit engelhafter Geduld auf die Entscheidung ihres Schicksals. Hinter der Tür waren Drohungen, Schimpfworte und Flüche zu hören. Ich stand auf meinem Platz, bereit, den ersten Verwegenen in Stücke zu hauen. Plötzlich verstummten die Bösewichte. Ich vernahm Schwabrins Stimme, der mich mit Namen anrief.

„Ich bin hier. Was willst du?“

„Ergib dich, Grinjew. Widerstand ist unmöglich. Hab' Mitleid mit deinen Alten. Durch Hartnäckigkeit rettest du dich nicht. Ich werde euch schon fangen!“

„Versuch's, Verräter!“

„Ich werde mich weder selbst unnütz in Gefahr begeben, noch meine Leute opfern, sondern ich lasse den Speicher anzünden, und dann wollen wir sehen, was du machen wirst, du Don Quichotte von Belogorsk. Jetzt ist es Zeit, zu Mittag zu essen. Bis dahin kannst du dir's in Ruhe überlegen. Auf Wiedersehen! Marja Iwanowna, bei Ihnen brauche ich mich nicht zu entschuldigen, Sie werden sich im Dunkeln mit Ihrem Ritter gewiß nicht langweilen.“

Schwabrin entfernte sich unter Zurücklassung einer Wache vor dem Speicher. Wir schwiegen. Jeder von uns dachte für sich und wagte es nicht, den anderen seine Gedanken mitzuteilen. Ich stellte mir vor, was der erbitterte Schwabrin alles zu tun fähig war. Um mich sorgte ich mich nicht. Soll ich's gestehen? Auch das Schicksal meiner Eltern schreckte mich nicht so wie das Schicksal Marja Iwanownas. Ich wußte, daß die Mutter von den Bauern und vom Hofgesinde vergöttert wurde. Der Vater war ungeachtet seiner Strenge ebenfalls beliebt, denn er war gerecht und kannte die wahren Nöte der ihm untergebenen Leute. Ihr Aufstand war eine Verirrung, ein augenblicklicher Rausch, nicht der Ausdruck ihrer Empörung. Hier war Schonung wahrscheinlich. Aber Marja Iwanowna? Welches Los hat ihr der gewissenlose, verderbte, lasterhafte Mensch zugedacht? Ich wagte es nicht, bei diesem schrecklichen Gedanken haltzumachen und war bereit (Gott verzeihe mir!), sie eher zu töten, als sie zum zweitenmal in den Händen des grausamen Feindes zu sehen.

Es verging noch eine Stunde. Im Dorf schallten die Lieder der Betrunkenen. Unsere Wache beneidete sie und ärgerte sich über uns, schimpfte und schreckte uns mit Folterung und Tod. Wir waren auf die Ausführung von Schwabrins Drohungen gefaßt. Endlich entstand große Bewegung im Hof und wir vernahmen wieder Schwabrins Stimme:

„Nun, habt ihr's euch überlegt? Ergebt ihr euch freiwillig in meine Hände?"

Niemand antwortete.

Nach einer Weile befahl Schwabrin Stroh zu bringen. Einige Minuten später loderte Feuer empor und beleuchtete den dunklen Speicher. Der Rauch begann durch die Ritzen der Schwelle einzudringen.

Da trat Marja Iwanowna zu mir und sagte leise, indem sie mich bei der Hand nahm:

„Genug, Peter Andrejitsch! Stürzen Sie um meinetwillen nicht sich und die Eltern ins Verderben. Schwabrin wird auf mich hören. Lassen Sie mich hinaus!"

„Um nichts in der Welt!" schrie ich heftig. „Wissen Sie, was Sie erwartet?"

„Schande werde ich nicht überleben", antwortete sie ruhig, „aber vielleicht rette ich meinen Befreier und die Familie, die sich meines armen Waisentums angenommen hat. Leben Sie wohl, Andrej Petrowitsch! Leben Sie wohl, Awdotja Wassiljewna! Sie waren mehr als Wohltäter für mich. Segnen Sie mich. Leben auch Sie wohl, Peter Andrejitsch. Seien Sie überzeugt, daß ... daß ..." Hier begann sie zu weinen und bedeckte das Gesicht mit den Händen. Ich war wie ein Wahnsinniger. Die Mutter weinte.

„Red' keinen Unsinn, Marja Iwanowna", sagte mein Vater, „wer wird dich allein zu den Räubern lassen? Sitz hier und schweig. Wenn es zu sterben gilt, so wollen wir eben zusammen sterben. Horch! Was spricht man da noch?"

„Ergebt ihr euch?" schrie Schwabrin. „Ihr seht doch, in fünf Minuten seid ihr gargebraten."

„Wir ergeben uns nicht, Bösewicht!" antwortete ihm der Vater mit fester Stimme.

Sein mutiges Gesicht, von Runzeln besät, war wunderbar beseelt. Die Augen blitzten unter den grauen Brauen. Er wandte sich zu mir und sagte: „Jetzt ist es Zeit!"

Er öffnete die Tür. Das Feuer drang ein und schwang sich die Pfähle hinauf, die mit trockenem Moos gedichtet waren. Der Vater schoß die Pistole ab, überschritt die brennende Schwelle und rief: „Folgt mir!" Ich nahm die Mutter und Marja Iwanowna bei der Hand und führte sie rasch an die Luft. Auf der Schwelle lag Schwabrin, von der alten Hand meines Vaters durchschossen. Die Schar der Räuber, die vor unserem unerwarteten Ausfall zurückgewichen war, gewann wieder Mut und wollte uns umzingeln. Ich fand Zeit, einige Hiebe auszuteilen. Aber ein geschickt nach mir geschleuderter Ziegelstein traf mich gerade in die Brust. Ich fiel hin und verlor für einen Augenblick das Bewußtsein. Ich wurde umringt und entwaffnet. Als ich zu mir kam, sah ich Schwabrin im blutbefleckten Grase sitzen und vor ihm unsere ganze Familie.

Man griff mir unter die Arme. Eine Schar Bauern, Kosaken und Baschkiren umgab uns. Schwabrin war schrecklich bleich. Die eine Hand preßte er an die verwundete Seite. Sein Gesicht drückte Qual und Wut aus. Er hob langsam den Kopf, sah mich an und sagte mit schwacher, kaum vernehmlicher Stimme:

„Hängt ihn ... und alle ... außer ihr ..."

Die Menge umringte uns sofort und schleppte uns zum Tor. Doch plötzlich verließ sie uns und floh nach allen Seiten. Durch das Tor zog Surin ein, und ihm folgte seine ganze Schwadron mit blanken Säbeln.

Die Aufständischen flohen nach allen Richtungen. Die Husaren verfolgten sie, hieben auf sie ein und machten Gefangene. Surin sprang vom Pferd, verbeugte sich vor dem Vater und der Mutter und drückte mir fest die Hand.

„Wie bin ich doch gelegen gekommen!“ sagte er. „Ah! da ist auch deine Braut!“

Marja Iwanowna errötete bis über die Ohren. Der Vater trat zu ihm und dankte ihm mit ruhigem, wenn auch ergriffenem Ausdruck. Die Mutter umarmte ihn immer wieder und nannte ihn einen Rettungsengel.

„Seien Sie uns willkommen“, sagte der Vater und führte ihn ins Haus.

Als Surin an Schwabrin vorbeikam, blieb er stehen.

„Wer ist das?“ fragte er und sah den Verwundeten an.

„Das ist der Anführer der Bande in eigener Person“, antwortete der Vater mit einigem Stolz, die den alten Krieger verriet, „Gott hat meiner zitternden Hand geholfen, den jungen Bösewicht zu bestrafen und an ihm das Blut meines Sohnes zu rächen.“

„Das ist Schwabrin“, sagte ich zu Surin.

„Schwabrin, freut mich sehr. Husaren, nehmt ihn fest. Und sagt dem Arzt, daß er ihm die Wunde verbindet und ihn hütet wie seinen Augapfel. Schwabrin muß unbedingt der geheimen Kommission in Kasan vorgeführt werden. Er ist einer der Hauptverbrecher, und seine Aussagen sind gewiß sehr wichtig ...“

Schwabrin öffnete seinen matten Blick. In seinem Gesicht drückte sich nichts als physischer Schmerz aus. Die Husaren trugen ihn auf einem Mantel fort.

Wir betraten die Zimmer. Mit Beben blickte ich um mich und erinnerte mich an meine Kinderjahre. Nichts im Hause hatte sich verändert, alles stand auf dem alten Fleck. Schwabrin hatte nicht gestattet, zu plündern, da ihn selbst in seiner Erniedrigung ein unwillkürlicher Abscheu vor ehrloser Gewinnsucht bewahrte.

Die Dienerschaft erschien im Vorzimmer. Sie hatte am Aufstand nicht teilgenommen und freute sich reinen Herzens über unsere Befreiung. Saweljitsch triumphierte. Man muß wissen, daß er während des durch den Überfall der Räuber verursachten Trubels nach dem Stall gelaufen war, wo Schwabrins Pferd stand, es leise hinausgeführt und sich dank dem Tumult unbemerkt im Galopp zur Überfahrt begeben hatte. Er traf das Regiment an, wie es diesseits der Wolga ausruhte. Als Surin durch ihn von unserer Gefahr erfuhr, befahl er die Pferde zu besteigen, und war Gott sei Dank rechtzeitig herbeigekommen.

Surin bestand darauf, daß der Kopf des Vogtes einige Stunden an einem Pfahl vor der Schenke ausgestellt wurde. Die Husaren kehrten von der Verfolgung zurück, nachdem sie eine Anzahl Gefangene gemacht hatten. Diese wurden in denselben Speicher gesteckt, in dem wir die denkwürdige Belagerung ausgehalten hatten. Wir zogen uns zurück, jeder auf sein Zimmer. Die Alten waren ruhebedürftig. Da ich die ganze Nacht nicht geschlafen hatte, warf ich mich aufs Bett und schlief fest ein. Surin ging, seine Anordnungen zu treffen.

Am Abend vereinigten wir uns im Salon um den Samowar in heiterer Unterhaltung über die vergangene Gefahr. Marja Iwanowna schenkte den Tee ein. Ich setzte mich zu ihr und befaßte mich ausschließlich mit ihr. Meine Eltern schienen der Zärtlichkeit unserer Beziehungen wohlwollend zuzusehen. Bis heute lebt dieser Abend in meiner Erinnerung. Ich war glücklich, vollkommen glücklich. Gibt es denn viele solcher Augenblicke im armen menschlichen Leben?

Am nächsten Tag wurde dem Vater gemeldet, daß die Bauern im Herrenhof ihre Reue darbringen wollten. Der Vater ging zu ihnen auf die Rampe hinaus. Bei seinem Erscheinen knieten die Bauern nieder.

„Nun, was gibt's, ihr Tröpfe?“ sagte er zu ihnen. „Was ist euch eingefallen, einen Aufstand zu machen?“

„Wir bekennen uns schuldig, gnädiger Herr“, antworteten sie einstimmig.

„Das ist es eben, schuldig! Erst macht ihr einen dummen Streich, und dann seid ihr selber nicht froh darüber! Ich verzeihe euch um der Freude willen, daß Gott mir vergönnt hat, meinen Sohn Peter Andrejitsch wiederzusehen. Nun, schon recht, gegen ein reuiges Haupt erhebt sich kein Schwert."

„Wir bekennen uns schuldig, gewiß, wir sind schuldig!"

„Gott hat uns trockenes Wetter geschickt. Es war Zeit, das Heu hereinzuschaffen, ihr aber, Dummköpfe, was habt ihr ganze drei Tage getan? Schulze! Schick sie alle bis zum letzten auf die Heumahd. Aber sieh zu, rothaarige Bestie, daß zum Johannistag das ganze Heu bereits in den Schobern liegt! Schert euch!"

Die Bauern verneigten sich und begaben sich an die Fronarbeit, als wäre nichts geschehen.

Schwabrins Wunde erwies sich als nicht tödlich. Er wurde unter Bedeckung nach Kasan gebracht. Ich sah vom Fenster aus, wie er in den Wagen gehoben wurde. Unsere Blicke trafen sich. Er senkte den Kopf, und ich trat eilig vom Fenster zurück. Ich fürchtete zu zeigen, daß ich über die Erniedrigung und das Unglück des Feindes triumphierte.

Surin mußte weiter marschieren. Ich beschloß, ihm zu folgen, trotz meiner Neigung, noch einige Tage im Schoß meiner Familie zu verbringen. Am Tage vor dem Aufbruch kam ich zu den Eltern, verneigte mich nach der damaligen Sitte bis zur Erde und bat sie, in meine Ehe mit Marja Iwanowna einzuwilligen. Die Alten richteten mich auf und gaben unter Freudentränen ihre Zustimmung. Ich führte die blasse und zitternde Marja Iwanowna zu ihnen herein. Uns wurde der Segen erteilt. Was ich da fühlte, will ich nicht beschreiben. Wer je in meiner Lage war, wird mich auch ohnedies verstehen. Wer es nicht war, den kann ich nur bedauern und ihm raten, solange noch Zeit ist, sich zu verlieben und den Segen der Eltern zu erhalten.

Am nächsten Tag war das Regiment marschbereit. Surin verabschiedete sich von meiner Familie. Wir waren alle überzeugt, daß die Kriegsoperationen bald eingestellt sein würden. In einem Monat hoffte ich vermählt zu sein. Zum Abschied küßte mich Marja Iwanowna in Gegenwart aller. Ich bestieg den Schlitten. Saweljitsch folgte mir wieder, und das Regiment zog ab. Lange sah ich aus der Ferne nach dem Landhaus zurück, das ich nun wieder verließ. Eine düstere Ahnung beunruhigte mich. Jemand flüsterte mir zu, daß für mich noch nicht alles Unglück vorüber sei. Das Herz ahnte einen neuen Sturm.

Ich will unseren Feldzug und das Ende des Pugatschew-Krieges nicht beschreiben. Wir kamen durch Siedlungen, die von Pugatschew ausgeraubt waren, und waren gezwungen, den armen Bewohnern auch das noch zu nehmen, was ihnen die Räuber zurückgelassen hatten.

Sie wußten nicht, wem sie gehorchen sollten. Die Regierungstätigkeit hatte überall aufgehört. Die Gutsbesitzer versteckten sich in den Wäldern. Die Räuberbanden trieben überall ihr Unwesen. Die Führer der einzelnen Abteilungen, die zur Verfolgung Pugatschews, der sich damals bereits auf der Flucht nach Astrachan befand, ausgesandt wurden, bestraften eigenmächtig Schuldige und Unschuldige. Der Zustand des ganzen Landes, in dem der Brand wütete, war entsetzlich.

Behüte uns Gott, einen russischen Aufstand zu sehen in seiner Sinn- und Schonungslosigkeit. Diejenigen, die bei uns auf unmögliche Umwälzungen sinnen, sind entweder jung und kennen unser Volk nicht, oder sie sind schon verhärtete Menschen, denen der eigene Hals eine Kopeke und des Fremden Kopf einen Heller wert ist.

Pugatschew floh, von Iwan Iwanowitsch Michelson verfolgt. Bald erfuhren wir von seiner Niederlage. Endlich erhielt Surin Nachricht von der Gefangennahme des Usurpators und zugleich den Befehl, den Vormarsch einzustellen. Der Krieg war zu Ende. Endlich durfte ich zu meinen Eltern reisen! Der Gedanke, sie zu umarmen und Marja Iwanowna, von der ich gar keine Nachrichten hatte, wiederzusehen, erfüllte mich mit Begeisterung. Ich hüpfte herum wie ein Kind. Surin lachte und sprach achselzuckend: „Nein, es nimmt kein gutes Ende mit dir! Wenn du heiratest, gehst du für nichts und wieder nichts zugrunde!“

Indessen war meine Freude von einem seltsamen Gefühl vergällt. Der Gedanke an den mit dem Blut so vieler unschuldiger Opfer befleckten Bösewicht und an die Hinrichtung, die ihn erwartete, ließ mir unwillkürlich keine Ruhe. „Jemelja, Jemelja!“ dachte ich verdrossen. „Warum bist du nicht gegen ein Bajonett gestoßen oder von einer Kartätsche getroffen worden! Besseres hättest du dir nicht wünschen können.“ Was läßt sich machen! Der Gedanke an ihn war in mir unzertrennlich von dem Gedanken an die Begnadigung, die er mir in einem der schrecklichsten Augenblicke meines Lebens gewährt hatte und an die Befreiung meiner Braut aus den niederträchtigen Händen Schwabrins.

Surin gab mir Urlaub. In einigen Tagen sollte ich wieder bei meiner Familie sein und Marja Iwanowna wiedersehen. Plötzlich traf mich ein unerwarteter Schicksalsschlag.

An dem für meine Abreise bestimmten Tag, in dem Augenblick, als ich im Begriff war, die Reise anzutreten, trat Surin mit einem Schriftstück in der Hand und mit einem ungewöhnlich besorgten Gesichtsausdruck zu mir in die Hütte. Es versetzte mir einen Stich ins Herz. Ich erschrak, ohne selbst zu wissen warum. Er schickte meinen Burschen hinaus und erklärte, daß er mit mir etwas besprechen müsse.

„Was ist es denn?“ fragte ich mit Besorgnis.

„Eine kleine Unannehmlichkeit“, antwortete er, indem er mir das Schriftstück überreichte, „lies, was ich eben erhalten habe.“

Ich las. Es war eine geheime Order an alle Truppenführer, mich zu verhaften, wo immer ich mich befände, und mich unverzüglich unter Bedeckung an die Untersuchungskommission, die zur Führung des Pugatschew-Prozesses eingesetzt worden war, nach Kasan zu befördern.

Das Schriftstück entfiel beinahe meinen Händen.

„Da ist nichts zu machen!“ sagte Surin. „Meine Pflicht ist, diesem Befehl zu gehorchen. Wahrscheinlich hat das Gerücht von deinen freundschaftlichen Reisen mit Pugatschew auf irgendeine Weise die Behörden erreicht. Ich hoffe, daß die

Sache keine Folgen haben wird und daß du dich vor der Kommission rechtfertigen wirst. Verliere den Mut nicht und fahre hin."

Mein Gewissen war rein. Ich fürchtete das Gericht nicht, aber der Gedanke, den Augenblick des lieblichen Wiedersehens auf einige Monate vielleicht verschieben zu müssen, schreckte mich. Das Gefährt stand bereit. Surin verabschiedete sich freundschaftlich von mir. Ich wurde in den Wagen hineingesetzt. Zwei Husaren mit blankem Säbel stiegen zu mir ein, und so fuhr ich die große Fahrstraße dahin.

XIV

Das Gericht

Der Menschen Gerede
Gleicht den Wogen im Meer.
Sprichwort

Ich war überzeugt, daß meine eigenmächtige Abwesenheit von Orenburg an allem schuld sei. Ich konnte mich leicht rechtfertigen: Das Partisanentum war nicht nur nie verboten gewesen, sondern wurde vielmehr nach Kräften gefördert. Ich konnte wohl des Übereifers, aber nicht des Ungehorsams beschuldigt werden. Dagegen konnten meine freundschaftlichen Beziehungen zu Pugatschew von einer Menge Zeugen bestätigt werden und mußten sehr verdächtig erscheinen. Den ganzen Weg dachte ich über die Fragen nach, die mich erwarteten, überlegte meine Antworten und beschloß, vor Gericht die ganze Wahrheit zu sagen, da ich diese Rechtfertigungsmethode für die richtigste und zugleich auch für die zuverlässigste hielt.

Ich kam in Kasan an, das verwüstet und niedergebrannt war. Auf den Straßen waren an Stelle der Häuser Berge von Schutt und Kohle und ragten die verräucherten Wände ohne Dächer und Fenster. So war die Spur, die Pugatschew hinterlassen hatte! Man brachte mich in die Zitadelle, die mitten in der niedergebrannten Stadt unversehrt geblieben war. Die Husaren übergaben mich dem wachthabenden Offizier. Er ließ einen Schmied holen. Man legte mir eine Kette um die Füße und schmiedete sie fest zu. Dann führte man mich ins Gefängnis und ließ mich allein in einem engen dunklen Loch mit kahlen Wänden und einem Fensterchen, das mit einem eisernen Gitter verrammelt war.

Solch ein Anfang versprach mir nichts Gutes. Dennoch verlor ich weder den Mut noch die Hoffnung. Ich nahm meine Zuflucht zu dem Trost aller Schmerzensreichen, und nachdem ich zum erstenmal die Süße des Gebets, das sich aus reinem, aber zerrissenem Herzen ergießt, ausgekostet hatte, schlief ich ruhig ein, ohne mich darum zu sorgen, was mit mir geschehen würde.

Am nächsten Morgen weckte mich der Gefängniswärter mit der Meldung, daß ich vor die Kommission gerufen werde. Zwei Soldaten führten mich über den Hof in das Haus des Kommandanten, blieben im Vorzimmer stehen und ließen mich in die inneren Gemächer allein.

Ich trat in einen ziemlich großen Saal. Um einen mit Schriftstücken bedeckten Tisch saßen zwei Männer: ein bejahrter General von kaltem und strengem Aussehen und ein junger, ungefähr achtundzwanzigjähriger Gardehauptmann von sehr angenehmem Äußeren und weltläufigem, unbefangenem Benehmen. An einem besonderen Tisch am Fenster saß der Sekretär über ein Papier gebeugt, mit der Feder hinter dem Ohr, bereit, meine Aussagen aufzuschreiben. Das Verhör begann. Man fragte mich nach meinem Namen und Beruf. Der General erkundigte sich, ob ich der Sohn des Andrej Petrowitsch Grinjew sei. Und auf meine bejahende Antwort versetzte er rauh: „Schade, daß ein so ehrwürdiger Mann einen so unwürdigen Sohn hat!"

Ich antwortete gelassen, daß, wie immer die über mich schwebenden Beschuldigungen auch beschaffen sein möchten, ich sie dennoch durch eine offenherzige Darlegung der Wahrheit zu zerstreuen hoffe. Meine Sicherheit mißfiel ihm.

„Du bist pfiffig, Freund", sagte er und verfinsterte sich, „aber wir haben noch ganz andere gesehen!"

Da fragte mich der Jüngere, aus welchem Anlaß und zu welcher Zeit ich in Pugatschews Dienste getreten und zu welchen Aufträgen ich von ihm gebraucht worden sei.

Ich antwortete mit Empörung, daß ich als Offizier und Edelmann keineswegs in Pugatschews Dienste treten und keinerlei Aufträge von ihm übernehmen konnte.

„Wie konnte aber ein Offizier und Edelmann als einziger vom Usurpator verschont bleiben", erwiderte mein Befrager,

„während alle seine Kameraden in bestialischer Weise getötet worden sind? Wie kommt es, daß derselbe Offizier und Edelmann freundschaftlich mit den Aufständischen schmaust, von dem Hauptverbrecher Geschenke annimmt, einen Pelz, ein Pferd und einen halben Rubel Geld? Bei welchem Anlaß entstand diese sonderbare Freundschaft und worauf gründete sie sich, wenn nicht auf Verrat oder zumindest auf niederträchtiger und verbrecherischer Feigheit?"

Ich war durch die Worte des Gardeoffiziers tief verletzt und begann mich mit Eifer zu rechtfertigen. Ich erzählte, wie meine Bekanntschaft mit Pugatschew während des Sturmes in der Steppe begonnen, wie er mich bei der Einnahme der Belogorschen Festung erkannt und begnadigt hatte. Ich sagte, daß ich mir freilich kein Gewissen daraus gemacht hätte, den Schafpelz und das Pferd vom Usurpator anzunehmen, daß ich aber die Belogorsche Festung gegen den Bösewicht bis zum Äußersten mitverteidigt hätte. Endlich berief ich mich auf meinen General, der meinen Eifer während der unglückseligen Belagerung von Orenburg bezeugen könne.

Der strenge Alte nahm einen geöffneten Brief vom Tisch und verlas ihn laut:

„Auf die Anfrage Euer Exzellenz bezüglich des Fähnrichs Grinjew, der angeblich an dem jetzigen Aufstand beteiligt und in unerlaubte und die Eidespflicht verletzende Beziehungen zu dem Bösewicht getreten sein soll, habe ich die Ehre zu erklären: Selbiger Fähnrich Grinjew befand sich in Orenburg im Dienst von Anfang Oktober des vergangenen Jahres bis zum 24. Februar dieses Jahres, an welchem Datum er sich aus der Stadt entfernt hat und zu seinem Kommando nicht zurückgekehrt ist. Von Überläufern aber haben wir vernommen, daß er im Lager bei Pugatschew gewesen und mit ihm zusammen nach der Belogorschen Festung gefahren sei, in der er früher gedient hat. Was seine Aufführung betrifft, so kann ich ..."

Hier unterbrach er sich im Vorlesen und sagte streng:

„Was kannst du jetzt zu deiner Rechtfertigung sagen?"

Ich wollte fortfahren, wie ich angefangen hatte, und meine

Beziehung zu Marja Iwanowna ebenso aufrichtig schildern wie alles andere, empfand aber plötzlich einen unüberwindlichen Widerwillen. Es kam mir in den Sinn, daß, wenn ich sie nennen würde, die Kommission sie ebenfalls vorladen würde, und der Gedanke, ihren Namen mit den niederträchtigen Verleumdungen der Verbrecher in Zusammenhang und sie selbst zu einer Gegenüberstellung mit ihnen zu bringen – dieser schreckliche Gedanke traf mich so, daß ich stockte und in Verwirrung geriet.

Die Richter, die meine Antworten, so schien es mir, mit einigem Wohlwollen aufzunehmen begonnen hatten, wurden angesichts meiner Verwirrung abermals gegen mich eingenommen. Der Gardeoffizier verlangte, daß man mich dem Hauptangeber gegenüberstelle. Der General befahl, den gestrigen Bösewicht hereinzuführen. Ich wandte mich hastig zur Tür, um auf das Erscheinen meines Anklägers zu warten. Einige Minuten später wurde Kettengeklirr hörbar, die Tür öffnete sich, und Schwabrin trat ein. Ich war über seine Veränderung erstaunt. Er war entsetzlich mager und bleich. Sein Haar, früher pechschwarz, war völlig ergraut, der lange Bart struppig. Er wiederholte seine Anklagen mit schwacher, aber dreister Stimme. Seinen Worten zufolge war ich von Pugatschew nach Orenburg als Spion beordert worden. Ich sei täglich zu Geplänkeln hinausgefahren, um schriftliche Berichte über alles, was in der Stadt vorging, zu verfassen. Er behauptete, daß ich mich schließlich ganz offenkundig dem Usurpator ergeben habe, mit ihm von Festung zu Festung herumgefahren sei, auf jede Weise bemüht, meine Genossen durch Verrat zu verderben, um ihre Stellungen einzunehmen und die Gnaden einzuheimsen, die der Usurpator austeilte.

Ich hörte ihn schweigend an und war nur mit einem zufrieden, daß der Name Marja Iwanownas von dem niederträchtigen Schurken nicht ausgesprochen wurde, sei es, weil seine Eigenliebe litt beim Gedanken an die, die ihn mit Verachtung verschmäht hatte, sei es, weil in seinem Herzen ein Funke jenes Gefühls, das auch mich zum Schweigen zwang, noch nicht erloschen war. Wie dem auch sei, der Name der Tochter des Belogorschen Kommandanten wurde in Gegenwart der Kommission nicht ausgesprochen. Ich wurde dadurch noch mehr in meiner Absicht bestärkt, und als die Richter mich fragten, wodurch ich die Aussagen Schwabrins widerlegen könnte, erwiderte ich, daß ich mich an meine erste Aussage halte und zu meiner Rechtfertigung nichts anderes vorbringen könne.

Der General befahl, uns hinauszuführen. Wir gingen zusammen hinaus. Ich sah Schwabrin ruhig an, sagte ihm aber kein Wort. Er lächelte ein böses Lächeln, und indem er seine Ketten etwas in die Höhe hob, überholte er mich und beschleunigte seine Schritte. Man führte mich wieder ins Gefängnis, und ich wurde seitdem nicht wieder verhört.

Ich war nicht Zeuge dessen, was mir dem Leser mitzuteilen übrigbleibt. Aber ich habe es so oft erzählen hören, daß die kleinsten Einzelheiten sich meinem Gedächtnis eingeprägt haben, und es ist mir, als wenn ich unsichtbar dabei zugegen gewesen wäre.

Die Nachricht von meiner Verhaftung erschütterte meine Familie tief. Marja Iwanowna hatte meinen Eltern so harmlos von meiner seltsamen Bekanntschaft mit Pugatschew erzählt, daß sie sich nicht nur beruhigt fühlten, sondern vielmehr des öfteren von Herzen darüber lachten. Der Vater wollte nicht glauben, daß ich in den niederträchtigen Aufstand verwickelt sein könnte, dessen Ziel der Sturz des Throns und die Vernichtung des Adels war. Er unterzog Saweljitsch einem strengen Verhör. Der Wärter verheimlichte nicht, daß der gnädige Herr wiederholt Gast bei Jemeljka Pugatschew gewesen war und daß der Bösewicht ihm in der Tat Gunst bezeugt hatte, schwor aber, daß er nie von einem Verrat gehört habe. Die alten Leute beruhigten sich und warteten mit Ungeduld auf günstige Nachrichten. Marja Iwanowna war sehr beunruhigt, schwieg aber, denn sie war im höchsten Grade mit Bescheidenheit und Vorsicht begabt.

Es vergingen einige Wochen. Plötzlich erhielt mein Vater einen Brief aus Petersburg von unserem Verwandten, dem

Fürsten B. Der Fürst schrieb ihm über mich. Nach der gewöhnlichen Einleitung meldete er ihm, daß der Verdacht, ich hätte die Aufständischen unterstützt, sich als allzu begründet erwiesen habe und eine exemplarische Hinrichtung mich hätte treffen sollen, daß die Kaiserin jedoch aus Achtung vor den Verdiensten und dem hohen Alter meines Vaters beschlossen habe, den verbrecherischen Sohn zu begnadigen, und befohlen habe, ihn von der schmachvollen Hinrichtung zu befreien und in eine entfernte Gegend von Sibirien lebenslänglich zu verschicken.

Dieser unerwartete Schlag hätte meinen Vater fast getötet. Er verlor seine gewohnte Festigkeit, und sein Kummer, der ihn sonst stumm machte, ergoß sich in bitteren Klagen.

„Wie?“ wiederholte er außer sich. „Mein Sohn hat an den Plänen Pugatschews teilgenommen! Gerechter Gott, was muß ich erleben! Die Kaiserin befreit ihn von der Hinrichtung! Ist mir dadurch leichter? Nicht die Hinrichtung ist schrecklich: mein Urgroßvater ist auf dem Richtplatz gestorben, weil er das verteidigte, was er für das Heiligtum des Gewissens hielt, und mein Vater hat zusammen mit Wolynskij und Chrustschow gelitten. Aber ein Edelmann, der seinem Eid untreu wird, sich mit Räubern und Mördern zusammentut, mit flüchtigen Knechten ... Schimpf und Schande unserem Geschlecht!“

Von seiner Verzweiflung war die Mutter so erschreckt, daß sie es nicht wagte, in seiner Gegenwart zu weinen, sie bemühte sich, ihm seinen Mut zurückzugeben, indem sie von der Unzuverlässigkeit der Gerüchte, von der Wandelbarkeit der menschlichen Meinung sprach. Mein Vater blieb untröstlich.

Marja Iwanowna quälte sich am meisten. Da sie überzeugt war, daß ich, wenn ich nur gewollt hätte, mich hätte rechtfertigen können, erriet sie die Wahrheit und hielt sich für die Schuldige an meinem Unglück. Sie verbarg vor allen ihre Tränen und ihr Leid und sann ununterbrochen auf Mittel, mich zu erretten.

Eines Abends saß der Vater auf dem Sofa und blätterte im Hofkalender, aber seine Gedanken waren weit fort, und die

Lektüre übte ihre gewohnte Wirkung auf ihn nicht aus. Er pfiff einen altertümlichen Marsch. Die Mutter strickte schweigend eine Wolljacke, und Tränen tropften zuweilen auf ihre Arbeit nieder. Plötzlich erklärte Marja Iwanowna, die ebenfalls über einer Arbeit saß, daß ein dringendes Geschäft sie zwinge, nach Petersburg zu reisen, und daß sie bitte, ihr die Reise zu ermöglichen. Die Mutter betrübte sich sehr:

„Wozu mußt du nach Petersburg“, sagte sie, „willst auch du uns verlassen, Marja Iwanowna?“

Marja Iwanowna antwortete, daß ihr ganzes künftiges Schicksal von dieser Reise abhänge und daß sie hinfahren wolle, um Schutz und Hilfe bei einflußreichen Personen zu suchen, als die Tochter eines Mannes, der für seine Treue gelitten hatte.

Mein Vater senkte den Kopf! Jedes Wort, das ihn an das angebliche Verbrechen seines Sohnes erinnerte, bedrückte ihn und erschien ihm als ein einziger Vorwurf.

„Fahr nur, Kind“, sagte er mit einem Seufzer zu ihr, „wir wollen deinem Glück kein Hindernis in den Weg legen. Gott gebe dir einen guten Menschen zum Bräutigam, und nicht einen ehrlosen Verräter.“

Er erhob sich und verließ das Zimmer.

Marja Iwanowna, allein mit der Mutter zurückgeblieben, erklärte ihr zum Teil ihre Pläne. Die Mutter umarmte sie unter Tränen und flehte zu Gott um einen glücklichen Erfolg des beabsichtigten Schrittes. Marja Iwanowna wurde ausgerüstet und trat einige Tage später die Reise an, in Begleitung der treuen Palascha und des treuen Saweljitsch, der jetzt, nachdem er von mir gewaltsam getrennt worden war, in dem Gedanken Trost fand, wenigstens meiner anverlobten Braut zu dienen.

Marja Iwanowna langte glücklich in Petersburg an, und als sie erfuhr, daß der Hof sich zur Zeit in Zarskoje Selo befand, beschloß sie, dort abzusteigen. Es wurde ihr ein Winkel hinter einem Verschlag angewiesen. Die Frau des Posthalters geriet sofort in ein Gespräch mit ihr, erklärte, daß sie die Nichte des Hofheizers sei, und weihte sie in alle Geheimnisse des Hoflebens ein. Sie erzählte, zu welcher Stunde die Kaiserin zu erwachen pflege, Kaffee trinke, spazierengehe, welche Würdenträger dabei zugegen seien, was sie gestern an der Tafel zu sprechen geruhte, wen sie am Abend empfangen habe. Mit einem Wort, die Unterhaltung Anna Wlassjewnas entsprach einigen Seiten historischer Memoiren und wäre kostbar für die Nachwelt. Marja Iwanowna hörte ihr mit Aufmerksamkeit zu. Sie begaben sich in den Park. Anna Wlassjewna erzählte die Geschichte jeder Allee und jeder kleinen Brücke, und nachdem sie einen Spaziergang gemacht hatten, kehrten sie sehr zufrieden miteinander auf die Station zurück.

Am nächsten Morgen erwachte Marja Iwanowna früh, zog sich an und ging leise in den Park hinaus. Der Morgen war herrlich, die Sonne beleuchtete die Wipfel der Linden, die unter dem frischen Atem des Herbstes bereits gelb geworden waren. Der weite See glänzte unbeweglich. Die erwachten Schwäne schwammen majestätisch hinter dem das Ufer beschattenden Gebüsch hervor. Marja Iwanowna ging um eine prächtige Wiese herum, wo vor kurzem ein Denkmal zur Erinnerung an die jüngst errungenen Siege des Grafen Peter Alexandrowitsch Rumjanzew errichtet worden war. Plötzlich begann ein weißes Hündchen englischer Rasse zu bellen und lief ihr entgegen. Marja Iwanowna erschrak und blieb stehen. In diesem Augenblick ertönte eine angenehme Frauenstimme. „Fürchten Sie nicht, er beißt nicht."

Marja Iwanowna erblickte eine Dame, die auf einer Bank dem Denkmal gegenüber saß. Marja Iwanowna setzte sich an das andere Ende der Bank. Die Dame sah sie unverwandt an. Marja Iwanowna hatte ihrerseits von der Seite einige Blicke auf sie geworfen, und es gelang ihr, sie genau vom Kopf bis zu den Füßen zu mustern. Sie war in einem weißen Morgengewand, in einer Nachthaube und in einer warmen Jacke. Sie schien vierzig Jahre alt zu sein. Ihr Gesicht, voll und rosig, drückte Würde und Ruhe aus, und die hellblauen Augen und das flüchtige Lächeln waren von unaussprechlichem Liebreiz. Die Dame unterbrach zuerst das Schweigen.

„Sie sind gewiß fremd hier?“ sagte sie.

„Ja, ich bin erst gestern aus der Provinz gekommen.“

„Sind Sie mit Ihren Verwandten gekommen?“

„Nein, ich bin allein gekommen.“

„Allein! Aber Sie sind doch noch so jung ...“

„Ich habe weder Vater noch Mutter.“

„Sie sind gewiß in Geschäften hier?“

„Ja. Ich bin hergekommen, um ein Gesuch an die Kaiserin einzureichen.“

„Sie sind eine Waise. Sicherlich klagen Sie über Ungerechtigkeit und Kränkung?“

„Nein, durchaus nicht. Ich bin gekommen, um Gnade zu erbitten und nicht Gerechtigkeit.“

„Gestatten Sie, zu fragen, wer Sie sind?“

„Ich bin die Tochter des Hauptmanns Mironow.“

„Des Hauptmanns Mironow? Desselben, der Kommandant einer der Orenburger Festungen war?“

„Jawohl.“ Die Dame schien gerührt zu sein.

„Verzeihen Sie“, sagte sie mit noch freundlicherer Stimme, „wenn ich mich in Ihre Angelegenheiten mische. Aber ich verkehre bei Hofe. Erklären Sie mir, worin Ihr Gesuch besteht, vielleicht gelingt es mir, Ihnen beizustehen.“

Marja Iwanowna erhob sich und dankte ehrerbietig. Alles an der unbekannten Dame zog unwillkürlich das Herz an und flößte Vertrauen ein. Marja Iwanowna holte ein zusammengefaltetes Schriftstück aus der Tasche und reichte es ihrer unbekannten Gönnerin, die es für sich zu lesen begann.

Erst las sie mit aufmerksamem und wohlwollendem Gesichtsausdruck. Plötzlich aber verwandelte sich ihr Gesicht, und Marja Iwanowna, die mit den Augen allen ihren Bewegungen folgte, erschrak über den strengen Ausdruck dieses Gesichts, das vor einem Augenblick noch so mild und ruhig war.

„Sie bitten für Grinjew?“ sagte die Dame mit kalter Miene. „Die Kaiserin kann ihn nicht begnadigen. Er hat sich dem Usurpator angeschlossen, nicht aus Unbildung und Leichtgläubigkeit, sondern als ein unmoralischer und schädlicher Taugenichts."

„Nein, es ist nicht wahr!" rief Marja Iwanowna.

„Wieso nicht wahr?" erwiderte die Dame aufflammend.

„Es ist nicht wahr, bei Gott, es ist nicht wahr! Ich weiß alles, ich will Ihnen alles erzählen. Er hat sich nur meinetwegen alledem ausgesetzt, was ihn betroffen hat. Und wenn er sich vor Gericht nicht gerechtfertigt hat, so geschah es nur, um mich nicht hineinzuziehen."

Und sie erzählte mit Wärme alles, was dem Leser bereits bekannt ist.

Die Dame hörte sie aufmerksam an.

„Wo sind Sie abgestiegen?" fragte sie darauf, und als sie vernahm, daß es bei Anna Wlassjewna war, sagte sie mit einem Lächeln: „Ah, ich weiß. Leben Sie wohl, sprechen Sie zu niemand von unserer Begegnung. Ich hoffe, daß Sie auf die Beantwortung Ihres Briefes nicht lange warten müssen."

Bei diesen Worten erhob sie sich und entfernte sich in eine geschützte Allee, und Marja Iwanowna kehrte, von freudiger Hoffnung erfüllt, zu Anna Wlassjewna zurück.

Die Wirtin schalt sie wegen des frühen Herbstspazierganges, der, wie sie meinte, für die Gesundheit des jungen Mädchens schädlich sei. Sie brachte die Teemaschine herein und begann bei einer Tasse Tee ihre endlosen Erzählungen über den Hof, als plötzlich eine Hofkutsche vor der Rampe hielt und ein Kammerlakai mit der Meldung eintrat, daß die Kaiserin das Fräulein Mironow zu sich befehle.

Anna Wlassjewna war erstaunt und wurde geschäftig.

„Ach Gott!" rief sie, „die Kaiserin befiehlt Sie zu Hofe. Wie hat sie denn von Ihnen erfahren? Und wie wollen Sie sich der Kaiserin vorstellen? Ich nehme an, Sie verstehen nicht einmal auf höfische Weise den Fuß zu setzen ... Soll ich Sie nicht lieber begleiten? Immerhin könnte ich Ihnen doch manchen Fingerzeig geben. Und wie wollen Sie im Reisekleid hinfahren? Soll ich nicht zu der Hebamme schicken und ihren gelben Reifrock holen lassen?"

Der Kammerlakai erklärte, die Kaiserin wünsche, daß Marja Iwanowna allein fahre, und so, wie sie angetroffen wurde. Es war nichts zu machen: Marja Iwanowna stieg in die Kutsche und fuhr in den Palast, von den Ratschlägen und Segenswünschen Anna Wlassjewnas begleitet.

Marja Iwanowna ahnte die Entscheidung unseres gemeinsamen Schicksals. Ihr Herz pochte heftig und wollte schier versagen. Nach einigen Minuten hielt die Kutsche vor dem Palais. Marja Iwanowna stieg mit Beben die Treppe hinauf. Die Tür öffnete sich weit vor ihr. Sie durchschritt eine ganze Flucht menschenleerer prachtvoller Gemächer. Der Kammerlakai wies ihr den Weg. Endlich trat er an eine verschlossene Tür, sagte, daß er sie gleich melden wolle und ließ sie allein.

Der Gedanke, der Kaiserin von Angesicht zu Angesicht gegenüberzutreten, schreckte sie so, daß sie sich nur mit Mühe auf den Beinen halten konnte. Eine Minute später öffnete sich die Tür, und sie betrat das Ankleidezimmer der Kaiserin.

Die Kaiserin saß vor ihrem Toilettentisch. Einige Höflinge umgaben sie und machten Marja Iwanowna ehrerbietig Platz. Die Kaiserin wandte sich freundlich nach ihr um, und Marja Iwanowna erkannte in ihr die Dame, mit der sie sich vor einigen Minuten so offenherzig ausgesprochen hatte. Die Kaiserin rief sie heran und sagte mit einem Lächeln:

„Ich freue mich, daß ich Ihnen mein Wort halten und Ihre Bitte erfüllen kann. Ihre Angelegenheit ist erledigt. Ich bin von der Unschuld Ihres Verlobten überzeugt. Da ist ein Brief, den Sie bitte Ihrem zukünftigen Schwiegervater übergeben."

Marja Iwanowna nahm mit zitternder Hand den Brief an sich und fiel der Kaiserin weinend zu Füßen, die sie aufrichtete und küßte. Die Kaiserin kam in ein Gespräch mit ihr.

„Ich weiß, daß Sie nicht reich sind", sagte sie, „aber ich bin der Tochter des Hauptmanns Mironow verpflichtet. Seien Sie wegen Ihrer Zukunft unbesorgt. Ich übernehme es, Ihr Vermögen in Ordnung zu bringen."

Nachdem die Kaiserin die arme Waise mit Zärtlichkeit aufgerichtet hatte, entließ sie sie. Marja Iwanowna fuhr in derselben Hofkutsche zurück. Anna Wlassjewna, die mit Ungeduld auf ihre Rückkehr wartete, überschüttete sie mit Fragen, die Marja Iwanowna zerstreut beantwortete. Anna Wlassjewna war zwar mit ihrem schlechten Gedächtnis unzufrieden, schrieb sie aber der Schüchternheit einer Provinzlerin zu und entschuldigte sie großmütig. Noch am selben Tag reiste Marja Iwanowna auf das Gut zurück, ohne Petersburg angesehen zu haben.

Damit schließen die Aufzeichnungen Peter Andrejewitsch Grinjews. Aus den Familienüberlieferungen ist noch bekannt, daß er Ende des Jahres 1774 auf höchsten Befehl aus der Haft entlassen wurde, daß er der Hinrichtung Pugatschews beigewohnt hat, der ihn in der Menge erkannt und ihm mit dem Kopf zugenickt hatte, der eine Minute später tot und blutüberströmt dem Volk gezeigt wurde.

Bald darauf heiratete Peter Andrejewitsch Marja Iwanowna. Ihre Nachkommenschaft lebt in Wohlhabenheit im Gouvernement Simbirsk. Dreißig Werst von ... befindet sich ein Pfarrdorf, das zehn Gutsbesitzern gehört. In einem der Herrenhausflügel wird ein eigenhändiges Schreiben der Kaiserin Katharina II. hinter Glas und Rahmen gezeigt. Es ist an den Vater des Peter Andrejitsch gerichtet und enthält die Freisprechung seines Sohnes und das dem Herzen und Verstand der Tochter des Hauptmanns Mironow gewidmete Lob.

Die Handschrift des Peter Andrejewitsch Grinjew wurde uns von einem seiner Enkel überlassen, der erfahren hatte, daß wir uns mit einem Werk befassen, das sich auf die Zeit, die sein Großvater beschreibt, bezieht. Wir haben uns entschlossen, sie mit Erlaubnis der Verwandten für sich herauszugeben, nachdem wir jedem Kapitel ein passendes Epigraph vorangestellt und einige Namen geändert haben.

Der Herausgeber